CRER E SABER

RAYMOND BOUDON

CRER E SABER

PENSAR O POLÍTICO, O MORAL E O RELIGIOSO

Tradução de Fernando Santos

editora
unesp

Título original em francês:
Croire et savoir: penser le politique, le moral et le religieux

Cet ouvrage a bénéficié du soutien des Programmes d'aides à la
publication de l'Institut Français.

Este livro contou com o apoio à publicação do Institut Français.

Liberté • Égalité • Fraternité
RÉPUBLIQUE FRANÇAISE
AMBASSADE DE FRANCE
AU BRÉSIL

Direitos de publicação reservados à:
Fundação Editora da Unesp (FEU)
Praça da Sé, 108
01001-900 – São Paulo – SP
Tel.: (0xx11) 3242-7171
Fax: (0xx11) 3242-7172
www.editoraunesp.com.br
www.livrariaunesp.com.br
feu@editora.unesp.br

Dados Internacionais de Catalogação na Publicação (CIP)
Vagner Rodolfo CRB-8/9410

B756c

Boudon, Raymond, 1934-2013
    Crer e saber: pensar o político, o moral e o religioso / Raymond Boudon;
tradução de Fernando Santos. São Paulo: Editora Unesp, 2017.

    Tradução de: *Croire et savoir: penser le politique, le moral et le religieux*
    Inclui bibliografia e índice
    ISBN 978-85-393-0692-3

    1. Ciências sociais. 2. Sociologia. 3. Política. 4. Moral. I. Santos, Fernando.
II. Título.

2017-386   CDD: 306.2
                                                        CDU: 304

Índice para catálogo sistemático
1. Ciências sociais: Sociologia 306.2
2. Ciências sociais: Sociologia 304

EDITORA AFILIADA

Asociación de Editoriales Universitarias   Associação Brasileira de
de América Latina y el Caribe   Editoras Universitárias

SUMÁRIO

SOCIOLOGIA E POLÍTICA

*Nas democracias modernas, a sociologia exerce uma influência impor-
tante, porém ambígua, sobre o universo das ideias. Em sua dimensão científica, ela realizou um progresso admirável na explicação dos fenômenos
políticos, morais e religiosos, mas esse progresso permanece pouco visível.*

O progresso da sociologia na análise dos fenômenos políticos, morais e religiosos

Existem várias maneiras de pensar os fenômenos sociais, sejam eles
fenômenos morais, políticos ou religiosos – os que me interessam aqui.
Essas diferentes categorias de fenômenos podem dar origem a um trabalho de descrição, existindo, a esse respeito, uma importante literatura
historiográfica. Por exemplo, Pierre Rosanvallon (2008) demonstrou
que a palavra democracia só foi adotada tardiamente, e François Mélonio (2010) demonstrou que a ideia de democracia representativa sempre foi encarada com uma grande dose de ceticismo na França. Ainda
recentemente, um comentarista escrevia a respeito da chamada "primavera árabe" – e que talvez se deva qualificar mais sobriamente de revolta

árabe ou, melhor ainda, de "revoltas árabes", no plural –, que a democracia é uma "bandeira", querendo dizer com isso que se trata mais de uma utopia do que de uma realidade.

Mas de onde vem a crença coletiva na desejabilidade da democracia? Será que ela é consequência de uma miragem? A boa sociologia responde que a pergunta é difícil, mas que é preciso tentar respondê-la evitando explicar as crenças e os sentimentos coletivos como se fossem ilusões.

Quando se trata de fenômenos morais, pode-se mesmo contar sua história, à maneira de Philippe Ariès, por exemplo. Mas também podemos nos perguntar o que explica as transformações de nossa sensibilidade moral, como quando Tocqueville se interroga acerca dos motivos que levaram Madame de Sevigné – que não era, de modo algum, uma mulher perversa – a escrever à filha dizendo que sentiria prazer em assistir à execução de uma pena capital, ou por que Aristóteles e Sêneca, assim como muitos parlamentares franceses e norte-americanos do século XIX, ainda consideravam normal a escravidão. Tocqueville julgava esses sentimentos compreensíveis, mas não hesitou em fazer da abolição da escravidão nas Antilhas francesas um dos temas – juntamente com a introdução do sufrágio universal – a que deu prioridade como deputado. Pois, como grande sociólogo que era, estava convencido de que tanto uma quanto outra seriam inevitáveis.

Quando se trata de fenômenos religiosos, podemos descrevê-los. Podemos também nos interrogar acerca dos acontecimentos que, num passado longínquo, inspiraram as narrativas dos textos sagrados como a do Dilúvio. Podemos, como Voltaire, Feuerbach, Marx ou Nietzsche, enxergar nas crenças religiosas ilusões suscitadas pelos poderosos ou resultantes de forças sociais anônimas. Ou podemos ainda tratá-las como teólogos ou filósofos convencidos da credibilidade da fonte que as teria inspirado. Podemos também buscar suas causas no sentido que elas têm para o crente. Os agnósticos Benjamin Constant, Tocqueville, Durkheim e Max Weber têm o mérito de ter aberto esse novo caminho e dado início a um avanço decisivo no conhecimento da matéria.

Ora, os princípios que lhes permitiram realizar esse progresso na análise dos fenômenos religiosos são os mesmos que eles aplicaram na análise de outros fenômenos sociais – os fenômenos políticos ou os fenômenos morais. Ressalto que entendo como fenômenos morais todos os fenômenos que tenham uma característica normativa: tanto em relação à moral e aos costumes, quanto em relação ao direito. É assim que se deve entender a tradicional expressão "ciências morais".

A sociologia dos fundadores da sociologia como ciência, notadamente Weber e Durkheim, baseia-se, em suma, em princípios cuja eficácia explica que suas melhores análises tenham se imposto de maneira irreversível e que eles sejam considerados, com justiça, os pais da sociologia. Ora, esses princípios estão difundidos na sociedade de maneira bastante imperfeita: não encontramos nenhum resquício deles nas análises dos fenômenos políticos, morais e religiosos a que se entregam espontaneamente muitos intelectuais, jornalistas e políticos.

Um progresso pouco visível

O progresso da sociologia na matéria continua, com efeito, pouco visível fora do mundo dos especialistas. Max Weber nunca conheceu a influência nem mesmo a atenção de Marx. O mesmo se pode dizer de Durkheim em relação a Tarde. Ou de Tocqueville em relação a Gustave Le Bon. O próprio Raymond Aron (1967) confessou preferir os exageros líricos de Marx à "prosa triste e clara" de Tocqueville.

De Max Weber, tendemos a reter sobretudo *A ética protestante*, porque essa obra oferece uma explicação das diferenças entre as nações em matéria de dinamismo econômico que podemos observar do século XVI ao século XX. Geralmente consideramos Tocqueville um ensaísta um pouco inclassificável, nem um verdadeiro filósofo nem um verdadeiro historiador. Já na primeira frase de sua obra *O Antigo Regime e a Revolução* ele enche o espírito do leitor de dúvidas: "Este não é um livro de história". Recusando o título de historiador, ele também não podia se dizer sociólogo, pois esse termo híbrido meio grego e meio latino criado por Augusto Comte não passava, para ele, de uma simples extravagância. Com relação a Durkheim, os próprios manuais de sociologia continuam a veicular a ideia segundo a qual os sentimentos religiosos refletem, de acordo com ele, um sentimento inconsciente de adoração da sociedade; e as cerimônias teriam a função – e, consequentemente, seriam a causa, como pretende uma síntese difundida de seu pensamento – de dar origem a uma "efervescência coletiva" buscada pelo crente. Ora, o âmago da sua teoria da religião encontra-se claramente em outro lugar.

Na verdade, são sobretudo as fórmulas e noções muitas vezes mal compreendidas desses grandes autores que caem em domínio público: a "jaula de ferro" de Weber, o "despotismo imenso e tutelar" de Tocqueville, a afirmação ambígua de Durkheim segundo a qual "os fatos sociais são coisas" ou sua noção bastante grosseira de "consciência coletiva".

Questões teóricas de alcance político

A questão apresentada nesta obra sobre os princípios a serem aplicados na explicação dos fenômenos morais, religiosos e políticos corre o risco de ser considerada abstrata e de interessar apenas a uma pequena corporação de sociólogos. Acima de tudo, porém, minha declaração não diz respeito à história e à filosofia das ciências sociais. O que me interessa assinalar, sobretudo, é que, para além de sua importância teórica, essa questão se reveste de um alcance prático e, mais precisamente, político decisivo.

O que denunciamos de maneira um pouco pejorativa como a "perda de referências intelectuais" que caracterizaria especialmente as elites da nossa época provém, na verdade, em grande parte do desconhecimento dos princípios que a sociologia, em seus aspectos científicos, pôs em evidência. É por ignorá-los que os políticos demonstram uma fé, por exemplo, nos poderes da "comunicação" que, como podemos constatar diariamente, é exagerada e contraprodutiva: uma fé que se baseia, como mostram as obras clássicas de Paul Lazarsfeld, numa visão inaceitável do comportamento humano (Katz; Lazarsfeld, 1955).

Com efeito, as ciências sociais exercem uma influência profunda no espírito do tempo e na vida política, influência da qual mencionarei vários testemunhos ao longo do percurso. Entretanto, não são prioridade aqueles de suas análises que se apoiam em princípios difundidos mais facilmente em sua periferia: na vida social e política.

A influência do culturalismo na vida política

Para mensurar a importância prática dessas questões de princípio, basta lembrar a influência de um modelo de pensamento popular junto aos agentes e comentaristas políticos e culturais: o culturalismo. Podemos ter uma ideia do interesse que ele desperta ao avaliarmos o interesse despertado pela teoria de Samuel Huntington (1996) sobre o "choque de civilizações". O modelo culturalista afirma que o ser humano é moldado pelas representações e ideias em vigor no seu contexto social e político: que ele trata essas representações e essas ideias como algo evidente, pelo simples fato de elas estarem em vigor ao seu redor.

Certas pessoas deduzem, por exemplo – como um brilhante constitucionalista francês –, que é por razões históricas contingentes que a Constituição norte-americana assegura o direito à liberdade de expressão em sua primeira emenda. No momento em que foi adotado, esse dispositivo teria visado simplesmente acalmar as disputas religiosas que ameaçavam a jovem nação. Sob o efeito desse elemento contingente, que seria esquecido em seguida pela memória coletiva, a liberdade de expressão se tornaria então um elemento essencial do cenário cultural norte-americano, a exemplo do direito dos indivíduos de portar armas de fogo.

Essa explicação culturalista não leva em conta o fato de que, dois séculos depois, os juízes da Suprema Corte continuam a basear em conhecimento de causa seus julgamentos sobre essa emenda, como ocorreu recentemente de forma quase unânime (oito juízes em nove) a propósito de uma ação judicial impetrada contra um indivíduo que havia feito declarações homofóbicas. Efetivamente, a primeira emenda não é um vestígio cultural do passado que teria perdido o sentido, a exemplo dos botões inúteis que continuam enfeitando as mangas das roupas masculinas. Como explica um dos membros mais eminentes da atual Suprema Corte, o juiz Stephen Breyer, ela também tem a função de proteger o pobre de espírito e o cidadão que perdeu o trem contra o risco de sofrer um linchamento pela imprensa e pelo Judiciário estimulado pelo política, histórica, cultural ou sociologicamente correto. Mas esse liberalismo não se restringe aos Estados Unidos. Em 2011, um tribunal holandês soltou uma pessoa que comparou o *Corão* a *Mein Kampf* e depois proferiu outros absurdos do mesmo gênero, argumentando que uma crença grosseira e desagradável não é uma incitação ao ódio e à discriminação (Bilger, 2011). Na verdade, a luta contra as discriminações não implica cercear a liberdade de expressão.

A explicação culturalista da primeira emenda não leva em conta o fato de que essa emenda teve e continua tendo uma influência decisiva na paz social e no dinamismo da vida econômica, intelectual e científica norte-americana; nem o fato de que a primeira emenda da Constituição norte-americana se inspira na filosofia francesa do Iluminismo e no princípio fundamental de que só se deve punir um comportamento que comprovadamente prejudique de maneira injusta o próximo; nem o fato de que faz tempo que a lei considera crime as manifestações da liberdade de expressão que prejudicam os outros, como o insulto e a difamação, de modo que é supérfluo ir além disso.

É com esse pano de fundo culturalista que o legislador se considerou autorizado a limitar o direito de expressão no país de Montesquieu, a criar o conceito de crime de opinião, a punir manifestações verbais que nada garante sejam prejudiciais a quem quer que seja, com exceção de seus autores, ou a suspender a coleta de informações preciosas para o conhecimento da sociedade e para o combate contra a discriminação sob o pretexto de que tais informações poderiam revelar, por exemplo, que os índices de delinquência são mais elevados em certos grupos sociais que em outros.

Outro exemplo do efeito da legitimação do modelo culturalista, tomado de empréstimo à vida política europeia do momento: um brilhante ministro alemão a quem havia sido prometido o cargo de chanceler, com um sobrenome importante, marido de uma von Bismarck, foi levado a se exonerar imediatamente em fevereiro de 2011 por ter se esquecido de pôr entre aspas os textos citados numa tese de doutorado que remontava a vários anos. O comentarista francês fanático pelo culturalismo tem uma explicação pronta para essa eliminação que o desconcerta: é que a Alemanha é um país protestante. Pouco importa que isso seja uma verdade muito relativa. O que conta para o culturalista é que na França, por ser um país de tradição católica, podem-se esquecer tranquilamente as aspas e continuar sem problema uma carreira de jornalista ou de intelectual da mídia mesmo depois de ter copiado sem citar a fonte de dezenas de páginas tomadas de empréstimo a autores de prestígio meio esquecidos. Eventualmente, o responsável pode até usufruir, às custas do contribuinte, de pequenos ou não tão pequenos privilégios, por conta da exceção cultural francesa.

Outro exemplo: um político francês de alto escalão não hesitou em declarar, por ocasião das revoltas árabes da primavera de 2011, que ele estava convencido de que o mundo árabe era habitado por uma "cultura da servidão". E um jornalista com nível de exigência indiscutivelmente elevado reconheceu, certamente com um sorriso de autoironia, descrevendo o desejo de democracia manifestado pelas multidões árabes: "afinal de contas, eles são como a gente". Quanto aos analistas da vida social e política africana, foi também a partir das revoltas árabes que eles compreenderam que os fenômenos étnicos nem sempre tinham o caráter determinante e exclusivo que eles lhes haviam generosamente atribuído.

Mais um exemplo: contrariamente ao que revelam as pesquisas, os franceses não são mais igualitários que seus vizinhos. Mas as elites políticas estão tão convencidas de que eles são mais igualitários, que essa crença culturalista lhes inspira habitualmente o anúncio de políticas mais niveladoras que as exigidas por uma população que, a exemplo de seus vizinhos, busca mais a equidade que a igualdade.

A adesão à corrente culturalista também explica os fenômenos de confusão de papéis que distinguem a sociedade francesa: jornalistas da imprensa informativa que se fazem militantes no lugar dos partidos políticos ou especialistas que põem a autoridade da ciência a serviço de *lobbies*. Como mostram todas as pesquisas, essas confusões são reprovadas pela população. Percebe-se isso no fato de os franceses confiarem muito menos nos jornalistas que nos funcionários públicos ou nos juízes. Porém, a cultura francesa permitiria essa confusão de papéis.

A prática do acúmulo de mandatos se justificaria por outra exceção cultural francesa. Na verdade, o que a explica é a má-fé mal dissimulada do eleito, interessado em dispor de um "feudo eleitoral". Essa exceção ajuda a explicar a renovação insuficiente entre os políticos franceses. Ela ofende o bom senso da população: administrar uma cidade, mesmo de dimensão modesta, não é um trabalho de tempo integral? É normal que o representante da nação – e, consequentemente, do interesse geral –, como o é um deputado-prefeito, deva ficar de olho nos desejos de seus representantes locais? Essa exceção francesa serve como uma nobre desculpa para ocultar os interesses pessoais a pretexto de respeitar uma tradição cultural bastante enraizada.

A cultura francesa explicaria que as medidas tomadas pelo governo em maio de 2011 a respeito da localização dos radares nas estradas tenham levado os motoristas à rua e tenham dado lugar a enfrentamentos políticos: realmente, um acontecimento pouco imaginável nas democracias vizinhas. Mais do que a cultura, não é a centralização do poder político francês que explica que assuntos de natureza técnica oponham o Executivo aos *lobbies* e deem lugar à politização, sobretudo em período eleitoral?

Por que o culturalismo é tão marcante nas sociedades modernas e particularmente entre as elites políticas e culturais francesas? Porque temos facilmente a impressão de que o respeito devido a todas as culturas impede que as julguemos ou hierarquizemos. Mas também porque a transmissão pelo sistema de ensino do *corpus* de conhecimentos e reflexões pacientemente construído pela sociologia desde a época dos pioneiros é mal feita. Temos às vezes a sensação de reter apenas alguns *slogans*, como aqueles veiculados pelo culturalismo.

É preciso admitir que a corrente de pensamento culturalista às vezes é aplicada de dentro mesmo das ciências sociais. A tese de Daniel Goldhagen (1997), que era professor em Harvard na época em que a escreveu, foi um dos *best-sellers* das ciências sociais em razão das polêmicas que ela provocou em seu entorno. Ela defende, *grosso modo*, que o nazismo estava marcado nos genes culturais dos alemães.

A influência de outras correntes de pensamento na política

Se insisti no caso do culturalismo é porque, na verdade, uma das conquistas mais importantes da sociologia é o fato de não apenas ter questionado o simplismo dessa corrente de pensamento, mas também de ter oferecido métodos de análise que permitem entender de maneira mais eficaz a realidade dos fenômenos sociais.

Max Weber tinha plena consciência disso. Quando declarou numa célebre carta, pouco antes de morrer, que se tornara sociólogo "fundamentalmente para pôr fim à influência de todos esses conceitos coletivos fantasmagóricos que continuam vagando entre nós", ele tinha em mente as explicações dos fenômenos sociais do tipo daquelas que o culturalismo nos oferece, mas que também estão presentes em outros movimentos do pensamento.

Na verdade, o culturalismo não é a única tradição intelectual oriunda das ciências sociais a impregnar as sociedades contemporâneas. Existem outras correntes de pensamento que obscurecem os fenômenos sociais, em vez de esclarecê-los.

Assim, as vulgatas oriundas especialmente do marxismo, da psicanálise, do estruturalismo e de misturas mais ou menos indigestas desses movimentos do pensamento levaram até as raias do verossímil a ideia de que a explicação do comportamento humano deveria ser buscada nas forças impessoais que atuam sem que o sujeito se dê conta delas. O marxismo tem, certamente, grandes virtudes, sobretudo a de ter chamado a atenção para a importância dos fatores econômicos na vida social e política. Mas a vulgata que se originou dele simplifica de maneira exagerada os processos sociais, rejeita como ilusória a ideia de que o ser humano é dotado de bom senso e lhe nega qualquer autonomia. Não há dúvida de que a psicanálise enriqueceu a explicação de determinados fenômenos psicopatológicos. Porém, influenciada por seu próprio fundador, a vulgata transformou-a num instrumento capaz de explicar a totalidade dos fenômenos humanos. Ela também sustenta que o comportamento humano emana de forças que escapam à compreensão da mente humana. O estruturalismo renovou determinadas ciências da linguagem. Mas sua vulgata lhe atribuiu a capacidade de revolucionar também a crítica literária, a antropologia, a sociologia, e até mesmo de criar disciplinas novas como a "arqueologia do saber" ou a "semiologia", e, finalmente, de subverter o universo das ciências humanas. Sua vulgata também pretende que o comportamento humano é constituído de forças infraindividuais.

Mais tarde, a influência do adágio lançado por Paul Feyerabend (1975), "vale tudo" (*anything goes*), neutralizaria a crítica racional dessas vulgatas e ocultaria as consequências terríveis – não apenas do ponto de vista da percepção dos fatos sociais, mas também da vida política e social – das obras que resultaram delas. Mais: a crítica dessas obras foi frequentemente confundida com agressão e condenada em nome do "vale tudo" e da bondade universal. Foi assim que foi criando corpo aos poucos, inclusive nos meios que declaravam cultivar o espírito crítico, a ideia de que a análise dos fenômenos sociais não precisava obedecer a nenhuma regra.

O princípio de que a explicação do comportamento humano deveria ser buscada nas forças impessoais que atuam sem que o sujeito se dê conta delas, comum às vulgatas marxista, psicanalítica e estruturalista, tem atualmente um alcance apenas residual junto aos próprios sociólogos. Mas ele continua atormentando nossas sociedades e permanece exercendo uma profunda influência nas elites intelectuais, políticas, judiciais e midiáticas. Inspira o que foi denominado de formas diversas como cultura da justificação, da assistência e da compaixão. A justificação, a assistência e a compaixão são, certamente, grandes virtudes, mas deixam de sê-lo quando assumem o caráter de princípios absolutos e são tratadas como se fossem válidas mesmo quando provocam consequências desfavoráveis àqueles a quem elas pretendem demonstrar sua consideração. É por isso que, embora as palavras "justificação", "assistência" e "compaixão" sejam percebidas de forma positiva, as expressões "cultura da justificação", "cultura da assistência" e "cultura da compaixão" normalmente têm uma ressonância negativa.

Essas expressões indicam que as correntes de leitura do social extraídas especialmente das vulgatas marxista, psicanalítica e estruturalista produziram conceitos responsáveis por muitos desarranjos das sociedades modernas e, particularmente, da sociedade francesa.

Por exemplo, elas contribuíram em grande medida para o declínio do sistema de ensino francês. Em matéria de combate à delinquência, elas inspiraram durante muito tempo uma política que um ex-primeiro-ministro francês qualificou de "angelical". Inúmeras dessas ideias foram implementadas como resultado de uma forma de pensamento que assegura que o comportamento humano é totalmente determinado pelo meio social.

As ideias, certamente, não são tudo. As sociedades também contêm instituições, que podem ser melhores ou piores. E os indivíduos também obedecem aos seus interesses. Max Weber (1920a), porém, declarou precisamente que "são as ideias, não os interesses, que determinam em primeiro lugar a ação humana" e, consequentemente, os fenômenos coletivos a que ela dá origem. Isso significa que as boas instituições não podem fazer grande coisa se as ideias forem confusas. Tocqueville, da mesma forma, insistira sobre o tema de que as instituições nada podem sem os costumes, ou seja, as boas instituições são impotentes se as ideias veiculadas pelas elites responsáveis por seu funcionamento forem imprecisas.

Sociologia: ciência ou disciplina?

Pareceu-me útil pôr em destaque nos textos que se seguem a eficácia do modelo de pensamento implantado pela sociologia clássica e moderna em sua dimensão científica, pois ele obedece a princípios que se opõem radicalmente àqueles veiculados pelas tradições culturalista, marxista, psicanalítica ou estruturalista que acabei de descrever. Essa dimensão científica se une a uma inspiração liberal. Quero dizer que a sociologia, como ciência, sempre tratou a autonomia relativa do ser humano como um fato irrecusável. Certamente, ele se move sempre dentro de um universo de limitações. Mas essas limitações não podem, sem forçar as palavras, ser consideradas determinantes. Elas representam parâmetros, nunca causas eficientes da ação humana. Desconhecer essa distinção é desconhecer a própria realidade da autonomia do ser humano e, com isso, instalar a confusão mental.

Se a transmissão do saber sociológico é feita de maneira insatisfató-ria desde o último terço do século XX, é sobretudo porque a sociologia se tornou uma disciplina polimorfa. Hoje ela abandonou, em grande medida, as correntes de pensamento estruturalista, psicanalítica e mar-xista que a animaram nas últimas décadas do século XX. Ela continua tratando de grandes temas como a influência real dos meios de comu-nicação, o renascimento ou o declínio do religioso ou a renovação da democracia. Mas no dia a dia a sociologia contemporânea debruça--se antes de tudo sobre os mil e um problemas sociais do momento. A sociologia básica encontra-se, assim, oculta pela sociologia aplicada.

O resultado disso é que muitos manuais de sociologia existentes desconhecem a dimensão científica dessa disciplina e deixam de valori-zá-la. Isso pode ser constatado por meio de diferentes sinais, sobretudo devido ao fato de esses manuais apresentarem as teorias sociológicas como pontos de vista, em vez de construções intelectuais passíveis de serem discutidas racionalmente. Esse ceticismo se revela no fato de eles parecerem admitir que existe uma sociologia particularmente ligada a cada um dos grandes nomes que a posteridade guardou na lembrança. Existiria uma sociologia de Durkheim, uma sociologia de Weber, uma sociologia de Simmel ou uma sociologia de George Mead e, em geral, uma sociologia associada a cada um dos autores respeitados. Essas sociologias seriam sistemas mais ou menos fechados em si mesmos e sem uma relação importante uns com os outros.

Reconhecendo, sem a mínima ressalva, o aspecto variado da socio-logia, é indispensável deixar claros os princípios da sociologia como ciência. Esses princípios são hoje amplamente aceitos e aplicados por diversos setores da sociologia aplicada, sobretudo pela sociolo-gia eleitoral, a sociologia das religiões e outros ramos da disciplina; nem tanto pelos ramos mais expostos à influência dos *lobbies*, como a sociologia da educação, ou submetidos à inércia de posturas ideoló-gicas tenazes, como a sociologia da delinquência. O fato primordial, porém – do ponto de vista que me interessa aqui –, é que os princípios da sociologia como ciência só sejam divulgados, de maneira incom-pleta, para a periferia. As elites culturais, midiáticas e políticas, entre outras, parecem ignorá-los em grande medida. O resultado disso são as consequências lamentáveis para a vida política das sociedades democráticas.

Alguns leitores das versões anteriores de um ou outro dos textos reunidos no presente volume, como Christopher Edling e Peter Hedström (2009), ficaram amigavelmente surpresos por eu atribuir uma grande importância às figuras maiores da sociologia clássica, concluindo então que eu tinha uma visão pessimista da sociologia contemporânea. De modo algum. A sociologia como ciência não pertence apenas aos grandes nomes da sociologia clássica. Ela também é ilustrada por meio de inúmeras obras da sociologia contemporânea.

A referência a nomes contemporâneos, porém, deixaria imediatamente os ânimos exaltados, provocaria polêmicas inúteis e confundiria a discussão racional das questões de princípio suscitadas aqui. Por uma questão de conveniência, nos textos que se seguem menciono poucos exemplos emprestados de sociólogos modernos, baseando-me, sobretudo, em autores de reputação incontestável. Por outro lado, fiquei satisfeito em tentar resgatar obras fundamentais muitas vezes reduzidas a algumas fórmulas, isso quando não são objeto de contrassensos repetidos em todos os manuais e tratados.

Resgatá-las significa, mais precisamente, interpretá-las como a obra de homens de ciência, não de "pensadores". O comentarista que considera um determinado sociólogo um pensador não pode, na verdade, deixar de situar o conjunto de suas análises no mesmo plano, de procurar conciliá-las, em suma, de interpretar sua obra como um sistema mais ou menos coerente e fechado. Ora, o homem de ciência não deseja construir um sistema, mas explicar os fatos mais ou menos misteriosos, e se satisfaz em incorporar cautelosamente suas explicações particulares num quadro teórico.

No momento em que compreendemos que as obras dos sociólogos clássicos foram realizadas por homens de ciência, aceitamos facilmente que grande parte delas esteja ultrapassada. Em primeiro lugar, porque elas se baseiam em informações frequentemente desatualizadas. É o caso da teoria durkheimiana do totemismo e de grande parte dos textos de Durkheim ou de Weber em matéria de sociologia das religiões. O próprio Weber assinalou que essa obsolescência parcial é um dos sinais do caráter científico de uma obra. Também encontramos nesses autores propostas especulativas que escapam à crítica racional. Isso, porém, não diferencia, de maneira nenhuma, a sociologia em relação às outras ciências. Não é difícil observar, por exemplo, biólogos contemporâneos de prestígio assumirem posições de caráter especulativo. O que importa aqui, entretanto, é que possamos extrair dos grandes sociólogos clássicos e de seus sucessores explicações para um grande número de fenômenos sociais que se impuseram porque elas suportam alegremente os testes que permitem avaliar a solidez de uma teoria científica.

É o caso, especialmente, dos exemplos mantidos nos textos deste livro, como a explicação proposta por Tocqueville e Weber da exceção religiosa norte-americana; a oferecida por Durkheim acerca das razões da vitalidade persistente do conceito de alma ou por Durkheim e Weber a respeito do significado dos rituais mágicos; a proposta por Durkheim a respeito da tendência secular ao abrandamento das sentenças judiciais ou por Roberto Michels, secundado por Mancur Olson, acerca das tendências oligárquicas inerentes às democracias. Essas teorias não somente explicam cientificamente fenômenos que não se mostram imediatamente inteligíveis – longe disso –, como também são ilustrativas do caminho radicalmente novo aberto pela sociologia no que diz respeito aos fenômenos políticos, morais e religiosos. Ao procurar reencontrar o frescor e a força dessas teorias, quis lançar um convite ao leitor para que se informe a respeito da sociologia como ciência e, se a ocasião se apresentar, a pratique.

Convergência e diversidade dos textos que compõem este livro

Meu objetivo, portanto, é recuperar o avanço científico, em matéria de análise dos fenômenos políticos, morais e religiosos, inaugurado pelos grandes sociólogos clássicos e aprofundado por um grande número de seus sucessores, pôr em destaque seus princípios e insistir sobre a importância não apenas histórica, mas prática e sobretudo política desses princípios.

Os oito textos que compõem o presente livro procuram entender esses princípios a partir de ângulos de visão definidos ao sabor de solicitações do autor a diferentes manifestações científicas. Eles têm em comum o fato de ilustrar, por sua convergência, o avanço científico realizado pela sociologia. Retomam parcialmente e aprofundam temas abordados de forma mais sucinta, em razão das limitações de espaço impostas pela coleção Repères, no opúsculo anterior do autor, *La Sociologie comme science* (Boudon, 2010a). O histórico desses textos trazia uma vantagem da qual procurei tirar partido: ele permitiu que eu retomasse temas importantes ou imagens evocadoras de um texto a outro de uma forma ora mais detalhada, ora mais alusiva, sublinhando aqui uma de suas dimensões, ali outra. Essas variações têm a vantagem de permitir que os capítulos do livro sejam lidos em qualquer ordem. Eles são apresentados por meio de resumos breves que procuram facilitar a trajetória do leitor. Todos destacam a sociologia das ideias: tratam da origem da adesão às ideias e da sua influência. O capítulo I e, em menor grau, o capítulo II, por serem predominantemente epistemológicos, são mais áridos que os capítulos de III a VI, predominantemente sociológicos, e que os capítulos VII e VIII, predominantemente históricos.

Apesar dos meus esforços para torná-las atraentes, algumas exposições exigem um esforço de abstração por parte do leitor. Creio, porém, poder apresentar uma justificativa para esse inconveniente: a simplificação é uma poderosa geradora de ideias justas e verdadeiras, mas também de ideias duvidosas, frágeis e falsas.

Para evitar um mal-entendido: os textos que compõem o presente livro baseiam-se em um esquema explicativo do comportamento humano que chamei de "Teoria da racionalidade comum". Esse esquema não se encontra, de maneira explícita, em nenhum dos grandes autores clássicos nem modernos. Nem mesmo em Max Weber. Mas ele está presente implicitamente em todas as análises sociológicas que se impuseram.

Apenas alguns autores contemporâneos admiráveis, como o economista Amartya Sen (2002), parecem conscientes do caráter estratégico de que se reveste a noção de racionalidade – tanto do ponto de vista teórico quanto prático e, particularmente, político – para as ciências que se dedicam à explicação dos fenômenos coletivos. O caráter analítico que a teoria econômica assumiu a partir de Adam Smith sugere que uma ciência humana digna desse nome pressupõe uma teoria articulada do comportamento humano, mesmo se tratando de uma ciência que lide com fenômenos coletivos. A racionalidade utilitarista na qual se baseia a teoria econômica faz com que ela tenha o papel de coluna vertebral e confere à análise econômica um aspecto estruturante nem sempre presente na análise sociológica. Contudo, a teoria da racionalidade aplicada pela economia clássica, longe de ter um alcance geral, deve sua eficácia ao fato de estar adaptada a uma categoria específica de comportamentos: aqueles que são movidos pelo interesse. A versão cognitiva da racionalidade veiculada pela noção de "racionalidade comum" tem o objetivo de cobrir uma gama mais ampla de comportamentos individuais e, consequentemente, coletivos.

Os dois primeiros capítulos deste livro tratam de uma questão fundamental: como os fenômenos coletivos são o resultado de comportamentos individuais e quando todo comportamento individual põe em jogo as crenças, no sentido amplo do termo, como explicá-las? Em outras palavras, como explicar nossa adesão a uma ideia e não a outra? A questão merece ser examinada de maneira sistemática, pois ela deu lugar a uma série de respostas, das quais algumas são responsáveis pela confusão que às vezes reina nas ciências sociais e frequentemente na mente de quem as utiliza. Uma tese central do presente livro é que os fundadores da sociologia deram a essa questão uma resposta que merece ser conhecida e sistematizada.

Ao mobilizar um conjunto abundante de exemplos, procurei sugerir, nos quatro capítulos seguintes (III a VI), que essa questão tem um forte impacto na explicação dos fenômenos morais, religiosos e políticos. O leitor não há de se surpreender, naturalmente, que os exemplos relacionados à esfera política e, em menor medida, à esfera religiosa, sejam amplamente reproduzidos do contexto francês.

Também quis sublinhar no capítulo VII que a sociologia como ciência foi obstruída por uma teoria que vem avançando furtivamente no interior das ciências humanas desde o século XVIII: a teoria do homem-máquina. Essa teoria assumiu formas tão diversas que nem sempre conseguimos detectar sua presença. Contudo, seu poder de sedução sobre a sociologia e mais além, especialmente nas últimas décadas do século XX, é incontestável. E hoje ela continua exercendo, sobretudo na periferia da sociologia, sua capacidade de confundir, ao validar a ideia de que a explicação do comportamento humano deveria ser buscada nas forças impessoais que agem à revelia do sujeito.

O capítulo VIII é a contrapartida positiva do capítulo VII. Ele descreve os princípios a que a sociologia como ciência obedece, tal como foram aplicados pelos sociólogos do passado e do presente que consideraram que o melhor serviço que a sociologia pode prestar à população é produzir um conhecimento sólido a respeito dos fenômenos sociais.

Uma última palavra: os textos que compõem este livro têm algo em comum – eles procuram estar atentos ao fato de que a sociologia, que é uma fonte de inspiração para o conjunto das ciências sociais, é uma arma que permite defender o política, o histórica, o cultural ou o filosoficamente correto, mas que também, como o sabre de Joseph Prudhomme, permite combatê-los.

CAPÍTULO I

SERÁ QUE ESCOLHEMOS NOSSAS CRENÇAS?

Uma análise rápida da história da sociologia mostra que ela apresentou quatro tipos fundamentais de explicação para as crenças. Extraímos, especialmente dos textos de Max Weber, uma teoria que permite superar suas limitações e aporias.

Uma questão fundamental

A explicação das crenças é uma questão fundamental para os antropólogos, os sociólogos e, em geral, para todas as ciências humanas. Todos os grandes nomes da sociologia – especialmente Max Weber, Émile Durkheim, Vilfredo Pareto – dedicaram-se bastante a essa questão. Entre as duas guerras o tema chegou até a se transformar numa especialidade sob o patrocínio de Max Scheler e Karl Mannheim, uma especialidade que recebeu o nome meio inadequado de "sociologia do conhecimento". De minha parte, sugeri que falássemos de "sociologia das ideias", pois uma ideia pode ser verdadeira ou falsa, enquanto um conhecimento falso é uma contradição em termos.

Quatro tipos de teoria

Uma análise rápida da literatura abundante relacionada à questão permite distinguir quatro tipos de teoria. Devemos conferir-lhes o estatuto de opinião, como fazem muitos manuais de sociologia, ou devemos submetê-las a uma discussão racional e procurar classificá-las levando em conta sua capacidade explicativa?

Teorias dualistas

O primeiro tipo de teoria pode ser classificado como dualista. Ele é representado especialmente por Vilfredo Pareto (1916), Karl Mannheim (1929) e Raymond Aron (1955). Esses autores têm em comum o fato de contraporem duas classes de ideias: as convicções às quais aderimos porque têm fundamento e as convicções que são mal fundamentadas. Estas últimas levantam a questão dos motivos que nos levam a aderir a elas. Todos os três respondem, implicitamente como Aron, ou explicitamente como Pareto e Mannheim, que se trata de motivos irracionais. Aron mostrou em *O ópio dos intelectuais* que as ideias comunistas não se sustentavam. Mas ele não se preocupou muito em saber por que tantos intelectuais brilhantes aderiram a elas. Ele os considerava simplesmente vítimas de uma espécie de doutrinação devido ao prestígio da União Soviética e à influência do Partido Comunista francês nos anos que se seguiram à Segunda Guerra Mundial – daí ter tomado emprestada de Marx a metáfora do ópio, com a diferença que para Aron são os intelectuais, e não o povo, que se deixam facilmente doutrinar pelo ópio da ideologia.

Antes de Aron, Vilfredo Pareto havia levado mais longe o questionamento sobre a origem das crenças. Ele procurara mostrar que aderimos às ideias mal fundamentadas sob o efeito de forças psíquicas, defendendo esse ponto de vista a partir de diversas observações. O indivíduo não percebe conscientemente a ação dessas forças e tem a impressão de que suas convicções se baseiam em razões válidas. Trata-se, porém, de razões falsas, cujo caráter falacioso ele não enxerga.

Ao confundir, como muitos filósofos, racionalidade e validade, Pareto não imaginava que se pudesse qualificar de racional uma crença falsa. Segundo ele, uma convicção só podia ser considerada racional se fosse verdadeira. E, tratando-se da ação, ele tinha a impressão, como quase todos os economistas do seu tempo, que só se pode evocar o conceito de racionalidade quando se trata da escolha dos meios, mas não dos objetivos que nos atribuímos. Ele deduzia daí, a exemplo hoje de economistas célebres como o Prêmio Nobel Herbert Simon (1983) e Gary Becker (1996), que como somente a escolha dos instrumentos da ação pode ser qualificada de racional, as preferências e os objetivos que os indivíduos se atribuem só podem ser explicados recorrendo a causas irracionais. A racionalidade instrumental explica os princípios de navegação aplicados pelos marinheiros gregos da Antiguidade, mas não que eles tenham feito sacrifícios a Poseidon antes de içar velas. Este último comportamento só pode ser atribuído, segundo ele, a razões inconscientes que escapam à racionalidade, como acontece com os mecanismos da digestão. Em termos rigorosos, esse tipo de razão deveria ser qualificado de arracional e não irracional (Boudon, 2009). Com efeito, seria absurdo falar de irracionalidade a propósito dos mecanismos da digestão. Mas é mais simples ater-se ao uso consagrado.

Assim, segundo Pareto, é uma causa inconsciente que daria origem aos raciocínios falaciosos por meio dos quais os críticos socialistas da propriedade privada, que na sua época proliferavam e que ele desprezava, tentam se convencer:

> Vive-se bem quando se vive de acordo com a natureza; a natureza não admite a propriedade; logo, vive-se bem quando não existe propriedade. Na primeira afirmação, do aglomerado confuso de sentimentos designado pelo termo natureza surgem os sentimentos que separam o que está de acordo com nossas tendências (aquilo que nos é natural) daquilo que fazemos somente por obrigação [...]. Na segunda afirmação surgem os sentimentos que separam a ação do homem (aquilo que é artificial) do que existe independentemente da ação do homem [...]. (Pareto, 1916, reedição de 1968, § 1546)

O silogismo do detrator da propriedade é formalmente impecável, mas ele toma a palavra "natureza" em dois sentidos diferentes, no maior e no menor. Sua força demonstrativa, portanto, é ilusória.

Recusando por princípio que uma argumentação enganadora possa ser a verdadeira causa de uma convicção, Pareto propõe-se a explicar a crença que ele imputa a seu sujeito fictício, não por meio da argumentação que lhe atribui, mas por meio de sentimentos inconscientes cuja existência ele considera inevitável postular. Porém, as forças psíquicas que ele vê em ação são inacessíveis à observação e à dedução, já que a única prova, seguramente falaciosa, de sua existência que poderíamos produzir consistiria em mencionar os efeitos que ela supostamente deveria explicar. Como o "pulmão" ao qual *O médico à força* atribui todos os sofrimentos de sua paciente, elas são de natureza oculta.

A teoria de Pareto suscita outra dificuldade: como explicar a coexistência, na mesma mente, de ideias legítimas e ideias impostas à mente do sujeito sob a influência de forças que escapam ao seu controle? É verdade que muitos economistas e sociólogos contemporâneos não recuam diante dessa concepção esquizofrênica da mente humana. É o caso do próprio Talcott Parsons. Ainda que toda a sua teoria da ação procure diferenciar o *Homo sociologicus* do *Homo economicus*, como muitos economistas ele reduz a racionalidade à racionalidade instrumental: só haveria racionalidade na escolha dos meios. Não na escolha dos objetivos, nem tampouco na escolha das crenças normativas ou das representações do mundo.

A teoria de Pareto traz uma extravagância ainda mais desconcertante: "A história das ciências é um cemitério de ideias falsas", escreveu ele. Ninguém pode negá-lo. Mas existe uma recusa espontânea em imputar as crenças desacreditadas dos homens de ciência a forças ocultas. O flogístico[1] é considerado definitivamente fantasioso, mas ninguém jamais defendeu que as convicções científicas de Priestley fossem provocadas por forças ocultas. Se evitamos instintivamente explicar as crenças desacreditadas dos homens de ciência por meio da

---

1 Fluido que, antes da teoria do químico francês Antoine Lavoisier (1743-1794), supunha-se inerente a todos os corpos para explicar a combustão. (N. T.)

ação de forças irracionais, por que deveríamos recorrer a elas quando se trata de crenças comuns?

Karl Mannheim (1929) se deixara impressionar pela teoria marxista segundo a qual a condição de classe do indivíduo alteraria suas visões sobre o mundo. Segundo Mannheim, somente os "intelectuais flutuantes" (*freischwebende Intellektuelle*) estariam em condições de decifrar as crenças daqueles que não têm a possibilidade de flutuar acima das classes sociais. Ele havia compreendido muito bem que tal postulado era indispensável. Se não, as teorias marxistas e as suas estariam condenadas a cair, como as ideias de todo mundo, no buraco negro do determinismo social. Franz Mehring enriqueceu a tese marxista da determinação dos conteúdos da consciência pela condição social ao impor a expressão "falsa consciência". A sociologia estruturalista-marxista, muito influente nos anos 1970-1980 e da qual Pierre Bourdieu foi o representante mais talentoso na França, utilizaria amplamente o postulado da falsa consciência. Segundo esse movimento intelectual, os valores, os objetivos e até mesmo as estratégias a que os agentes se impõem seriam determinados, em última instância, pelos *habitus* inconscientes produzidos pelas estruturas sociais. É por essa razão que a vocação da sociologia consistiria em "restituir aos homens o sentido de seus atos", o qual estaria predestinado, em princípio, a lhes escapar em razão do determinismo social, sendo acessível apenas ao olhar do sociólogo (Reynaud, 2002).

Porém, é preciso fazer justiça a Mannheim. Na verdade, podemos recolher junto a ele algumas análises esclarecedoras que escapam da visão substancialista de um inconsciente cujo conteúdo seria determinado pela condição de classe. Assim, explica ele, o grande proprietário rural prussiano do início do século XX modernizou a administração dos seus domínios. Ele dirige uma empresa capitalista que não é muito diferente da de um industrial. No entanto, ele continua a conceber as relações que mantém com seus empregados usando categorias que correspondem a uma ordem patriarcal que não mais existe, pois elas são as únicas de que dispõe. *A fita branca*, de Michael Haneke, Palma de Ouro em 2009 no Festival de Cannes, ilustra de forma magnífica essa análise: o barão que domina uma localidade do leste da Alemanha às vésperas da

Primeira Guerra Mundial mecanizou, racionalizou e diversificou suas atividades; criou um embrião de serviços culturais e sociais; contrata e aloja grupos de poloneses temporários no tempo da ceifa; mas mantém com seus empregados uma relação feita de paternalismo e intimidação, sob o olhar cooperativo do pastor.

Em suma: para os dualistas, as crenças bem fundamentadas se impõem pela influência dos motivos; as crenças mal fundamentadas, pela influência de forças irracionais ocultas.

Teorias utilitaristas

Sensíveis às dificuldades das concepções dualistas das crenças, outros teóricos saíram em busca de uma teoria monista, defendendo a ideia de que as convicções do ser humano geralmente lhe são inspiradas por raciocínios de natureza utilitária. Eles exerceram uma influência considerável, não apenas intelectual, mas política e histórica.

Como todas as correntes de pensamento importantes, o utilitarismo inclui inúmeras variantes cuja história, em grande medida, ainda precisa ser escrita. Contudo, essas variantes caracterizam-se por um núcleo comum: elas procuram reduzir o verdadeiro, o bom, o legítimo e os outros valores a um valor último, a utilidade, seja a utilidade para este ou aquele grupo ou a utilidade para um indivíduo.

As teses inaceitáveis resultam muitas vezes da generalização de ideias aceitáveis (Boudon, 1986). É o caso da teoria de Nietzsche segundo a qual o verdadeiro seria um disfarce do útil, de onde ele deduz que "a falsidade de um julgamento não é uma objeção a esse julgamento" (*Die Falschheit eines Urteils ist uns noch kein Einwand gegen ein Urteil*). Essa regra original caracterizaria uma "nova língua" (*neue Sprache*) (Nietzsche, 1886, p.4). Nada menos do que isso. Pois, se a verdade não passa de uma cobertura da utilidade, não há nenhuma razão para considerar que um julgamento falso seja desprovido de valor a partir do momento em que ele tenha uma utilidade. Essas declarações nos provocam calafrios. Nietzsche certamente teria aprimorado seu ponto de vista se tivesse tido conhecimento do papel decisivo que os regimes totalitários reservaram à mentira. As próprias democracias, porém, não se opõem a recorrer a ela, como ilustra o caso da nuvem de Chernobyl que teria parado na fronteira francesa.

A autoridade de Nietzsche não é, claramente, a única responsável pela influência experimentada pela ideia de que o verdadeiro não passa de um embelezamento do útil destinado a esconder o que este tem de prosaico, isso quando não encobre uma tentativa de manipulação. Como sugeri há pouco, o utilitarismo também foi inspirado pela preocupação de elaborar uma teoria unificada dos valores e das convicções compartilhados pelo ser humano.

O movimento denominado pragmatista é permeado pela mesma ambição. Ele partilha com o utilitarismo a intuição fundamental de que os valores e as convicções têm uma função de adaptação, mesmo se aqueles que aderem a eles não sentem isso. A principal diferença entre o utilitarismo e o pragmatismo é que este último ressalta as consequências das emoções na explicação da ação, das crenças e do comportamento. Dessa forma, para William James (1902), as convicções religiosas impõem-se ao espírito do crente em razão de seus efeitos psicológicos benéficos: elas lhes dão a impressão de viver uma vida melhor e mais plena. Porém, as diferenças entre utilitarismo e pragmatismo são tênues. Assim, segundo Clifford Geertz (1964), as causas das simplificações veiculadas pelas ideologias encontram-se em sua capacidade de mobilização, sendo que esta última depende das emoções que suscitam no espírito do público a que se dirigem (Boudon, 1986).

O pragmatismo de William James conheceu uma grande popularidade, principalmente no Reino Unido, onde teve uma grande influência sobre o antropólogo Bronislaw Malinowski (Evans-Pritchard, 1965). Em razão da importância do império colonial britânico, até o fim da Segunda Guerra Mundial a antropologia foi a ciência social dominante na Inglaterra. A sociologia é menos desenvolvida no país, tendendo a ser percebida como uma disciplina continental. Como resultado da popularidade do pragmatismo, tende-se até a ler Durkheim com os óculos de William James: o efeito tranquilizador produzido pelas crenças religiosas seria a causa delas. Durkheim certamente evocou a "efervescência coletiva" produzida pelas cerimônias religiosas e reconheceu que o crente a procurava, mas de modo algum sugeriu apresentá-la como causa última das crenças religiosas.

Por mais desinteressada que tenha sido na origem, a postura intelectual dos teóricos do utilitarismo e do pragmatismo teve consequências graves, pelo fato de sua tese fundamental ter sido levada ao pé da letra pelos intelectuais e políticos influentes, que lhe atribuíram um peso histórico considerável. É importante fazermos uma pequena pausa, pois é bastante frequente a impressão de que a influência do pragmatismo e do utilitarismo ficou confinada aos meios filosóficos e que, em todo caso, ela não tem uma intensidade comparável a de outras correntes de pensamento, principalmente a marxista. De um modo geral, temos a tendência de subestimar a influência das ideias oriundas das ciências sociais na vida social e política. É evidente, no entanto, que as elites políticas, midiáticas e culturais extraem instintivamente dessa fonte as diretivas que aplicam.

Em consonância com a tese fundamental do utilitarismo, historiadores e filósofos do final do século XIX e do século XX convencem-se, com efeito, da ideia de que as teorias úteis devem ser consideradas verdadeiras. Porém, vários deles atribuem ao termo "útil" significados que iriam legitimar teorias políticas que, à época, eram consideradas adequadas, mas que, como sabemos, tiveram efeitos catastróficos. Desse modo, alguns proclamam que as teorias úteis são as que atendem aos interesses de um Estado-nação; outros, as que atendem aos interesses de uma classe social; outros, ainda, as que atendem aos interesses de um determinado grupo étnico. Em outras palavras, essas teorias ajudaram não apenas a justificar, mas a inspirar as guerras entre Estados-nação e os conflitos políticos e sociais violentos que enfraquecem a Europa do século XX.

Alguns desses intelectuais têm sobrenomes ilustres. Assim, o influente historiador alemão Heinrich von Treitschke se vangloria, no final do século XIX, de ignorar "essa objetividade anêmica que é o oposto do sentido histórico" (Benda, 1927). Pois, segundo ele, a verdade histórica é aquela que serve à nação. Ele tem em comum com outros historiadores, com Georges Sorel, o teórico da violência política, ou Houston Stewart Chamberlain, o teórico do racismo, o fato de sustentar que a veracidade de uma ideia é determinada a partir de sua utilidade em favor desta ou daquela causa política. Para Treitschke, uma teoria histórica verdadeira era a que descrevia a Alemanha sendo chamada a ter um destino singular na Europa. Para Chamberlain, uma teoria verdadeira era a que prometia aperfeiçoar o desempenho do homem médio. Essa ideia legitimou o hábito de selecionar seres humanos que foi aplicado no século XX em vários países, entre eles países democráticos como a Suécia. Para Marx e os marxistas de um passado recente, era verdadeira toda teoria que fosse útil à classe portadora do futuro da humanidade: o proletariado. Para alguns marxistas da nossa época, é verdadeira toda teoria útil ao novo proletariado, que é, segundo Toni Negri, o "cognitariado", a saber, a nova forma que o proletariado assumiu num mundo controlado pelas indústrias da informação e da comunicação (Keucheyan, 2010).

Essas observações sobre a visão utilitarista da origem das crenças permitem matizar a resposta à pergunta feita por Raymond Aron em *O ópio dos intelectuais*. Jean-Paul Sartre ficara impressionado com o sonho soviético dos "amanhãs que cantam" e com a importância do Partido Comunista na vida política francesa nas décadas posteriores à Segunda Guerra Mundial. Em seguida, ele foi influenciado pela ideia de que as teorias verdadeiras são aquelas que são úteis para a classe dominada. Esses dados contextuais explicam o fato de ele ter aderido à tese que sugeria enxergar no verdadeiro um biombo do útil. Seu caso é exemplar. Com efeito, é comum observar que, mesmo nos meios em que o *éthos* faz, em princípio, do espírito crítico um valor fundamental, a importância de uma ideia ou de uma teoria não é avaliada por sua validade, mas por sua utilidade.

Teorias naturalistas

Charles Darwin inspirou outra versão do monismo, muito em voga hoje. Ele tinha sugerido, em *A descendência do homem*, que a adoção de novas palavras talvez proceda de um processo de seleção análogo àqueles que ele havia descrito uma década antes em *A origem das espécies*.

Essa ideia foi retomada nos últimos anos, sobretudo por Richard Dawkins (1976) e, posteriormente, por Gary Runciman (2009), sendo ampliada das palavras às crenças. Assim como os genes, que se reproduzem por meio dos indivíduos, estão sujeitos a mutações e são selecionados em razão de sua capacidade de adaptação, os "memes" – espécie de partículas culturais elementares – seriam capazes de se transferir de um indivíduo para o outro como resultado da imitação. Eles estariam sujeitos a mutações e seriam selecionados em razão de sua *fitness*.[2] Graças a essa analogia entre genes e "memes", os memeticistas procuram reduzir os fenômenos culturais a mecanismos que não levam em conta o conteúdo das ideias e seu tratamento na mente das pessoas (Guillo, 2009).

Ora, um "meme" tão trivial como um jogo de palavras só tem possibilidade de se propagar se o indivíduo que o divulga tem motivos para esperar que ele seja compreendido e apreciado. Por outro lado, o critério de *fitness* dificilmente se aplica, por exemplo, a um novo estilo artístico ou mesmo a determinadas invenções científicas. Em que *A fonte*, de Marcel Duchamp, apresenta uma capacidade de adaptação superior às *Ninfeias*, de Claude Monet? No começo, a única coisa que George Boole queria era reduzir a lógica a uma álgebra cujas variáveis só podem ter os valores 0 e 1, no lugar dos valores tomados de empréstimo ao conjunto dos números reais. Essa inovação genial permaneceu confinada durante muito tempo ao círculo restrito dos especialistas em lógica. Ela não se espalhou como resultado de uma transmissão memética de uma mente para outra, mas porque o desenvolvimento da informática abriu-lhe um vasto campo de aplicação. Sua difusão não se explica pelo efeito mecânico de memes conjunturais, mas por motivos facilmente identificáveis.

Como explicar a popularidade atual do memetismo? Ela provém, sem dúvida, como foi o caso do estruturalismo no passado, do fato de satisfazer, ao menos na aparência, à exigência do programa naturalista: atribuir os fenômenos humanos, entre os quais as crenças, as causas "materiais". A ilusão segundo a qual a noção de ciência implicaria a busca exclusiva das causas materiais é resistente, pelo fato de que as ciências da natureza se impuseram no dia em que conseguiram explicar

---

2 Termo em inglês que significa "aptidão". (N. T.)

os fenômenos pertencentes a sua jurisdição por meio de causas materiais, enquanto o pensamento teológico os atribuía a causas finais, a saber, à vontade dos espíritos e dos deuses.

Teorias construtivistas

Outra versão do monismo pretende que as crenças humanas são "culturais", inclusive as convicções científicas. Mais precisamente, ela parte da ideia simples de que as concepções que os homens fazem do mundo tal como é, foi ou deve ser são construções. O construtivismo desenvolve esse conceito elementar em várias direções. Ele aplicou-o às crenças que orientam as políticas públicas, como em Gusfield (1981). Porém, sua influência deve-se, sobretudo, ao fato de tê-lo aplicado às convicções científicas. Thomas Kuhn (1962) deve seu êxito ao fato de ter se inserido nesse movimento. Ele desenvolve a ideia simples e correta de que as crenças científicas não têm a racionalidade que correntemente lhe atribuem os manuais e que resulta de uma visão retrospectiva. Primeiramente, porque os sábios se submetem facilmente a paixões não científicas. Em seguida e acima de tudo, porque suas teorias põem em jogo princípios ou conjuntos de princípios – "paradigmas" – que não podem ser demonstrados sem contradição. Em suma, os "paradigmas" em cujo contexto se insere qualquer teoria científica são "construções". É por isso que eles às vezes oscilam violentamente, como confirma a história das ciências.

O êxito de Kuhn foi compreensível e justificado. Seu livrinho pôs à disposição do grande público esclarecido um conceito cuja veracidade havia sido demonstrada pelos filósofos e sociólogos: não existe conhecimento que não mobilize *a priori* (Kant); todo conhecimento depende de um "ponto de vista" (Simmel); não existe ciência que não esteja baseada em "pressupostos" (Max Weber). Kuhn teve o mérito de apresentar esse conceito de maneira simples e de ilustrá-lo por meio de exemplos sugestivos extraídos da história da ciência. É bem verdade que ele evitou afirmar que a dependência de qualquer teoria com relação a princípios por definição não demonstráveis tirava sua objetividade.

Porém, seu livro teve sucesso acima de tudo pelos motivos errados: de fato, chegou-se à conclusão que ele próprio prudentemente evitara, ou seja, que não existiria conhecimento científico realmente consistente – uma conclusão a que nenhum filósofo e sociólogo das ciências havia chegado e que a observação contradiz. Assim, embora a teoria neodarwiniana da evolução dos seres vivos esteja baseada num princípio não demonstrável, a saber, que a evolução biológica é o resultado do mecanismo em dois tempos da mutação e da seleção, ela explica um número considerável de fatos e não tem uma concorrente séria. É por isso que ela costuma ser considerada consistente, ainda que se baseie em princípios não demonstráveis.

Infelizmente, o contrassenso que se acreditou poder extrair de Kuhn fez um grande sucesso e inspirou uma escalada cada vez mais radical. Paul Feyerabend (1975) chegou mesmo a declarar, *cum grano salis*, que a antropologia era a única disciplina que merecia ser chamada de ciência, uma vez que as outras cinco, por se basearem em princípios desconhecidos daqueles que as praticam, lhes dariam a ilusão de produzir coisas sérias. A superioridade da antropologia decorreria do fato de ela observar as outras ciências de fora e, em razão disso, ser capaz de desvendar os princípios que os profissionais das outras disciplinas põem em prática sem se dar conta. Ela seria a única capaz de alcançar o real sem passar pela mediação de princípios. Defensor fanático de uma cultura científica sólida, Feyerabend tinha certo gosto pela provocação, e não é certo que ele próprio tenha acreditado muito na ideia de considerar a antropologia a rainha das ciências. Por que a própria antropologia não obedeceria, como toda disciplina, a princípios mais ou menos conscientes? Com a morte de Feyerabend, seu posto foi ocupado, sobretudo, por um francês talentoso, Bruno Latour, e pelo escocês David Bloor. Tomando ao pé da letra o conselho de Feyerabend, eles se apresentaram como os promotores de uma "nova sociologia da ciência" (Bunge, 1991-1992), cujo princípio consistia em descrever a atividade do pesquisador científico aplicando-lhe as técnicas da antropologia.

Latour e seu coautor comprometeram-se a observar um laboratório de biologia do modo como o antropólogo observa uma tribo da Amazônia (Latour; Woolgar, 1979). Eles anotaram as ações e os gestos dos membros do laboratório, procurando passar a impressão de que descreviam a realidade das pesquisas científicas *tal como é*. Contudo, a objetividade que eles reivindicam é ilusória, pois as ações e os gestos dos pesquisadores são guiados por dados invisíveis. Eles se interessam por um determinado assunto, dedicam-se a uma determinada manipulação e tiram dela uma determinada conclusão porque isso lhes é recomendado pelo estágio atual do conhecimento científico – o qual resulta, ele próprio, de toda a história da ciência –, pela ambição dos laboratórios concorrentes e, de maneira geral, por todos os dados que a sociologia tradicional da ciência leva em conta. Ora, esses dados invisíveis são amplamente ignorados pela "nova sociologia da ciência". As ações naturais junto às quais ela se vangloria de se situar só são naturais em virtude do princípio segundo o qual só existiria o que podemos ver da janela. Um pouco como se o Waterloo visto por Fabrice del Dongo, o herói de *A cartuxa de Parma*, fosse considerado o representante da verdade suprema sobre a célebre batalha. Com efeito, a "nova sociologia da ciência" também segue princípios. A perspectiva antropológica, contudo, não tem nem o mesmo sentido nem a mesma justificativa quando é aplicada aos membros de um laboratório e aos membros de uma tribo da Amazônia. No último caso, as ações e os gestos dos indivíduos provêm de dados invisíveis e inacessíveis que estamos condenados a ignorar. Por outro lado, as ações e os gestos do pesquisador são conduzidos por dados invisíveis, porém acessíveis, que não temos o direito de desconhecer. Portanto, a objetividade está mais do lado dos sociólogos clássicos da ciência, aqueles que se inspiram em Robert Merton, do que do lado dos "novos" sociólogos da ciência.

David Bloor (1976) empurrou o programa da nova sociologia da ciência a seus limites máximos, chegando mesmo a sustentar que os próprios matemáticos seguiriam princípios inconscientes, os quais, sendo de origem não científica, devem ser de responsabilidade das forças culturais. Por isso Diofanto, um matemático de Alexandria, dá a impressão de acreditar que as equações de segundo grau ou não têm solução ou têm uma única solução positiva. Certamente julgava-se que só uma solução positiva tem um interesse prático. Mas essa interpretação não penetra na mente de Bloor. Ele prefere atribuir a crença de

Diofanto à ação de forças culturais indefinidas – mais um exemplo de elevação à categoria de causa oculta do *flatus vocis*[3] que é, muitas vezes, o conceito de "cultura".

Esse inventário de teorias disponíveis sobre as causas das convicções humanas deixa, por fim, uma forte sensação de mal-estar. Todas se apoiam no fato de que permitem explicar determinadas crenças particulares, mas nenhuma pode ser considerada de alcance geral. A posição de Pareto reflete a tese segundo a qual existiria uma descontinuidade radical entre as convicções científicas e as do senso comum. Gaston Bachelard hiperbolizou essa ideia e transformou a contradição com o senso comum em critério da verdade científica, contra o parecer da maioria dos cientistas (Haack, 2003), entre os quais Albert Einstein (1936), segundo o qual "a ciência nada mais é que o refinamento do nosso pensamento cotidiano" (*Science is nothing more than a refinement of our everyday thinking*). Quanto a Karl Mannheim, ele aprova rápido demais a ideia de que as convicções humanas seriam o resultado de forças sociais ocultas. Às vezes se confunde o verdadeiro com o útil, como pretendem os nietzschianos, os pragmatistas e os utilitaristas, mas nem sempre. E acontece de a confusão ser desvendada, como no caso da nuvem de Chernobyl. Quanto à memética, ela aumenta de maneira exagerada o papel da imitação e ignora que, na maioria das vezes, ela tem uma causa racional: quando percebemos que ignoramos um assunto, é comum confiar naqueles que parecem saber mais sobre ele, visto que não existem muitos motivos para pôr sua competência em dúvida. É sobretudo por isso que "acreditamos em um milhão de coisas em razão da fé dos outros" (Tocqueville, 1840). Além disso, todos percebem muito bem as vantagens estratégicas do conformismo: elas são tantas que chegam até a conquistar os meios intelectuais e científicos que declaram abertamente cultivar o espírito crítico. Em relação ao construtivismo, ele é aceito em suas formas moderadas, mas não em suas formas radicais. A conclusão que os seguidores de Kuhn pensaram tirar de suas teses – a saber, que as convicções científicas seriam tão contestáveis quanto os mitos, visto que se baseiam em princípios *stricto sensu* não

---

3 Palavras vazias, desprovidas de significado. (N. T.)

demonstráveis – é desmentida pelo fato de que muitas crenças científicas se impuseram de maneira irreversível: um fato impressionante que eles são incapazes de explicar. Quem ainda acredita no geocentrismo ou na existência do flogístico?

A não linearidade do progresso científico

A história das ciências sociais é feita de impasses e becos sem saída, ao lado de êxitos e de progresso. Ninguém defende que o estruturalismo ainda tenha o vigor dos anos 1960. O marxismo reaparece junto a cada crise econômica, mas cada vez mais sob a forma de um sinal de identificação, em vez de uma doutrina. A psicanálise sofre atualmente uma concorrência séria por parte das terapias comportamentais em sua principal área de atuação e não influencia mais tanto as ciências sociais. Não parece que a memética deva dar lugar a um progresso científico, no sentido de que não se percebe muito quais seriam os fenômenos que só ela poderia explicar de forma convincente. Só a variante construtivista do culturalismo parece continuar a ter sucesso; mas por quanto tempo?

A difusão de ideias obedece a duas leis sociológicas perigosas. Segundo a primeira, quando uma ideia é aceita por grupos periféricos estranhos ao grupo emissor da ideia, isso geralmente acontece em razão de sua utilidade com relação aos interesses materiais ou intelectuais coletivos desses grupos. Segunda lei: a difusão de ideias vem acompanhada normalmente de simplificações indevidas. Assim, é difícil transmitir à periferia da filosofia da ciência a veracidade do paradoxo segundo o qual uma teoria científica pode ser sólida, embora se baseie em princípios intrinsecamente não demonstráveis.

Ao aplicar a primeira lei, Feyerabend obteve sucesso nos Estados Unidos devido ao fato de seu "anarquismo metodológico" minar a legitimidade do poder científico, numa conjuntara – a da guerra do Vietnã – em que a denúncia do "complexo industrial-militar" era um tema que estava em voga. Mais profundamente, ele entrava em consonância com a transformação das ideias sobre a ciência. O otimismo do século XIX foi substituído gradualmente pelo ceticismo do século XX, que foi intensificado com a bomba de Hiroshima. A ideia de que a ciência é fonte de progresso e felicidade foi derrotada finalmente pela ideia de que ela também pode ser uma arma de dominação e uma causa de tragédias. Atualmente, a "nova sociologia da ciência" contribui para legitimar os movimentos que denunciam os supostos riscos dos OGMs, das nanotecnologias ou das ondas eletromagnéticas.

Com a aplicação da segunda lei que preside sociologicamente a difusão das ideias, e pelo fato de desconhecer o paradoxo da teoria do conhecimento, o construtivismo deu uma aparência de verdade ao relativismo. Ele legitimou a ideia de que o espírito científico seria uma ilusão do passado, como dá a entender o *vale tudo* de Feyerabend, que convida o pesquisador a se libertar de todas as regras. O bebê foi, então, jogado fora junto com a água do banho, e o espírito científico, com o cientificismo.

Essas confusões tiveram consequências importantes. Alguns consideraram que, a partir de então, a busca da objetividade era uma ilusão antiquada. Outros que, por se tratar de ciências sociais, é a dimensão compassiva de uma teoria que constrói sua validade; daí o surgimento do fenômeno do politicamente correto. Talvez a nova sociologia da ciência tenha mesmo sua parcela de responsabilidade pelo desinteresse que se observa aqui e ali em relação às ciências naturais e pelo enfraquecimento do espírito científico do lado das ciências humanas que predominaram nas últimas décadas do século XX.

Teoria da racionalidade ordinária

De minha parte, propus resolver os problemas apresentados pelas objeções que podemos fazer aos quatro grandes tipos de teorias das crenças desenvolvidos pelas ciências sociais com a ajuda de uma teoria neoweberiana: a "Teoria da racionalidade ordinária". Comecei a elaborá-la em Boudon (1995), e ela foi gradualmente construída em textos posteriores (Boudon, 2003, 2009, 2011).

Ela pode ser qualificada de weberiana pelo fato de se inspirar em alguns princípios fundamentais de Max Weber. A maior parte desses princípios aparece mais de maneira implícita em suas análises concretas que de maneira explícita em seus textos metodológicos. Por outro lado, a teoria da racionalidade ordinária é neoweberiana pelo fato de sistematizar esses princípios, e também pelo fato de adotar uma visão crítica em relação a um dos textos mais importantes de Max Weber, a saber, a célebre tipologia dos quatro tipos de ação que abre sua obra-prima póstuma *Economia e sociedade*. Weber (1922a) diferencia ali as ações sociais influenciadas respectivamente pela racionalidade instrumental, pela racionalidade axiológica, pela tradição e por fatores emocionais. É impossível saber se ele manteria essa classificação numa versão definitiva da obra. Em todo caso, é difícil admitir que as ações dos dois últimos tipos sejam necessariamente irracionais. O apego à tradição provém muitas vezes do fato de que não vemos motivo de pô-la em questão. Faz parte da tradição ser cortês, mas a cortesia nada mais é que a demonstração do respeito devido e consentido ao outro. Quanto à emoção provocada por uma cena de violência, ela também não deixa de ser necessariamente desprovida de motivo, como a indignação provocada pelo fato de um ditador não renunciar a mandar massacrar seus súditos para se manter no poder.

Os princípios que sugiro reproduzir da obra de Max Weber não estão nem presentes enquanto tais, pelo menos de maneira explícita, nem reunidos em algum dos seus textos. Quando muito podemos reunir aqui ou ali citações esparsas que demonstram sua importância. Mas eles inspiram todas as suas análises concretas. Eles são quatro.

O primeiro princípio afirma que são as ideias e não os interesses a origem da ação humana: "*Interessen nicht: Ideen beherrschen unmittelbar das menschliche Handeln*" (Weber, 1920a, p.252 ss.). O caráter revolucionário desse princípio pode ser avaliado pelo fato de se opor a toda a tradição do pensamento utilitarista que se estende, sob formas variadas, de La Rochefoucauld a Bentham e Marx.

O segundo princípio postula que as causas das crenças são motivos presentes de forma consciente ou metaconsciente na mente do crente. Esse princípio opõe-se a todas as tradições que atribuem as crenças à influência de forças irracionais de origem biológica, social ou psicológica. Emprego a palavra "metaconsciente" no sentido que lhe foi atribuído por Hayek, para quem ela significa os motivos presentes na mente do sujeito, mas que não se revelam espontaneamente a ele.

O conceito de "metaconsciente" indica que os motivos que fundamentam uma convicção podem não estar realmente presentes na mente do indivíduo, mas tornar-se presentes por meio de uma atitude reflexiva. Tomemos um exemplo simples: quando resolvemos um problema de matemática, pomos em jogo argumentos dos quais alguns são evocados conscientemente, e outros têm o papel de pano de fundo. No caso do conceito de "inconsciente", ele transmite a visão naturalista do ser humano, segundo a qual os mecanismos do pensamento não seriam percebidos pela mente do sujeito e seriam, nesse sentido, análogos aos da digestão.

A área de atuação do metaconsciente, porém, abrange dados mais complexos. Desse modo, podemos não estar conscientes da natureza simbólica de um mito e tomá-lo "ao pé da letra". Teremos, contudo, ao mesmo tempo, a impressão mais ou menos clara de que o mito não tem a solidez de uma verdade factual ou de uma verdade aritmética. As crenças religiosas são desse tipo. Elas raramente escapam aos momentos de dúvida, que mostram uma percepção metaconsciente do caráter simbólico dos mitos veiculados por elas. De modo geral, o conceito de "metaconsciência" registra o fato de que o sujeito só adota uma perspectiva reflexiva a respeito de seus comportamentos, seus atos ou suas crenças se for estimulado a fazê-lo, e do fato complementar de que, em princípio, ele pode encontrar com maior ou menor facilidade o que os motivou.

O terceiro princípio weberiano afirma que a racionalização das ideias desempenha uma função dinâmica na vida coletiva. O conceito de "racionalização" designa o processo por meio do qual a transformação – não apenas científica, mas também moral, política, social, econômica, organizacional, religiosa ou jurídica – resulta de um processo em dois tempos: um tempo de introdução de ideias novas no mercado e um tempo de seleção racional dessas ideias pela população. Esse princípio também tem um caráter revolucionário: ele opõe-se à visão corrente segundo a qual apenas as ideias científicas e técnicas seriam estimuladas pelo processo de racionalização, alguns chegando mesmo a afirmar que o conceito de progresso só se aplicaria à tecnologia.

O quarto princípio supõe que, assim como as crenças relativas à representação do mundo, as crenças normativas têm suas origens em razões, e que elas também estão sujeitas a um processo de racionalização. Esse princípio também se opõe a tradições de pensamento influentes como a tradição empirista de David Hume, que afirma que existe um abismo separando o ser do vir a ser e o normativo do factual.

É preciso deixar claro que Weber – cujo pensamento se opõe, quanto a isso, ao de Hegel, Marx e aos neo-hegelianos do passado e do presente como Alexandre Kojève (1947) e Francis Fukuyama (1992) – rejeita a ideia do determinismo histórico. Para ele, as leis da história não existem. O processo de racionalização mencionado por ele está presente por toda parte, ao menos em estado latente. Mas ele pode encontrar condições favoráveis ou desfavoráveis. Durante muito tempo ele encontrou conjunturas favoráveis na Europa, o que explica a supremacia desse continente ao longo dos últimos séculos. O mundo árabe ficou fora desse processo de racionalização durante muito tempo, não por razões culturais imaginárias, mas porque ele foi colocado durante muito tempo sob a redoma de regimes políticos que inibiram esse processo.

Exemplos do processo de racionalização

Esse processo de racionalização pode ser exemplificado por uma análise que Weber retoma ao menos em duas ocasiões em seus textos: a influência histórica considerável, a seu ver, que a pregação de São Paulo exerceu. Sua *Epístola aos gálatas* apresentou pela primeira vez no mercado de ideias o princípio de que todos os seres humanos tinham a mesma dignidade. É esse o significado da passagem curiosa em que Paulo repreende Pedro porque este, ao ver que um grupo de judeus se aproximava, julgou que deveria se afastar do grupo de gentios que estavam sentados à mesa com ele. Essa passagem "anuncia o nascimento da cidadania no Ocidente", explica Weber. Realmente, esse trecho da *Epístola aos gálatas* transmite a ideia de que, para além das diferenças de credo, todos os homens devem poder se sentar à mesma mesa por possuírem todos a mesma dignidade. Essa ideia foi mantida e ficou marcada nas mentes, inspirando ao longo dos séculos uma grande quantidade de inovações que a adaptaram. Assim, a divisão de poderes impôs-se como um princípio da organização política porque ela representa um escudo que protege o cidadão contra os abusos do poder político. A separação entre o poder temporal e o poder espiritual foi instituída pelas mesmas razões: ela representa uma adaptação do conceito de dignidade humana na medida em que ajuda a preservar a liberdade de consciência do ser humano.

A inovação de São Paulo exprime-se sob a forma de uma história curiosa que esconde uma noção – de cidadania –, que está ancorada em um princípio – da dignidade de todos. A inovação, porém, pode assumir outras formas simbólicas: uma forma metafórica, por exemplo. Assim, Harold Berman (1983) revelou que o conceito de Purgatório se impôs tardiamente na história do cristianismo, porque ele veiculava a ideia de que um comportamento condenável deve ser reparado por um castigo proporcional a sua gravidade. Ao inserir-se no repertório de categorias religiosas familiares – entre o Céu e o Inferno –, o Purgatório representava uma categoria inteligível para o povo cristão da época. Ao mesmo tempo, essa metáfora anunciava um avanço jurídico. Como esse avanço foi percebido de maneira mais ou menos confusa por meio da metáfora, ela foi escolhida e se impôs durante séculos.

Não temos dificuldade em admitir que o pensamento científico está sujeito a um processo de racionalização: como a teoria do ar de Lavoisier explica melhor os fenômenos observados que a teoria do flogístico de Priestley, esta última foi definitivamente abandonada. Contudo, a influência desse processo de racionalização vai muito além. Tratando--se de ciências de observação, o próprio nascimento do pensamento científico foi resultado de um processo de racionalização: os impasses a que chegara o pensamento escolástico levaram à sua ruína e inauguraram a consolidação gradual da ciência moderna. Pierre Duhem (1908) mostrou a continuidade que caracteriza as últimas fases do pensamento escolástico e o pensamento científico que se estabeleceu em seguida. Alberto, o Grande, Buridan e Guillaume d'Ockham foram ao mesmo tempo os coveiros da escolástica e os pioneiros da ciência moderna. Louis Rougier (1925) descreveu o processo de racionalização que faz surgir o pensamento científico do declínio da escolástica. Maurice

Clavelin (2011) mostrou, num artigo brilhante, como as observações possibilitadas pelo telescópio de Galileu derrubaram de cima a baixo os argumentos filosóficos que sustentavam o geocentrismo e obrigaram a Igreja a recuar para manter o único argumento teológico da onipotência divina, ou seja, o arbítrio divino: uma vitória pírrica que, no final, condenava o geocentrismo e confirmava a autonomização do pensamento científico em relação ao pensamento teológico.

Se esse processo de racionalização provocou o surgimento da ciência no mundo ocidental, ele não pôs, de modo algum, um ponto final na dimensão teológica do pensamento. Isso é resultado da importância política e social das igrejas e do surgimento de movimentos de contestação ao catolicismo representados pelo luteranismo, calvinismo e jansenismo. Bernard Quillet (2007) descreveu com uma minuciosidade impressionante as disputas sobre a "graça" que ocorrem nesse contexto, e que perduram até hoje de forma mais ou menos latente. Esse "ardor teológico" confirma o axioma de Max Weber, a saber, que são as ideias e não os interesses que, em primeira instância, guiam a ação humana. Os interesses só intervêm mais tarde, depois que as ideias cumpriram sua tarefa.

Mas o ponto essencial destacado por Weber é, novamente, que esse processo de racionalização diz respeito a todas as esferas de pensamento: jurídica, moral, religiosa, bem como científica. Este é o momento de reproduzir em todas as suas nuances o texto de Weber (1920a, p.252 ss.): "Não são os interesses – materiais ou mentais –, mas as ideias que controlam diretamente a ação humana. Porém, as *representações do mundo* criadas pelas *ideias* muitas vezes desempenharam o papel de bússolas, determinando os caminhos pelos quais a dinâmica de interesses enveredou em seguida" (*Interessen – materielle und ideelle – nicht: Ideen beherrschen unmittelbar das Handeln des Menschen. Aber: die "Weltbilder", welche durch "Ideen" geschaffen wurden, haben sehr oft als Weichensteller die Bahnen bestimmt, in denen die Dynamik der Interessen das Handeln fortbewegte*). Em outras palavras, as ideias devem ser concebidas como variáveis independentes e explicativas, e os interesses como variáveis dependentes, a saber, variáveis que devem ser explicadas. Weber expressa aqui uma teoria que conduz todas as suas análises concretas. Ele não dá as costas apenas ao marxismo, mas ao conjunto de correntes de ideias de inspiração naturalista.

Durkheim (1893) também evocou a ideia da existência de um mecanismo de racionalização, especialmente em *Da divisão do trabalho social*, ao ressaltar, por exemplo, que um abrandamento secular caracteriza a evolução das sanções penais nas sociedades ocidentais. A lei de talião foi gradativamente desqualificada; uma justiça baseada no princípio da argumentação contraditória das partes substituiu a vingança pessoal ou do clã. Categorias cada vez mais numerosas de comportamentos foram gradualmente tratadas segundo os princípios do direito civil, que tem um papel reparador, e retiradas do direito penal, que tem um papel punitivo em nome da sociedade.

Como explicar essas tendências de longo prazo? Em linhas gerais, o processo que as conduz é o processo de racionalização em dois tempos mencionado anteriormente: um tempo de produção de inovações conceituais, teóricas, institucionais e/ou técnicas; e um tempo de seleção racional das ditas inovações. Essas inovações, podemos explicitar, assumem a forma de narrativas, parábolas, anedotas, metáforas, conceitos, teorias ou novidades técnicas, como é o caso hoje da tornozeleira eletrônica. Tratando-se de sanções penais, o processo de racionalização explica que sua aceitação pelo público tende a se modificar com o tempo. É em consequência desse processo que nos inclinamos a considerar cruéis aqui e agora sanções penais utilizadas em outros lugares e no passado. Ele também explica as transformações seculares da nossa sensibilidade moral.

Infelizmente, só retemos das análises de Durkheim a ideia, que ele ressalta explicitamente, segundo a qual o aumento da "densidade social" e a propagação da divisão do trabalho constituíram um terreno favorável duradouramente ao desenvolvimento desse processo de racionalização.

As transformações da sensibilidade moral

A hipótese de que o processo de racionalização seja generalizado explica muitas correntes de opinião e decisões políticas do nosso tempo. Ela explica, por exemplo, que a manutenção da pena de morte nos Estados Unidos seja vista pela opinião pública ocidental como uma mancha na democracia norte-americana. Diante das pesquisas, não se pode mais acreditar que ela exerça um efeito dissuasivo real nos criminosos potenciais. Ela não se justifica em termos de eficácia; por outro lado, ela torna o erro judicial irreparável. Existem, portanto, fortes motivos para ser contra ela. É possível compreender que um dirigente chinês veja nela um instrumento de poder insubstituível ou que um cidadão americano do Arkansas profundamente religioso lhe atribua uma capacidade redentora. Um europeu, porém, objetará a este último que o princípio da liberdade de pensamento implica que nenhuma sanção pode ser considerada aceitável unicamente por se basear em princípios religiosos. Essa conclusão resulta, ela mesma, do fato de que, por não ser demonstrável, uma religião não pode impor seus ensinamentos sem transgredir o princípio da liberdade de opinião. Ao dirigente chinês, o europeu objetará que um poder democrático tem mais respeito pela dignidade do ser humano que um poder despótico.

Os antigos gregos não imaginavam que a agricultura pudesse prescindir dos escravos. Assim que se compreendeu que se tratava de uma ideia falsa, a escravidão foi moralmente condenada. Ela se manteve na Europa medieval. A pregação de Paulo lançara, certamente, o princípio da comensalidade, mas também ensinara que o crente devia aceitar o lugar que Deus lhe havia reservado aqui embaixo. Na verdade, a escravidão mantém-se até os dias de hoje de forma indireta, quando o arrendatário, diante da incapacidade crônica de saldar suas dívidas junto ao proprietário, perde na prática sua condição de homem livre. Além disso, existem inúmeros lugares em que a escravidão direta continua existindo.

Porém, desde Montesquieu e do Iluminismo, a sensibilidade moral condenou de forma irreversível a escravidão. Ela não é mais considerada legítima em nenhum lugar. Ela foi reimplantada no mundo moderno, especialmente na Rússia comunista e na Alemanha nacional-socialista. Contudo, esse retrocesso só se tornou possível devido à natureza totalitária desses regimes. E quando é praticada nas sociedades modernas, como no caso do turismo sexual que aflige o Sudeste Asiático, ela é unanimemente condenada. Compreendemos igualmente que a poligamia tenha sido instituída em determinados contextos, mas também que ela é incompatível com o princípio da dignidade da mulher. Creio que é por isso que ela continua proibida nas sociedades ocidentais.

As variações das convicções normativas no espaço e no tempo demonstram que o processo de seleção racional que controla sua implantação está sujeito a diversas incertezas. Porém, essas variações e contingências não devem ocultar os efeitos tendenciais da racionalização. O próprio relativista radical não admitiria que se continuasse aplicando uma pena cruel, desde que se dispusesse de uma pena menos cruel que parecesse igualmente eficaz. Assim, o processo de racionalização das ideias choca-se frontalmente com o relativismo radical: aquele que pretende que não se pode comparar as culturas sob o pretexto de que isso seria faltar com o respeito à identidade delas. Ele também se choca frontalmente com o relativismo *soft* veiculado pelo culturalismo.

A racionalidade do normativo

Essas observações conduzem diretamente ao último princípio fundamental de Weber, o quarto em minha nomenclatura, a saber, que os processos de seleção de ideias são da mesma natureza, quer se trate de crenças descritivas ou de crenças normativas: mais uma ideia revolucionária, se é que isso existe. Quero deixar claro que, para simplificar, emprego o termo "normativo" num sentido bastante amplo: englobando não somente as afirmações relativas às normas propriamente ditas, mas também aos valores, quando, em termos rigorosos, neste último caso deveria falar de afirmações de natureza "axiológica", "apreciativa" ou "estimativa".

Se atribuo uma importância fundamental às quatro proposições de Weber que destaquei – e que, ressalto novamente, estão longe de se apresentar em seus textos com a clareza que me esforcei em lhes dar –, por outro lado me senti ainda mais prontamente autorizado a tomar distância em relação ao sentido literal da teoria weberiana da ação social pelo fato de ela apresentar um problema de coerência.

Deve-se ressaltar que a célebre tipologia que abre *Economia e socie-dade* introduz, na verdade, ao lado dos dois tipos de ações "racionais", duas outras categorias: as ações "tradicionais" e as ações "afetivas" (Weber, 1922a). Ora, podemos ter motivos para não questionar uma tradição ou para ficar perturbados por um ato que nos pareça injusto. Portanto, as ações tradicionais e as ações afetivas não são necessaria-mente irracionais. Essa crítica me parece fundamental, pois o texto de Weber parece reintroduzir aqui uma visão esquizofrênica da mente humana que não se coaduna bem com sua insistência sobre a importân-cia da racionalidade e dos processos de racionalização. Isso é ainda mais curioso pelo fato de muitos comentaristas de Weber terem-no criticado justamente pelo excesso de racionalismo. Assim, muitos dentre eles consideravam seu conceito de "racionalidade axiológica" um conceito estranho, ao qual lhes parecia difícil vincular um significado preciso.

De minha parte, não senti, diante do conceito de racionalidade axio-lógica, a sensação de desconforto que Michael Sukale, por exemplo, demonstra, ele que é um dos mais competentes comentaristas contem-porâneos de Weber: o conceito é, escreve ele, "desconcertante" (*irre-führend*) (Sukale, 1995). Ele retoma esse veredicto na obra que dedica a Weber: o conceito seria mal denominado (*Fehlbenennung*) (idem, 2002, p.434). Na verdade, essa intransigência decorre do fato de Sukale con-fundir racionalidade com racionalidade instrumental. Com efeito, não se percebe o que o conceito de racionalidade axiológica poderia signifi-car a partir do momento em que se limite a racionalidade à escolha dos meios. Nesse caso, a ideia de que existiria uma racionalidade que con-trolaria a escolha dos valores apresenta-se, de fato, como um absurdo. O próprio Weber não deixou muito claro, ao menos de forma direta, que ele procurava expressar por meio do conceito de racionalidade axioló-gica a ideia de que as crenças normativas e as crenças axiológicas em geral têm como causas as razões que as fundamentam na mente dos indivíduos. A ideia de que as crenças normativas são como as crenças representacionais dos efeitos da racionalidade cognitiva também não aparece explicitamente nele, embora ele aplique regularmente essas ideias em suas análises concretas. E ele as expressa de forma indireta em *Economia e sociedade*: "age de maneira *puramente* racional no sentido

axiológico aquele que age sem considerar as consequências previsí-
veis de sua ação" (Rein *wertrational handelt, wer ohne Rücksicht auf die
vorauszusehenden Folgen handelt* [...]) (Weber, 1922a, p.12). Ele deixa
claro que a racionalidade axiológica "pura" representa uma "situação-
-limite" (*Grenzfall*). O mesmo acontece, porém, com a racionalidade
instrumental: "a racionalidade instrumental *absoluta* não passa, essencialmente, de uma construção conceitual limite" (Absolute *Zweckrationalität des Handelns ist aber auch nur ein im wesentlichen konstruktiver
Grenzfall*) [ibidem]. É, portanto, com todo o conhecimento de causa
que Weber sugere que se utilize o conceito de racionalidade nos dois
casos, quer ela inspire os princípios que controlam a ação individual ou
as consequências que se podem esperar dela.

Está claro que a definição de racionalidade que associa o conceito
de racionalidade exclusivamente à escolha dos meios não é a única
possível. O homem de ciência que avalia, com toda justiça, uma teoria
como verdadeira ou falsa não obedece à racionalidade instrumental,
mas à racionalidade que denominaríamos cognitiva. Consequentemente, é legítimo supor que o conceito weberiano de racionalidade
axiológica recomenda simplesmente que se atribuam as convicções
normativas à racionalidade cognitiva. A essa proposição devemos acrescentar outra que também não se encontra explicitamente em Weber, a
saber, que a racionalidade cognitiva e sua irmã menor, a racionalidade
axiológica, são "limitadas" (*bounded*), no sentido que Herbert Simon
deu a esse adjetivo.

A racionalidade é limitada pela finitude do conhecimento humano

Herbert Simon introduziu o conceito de "racionalidade limitada"
(*bounded rationality*) para indicar não apenas que o aperfeiçoamento
de uma argumentação pode comportar custos, mas também que a
capacidade do ser humano de construir sistemas de argumentos é
finita. Ele ressaltou o fato de que o indivíduo encarregado de tomar
decisões tende a apegar-se a um sistema de argumentos que lhe parece

satisfatório mesmo se pressente que ele não é forçosamente o melhor. Apesar de não fugir à sua responsabilidade, ele se dá conta simplesmente do fato de que, para tornar mais sólidas as bases da sua decisão, ele precisaria assumir os custos em termos do tempo gasto na busca de informações complementares, que arriscariam exceder as vantagens geradas por eles.

Essas ideias têm uma importância considerável. Elas começam a construir uma ponte entre o "racional" e o "razoável". Esboçam uma concepção realista da racionalidade. A teoria da racionalidade limitada foi muito utilizada pela sociologia das organizações, especialmente por Michel Crozier, na França. Ela confirmou que as decisões importantes dos empresários ou dos políticos são tomadas muitas vezes porque parecem satisfatórias a seus autores, e não porque estes estariam convencidos de que elas seriam as melhores.

Contudo, a teoria simoniana da racionalidade limitada tem o defeito de não sair do contexto instrumentalista: ela pressupõe que o conceito de racionalidade só pode se aplicar à escolha dos meios, endossando, com isso, a visão da mente humana que qualifiquei de esquizofrênica. Infelizmente, essa concepção de racionalidade é predominante na maioria das ciências humanas e não somente na economia, na qual a racionalidade cognitiva tende, no entanto, a assumir um lugar cada vez mais importante (Walliser, 2000). Daí a atualidade do pensamento de Weber. Apesar disso, Weber não é muito lido fora de círculos restritos, e retemos mais de sua obra algumas teses e alguns conceitos, como o conceito de "carisma" ou a oposição entre "ética da convicção" e "ética da responsabilidade", sem perceber que ela remete a uma teoria da racionalidade, já que repercute a distinção entre racionalidade axiológica e racionalidade instrumental.

A obra de Max Weber tem, intelectualmente falando, um alcance revolucionário, na medida em que propõe substituir a concepção instrumental dominante da racionalidade por uma concepção mais realista: uma concepção cognitiva. Contudo, a racionalidade cognitiva também deve ser concebida como "limitada": os argumentos que fundamentam uma convicção devem parecer satisfatórios àquele que a sustenta, mesmo que ele esteja mais ou menos consciente do fato de que eles não são os melhores. Ele pode alcançar essa satisfação porque ignora determinados argumentos ou, como nos casos examinados por Pareto, porque desconhece que os argumentos que fundamentam suas crenças são coerentes apenas na aparência.

Em outras palavras, podemos retomar textualmente as ideias de Herbert Simon sobre a racionalidade limitada e aplicá-las à racionalidade cognitiva.

A racionalidade cognitiva pode ser limitada por razões contextuais

Quando se trata da racionalidade cognitiva e de sua variante axiológica e não mais da racionalidade instrumental, é preciso lembrar também de uma realidade que Simon não leva em conta, ou seja, que o contexto pode parametrizar os argumentos aos quais o autor tem acesso.

Assim, explica Max Weber, o "indivíduo primitivo" não diferencia entre o fazedor do fogo e o fazedor da chuva, ao passo que para o observador ocidental o fazedor do fogo aplica uma teoria fundamentada, o que não acontece com o fazedor da chuva. Isso porque o contexto cognitivo do observador ocidental é parametrizado pelo fato de que, diferentemente do indivíduo primitivo, ele conhece as leis de transformação da energia.

Weber propõe diversos tipos de análise, nos quais mostra que as diferenças de crença se devem às diferenças de parametrização da mente produzida pelo contexto. Os fariseus acreditavam na imortalidade da alma, os saduceus, não. Segundo Weber (1920a), isso decorre do fato de que os primeiros eram, em sua maioria, comerciantes, enquanto os últimos constituíam um viveiro de onde saíam as elites políticas judaicas. Para os primeiros, a imparcialidade das trocas representava uma exigência fundamental. Portanto, eles se alegravam quando lhes diziam que a alma é imortal, pois isso lhes permitia esperar que os méritos e deméritos que não haviam recebido sua justa recompensa aqui embaixo seriam objeto de uma revisão no além. Quanto aos saduceus, eles não tinham os mesmos motivos para partilhar dessa ideia.

Nesse caso, Weber explica a relação entre atividade profissional e crenças a partir dos motivos plausíveis que ele atribui às duas categorias sociais. Ele não introduz nenhuma das causas ocultas abrigadas com frequência em conceitos como "quadro mental", *frame, framework, habitus*, "estrutura", "cultura", "mentalidade", "mentalidade primitiva" etc., causas cuja credibilidade baseia-se, de forma circular, nos fenômenos que elas supostamente devem explicar.

A crise econômica e financeira de 2008 oferece um exemplo excelente, extraído do mundo contemporâneo, de racionalidade limitada de origem contextual. Nesse caso, a racionalidade dos agentes foi parametrizada pelas exigências da sua função. Insiste-se muito pouco no fato de que a origem da crise é política: ela foi provocada pelo desejo de vários governos norte-americanos sucessivos, entre os quais o do presidente Bill Clinton, de facilitar o acesso de todos à casa própria. Esse objetivo político é profundamente compreensível. Porém, o estímulo para que as pessoas recorressem aos bancos lançado pela autoridade política estimulou os primeiros a adotar uma postura imprudente, postura essa pela qual eles não se sentiram culpados, pois viram os novos produtos financeiros que lançaram no mercado – em parte por influência dos políticos – mais como criações das quais podiam se orgulhar do que como comportamentos aventureiros. Portanto, em razão dos parâmetros que definiam seus papéis, políticos e banqueiros tinham motivos perfeitamente confessáveis para tomar as decisões que, em seguida, gerariam uma crise excepcional.

Podemos chamar de *frame* ou, em francês, de *cadre* [em português, "quadro"] o conjunto de razões que fundamentam na mente do sujeito uma decisão, uma ação, uma crença ou um comportamento, e que resulta da finitude de origem geral ou contextual que o caracteriza. Contudo, o enquadramento não é, nem nos dois exemplos reproduzidos de Weber nem no exemplo da crise de 2008, um dado que deveríamos nos contentar em registrar ou, pior, explicar com a ajuda de forças sociais, culturais ou biológicas cuja existência não pode ser confirmada de forma independente. Nos três casos, o enquadramento em questão é o resultado de razões que podemos elucidar.

Quatro situações exemplares

As observações precedentes permitem definir quatro situações exemplares. Uma crença pode estar baseada em motivos importantes e independentes do contexto. O objetivo das ciências é apresentar esse tipo de crença. A teoria de Torricelli, segundo a qual o mercúrio se eleva num tubo no qual se criou o vácuo em consequência da pressão atmosférica, pertence a essa categoria, como todas as convicções científicas que se impuseram de maneira irreversível. Numa segunda situação, uma crença pode se basear em motivos que independem do contexto, mas que são frágeis. Assim, a ideia de que a propriedade, por não ser natural, é ruim, pode surgir em diferentes contextos. Numa terceira situação, uma crença pode se basear em motivos considerados importantes, mas unicamente em determinados contextos, como a crença na natureza mágica do gesto do criador de fogo que predomina nas sociedades que desconhecem as leis da transformação da energia, ou as crenças na eficácia dos rituais da chuva que, segundo Durkheim, se baseiam em motivos vistos como válidos em determinados contextos. Por fim, numa quarta situação, as crenças podem se basear em motivos frágeis, que só são aceitos em determinados contextos. Assim, segundo Tocqueville, os funcionários públicos franceses têm a tendência de pensar que só o Estado está habilitado a assumir determinadas funções, pois, segundo eles, ele seria desinteressado, ao passo que as empresas privadas só visariam o lucro.

Quadro 1

Conjunto de motivos	Importante	Frágil
Não contextual	O mercúrio do barômetro eleva-se em consequência da pressão atmosférica	A propriedade não é natural
Contextual	O gesto do criador de fogo é mágico, as danças da chuva favorecem a ocorrência de chuvas	Só o Estado é desinteressado

A Teoria da racionalidade ordinária que extraí das quatro proposições de Max Weber representa uma teoria geral da ação humana, válida para analisar vários fenômenos de interesse das ciências sociais, como demonstram os numerosos exemplos examinados neste volume.

Importância política da teoria da racionalidade ordinária

Além da sua importância do ponto de vista da explicação das crenças, a teoria da racionalidade ordinária tem uma considerável importância política. Os círculos intelectuais assistiram a um violento debate nos últimos anos: o debate em torno do "vínculo social". Ele produziu uma grande quantidade de soluções sob a forma de palavras vazias: combater o individualismo e o utilitarismo reinantes, transformar a "solicitude" (*care*) em princípio ou ainda revitalizar o terceiro termo do lema republicano, a "fraternidade", substituindo a "solidariedade" que se instalou gradualmente a partir da segunda metade do século XIX e agora entrou num período de crise (Thibaut, 2011). A teoria da racionalidade ordinária indica que a população tende a aceitar e aprovar toda política que lhe pareça baseada em motivos objetivamente "importantes", no sentido de que, nesse caso, ela tem a tendência a pensar que esses motivos têm a vocação de ser compartilhados. Em poucas palavras: a melhor maneira de fortalecer os vínculos sociais é amadurecer as instituições e aperfeiçoar o funcionamento da democracia representativa para que as medidas políticas propostas pelos agentes políticos e seus comportamentos tenham a vocação de ser aprovados pela população porque, segundo sua percepção, eles estariam baseados em motivos importantes. A teoria da racionalidade ordinária propõe, afinal de contas, uma formulação analítica do célebre "Outro generalizado" (*generalized Other*), de George Mead (1934): o âmago do inencontrável "vínculo social". A possibilidade de fortalecer esse vínculo vislumbrada por ela é mais realista que a do retorno impossível à "solidariedade automática" de Durkheim com a qual sonham, na verdade, aqueles que pretendem revitalizar a fraternidade, a solicitude e o altruísmo ou impor o "antiutilitarismo" nas sociedades em que a "solidariedade orgânica" se afirma cada vez mais.

O maior adversário do vínculo social é a atitude que consiste em jogar as minorias atuantes contra a opinião pública. Em maio de 2011, um ministro francês propôs a revisão do pacote de medidas que, na prática, tornava racional receber a ajuda do governo em vez de trabalhar. Segundo uma sondagem, 70% da opinião pública aprovava a medida. Porém, como sua proposta era politicamente incorreta aos olhos das pessoas bem-intencionadas, o infeliz foi violentamente atacado, não apenas pelos grupos de pressão, mas também por círculos do governo, inspirando a uma de suas colegas uma divertida expressão rimbaudiano-celiniana: ele foi tachado de "brega".

CAPÍTULO II

A EXPLICAÇÃO DAS CRENÇAS ORDINÁRIAS

A sociologia abriu uma brecha na explicação das crenças ao partir do postulado de que se devem buscar suas causas nas razões que o indivíduo situado num determinado contexto tem para adotá-las. Essa brecha interessa a todas as ciências sociais e, além delas, à vida social e política.

A falsa oposição entre Weber e Durkheim

A teoria da racionalidade ordinária permite explicar de forma convincente o conjunto de fenômenos sociais, políticos, morais e religiosos. É por essa razão que ela é utilizada implicitamente pelos sociólogos respeitados. Assim, ela é utilizada ao mesmo tempo por Max Weber e por Durkheim, malgrado as diferenças que os separam. Suas diferenças em matéria de sensibilidade política são incontestáveis; suas diferenças de estilo também. Mas suas análises obedecem a princípios idênticos. Lepenies (1990) caracterizou a ambição científica deles como uma ilusão. Ao fazê-lo, porém, em vez de revelar-se como um filósofo ou historiador das ciências sociais, ele certamente registrou, sobretudo, a heterogeneidade da sociologia contemporânea e, ao descrever de forma negativa a sociologia – como se ela não fosse nem arte nem ciência –, demonstrou sua própria perplexidade em relação às correntes que atravessam a sociologia dos anos 1970-1990.

Durkheim multiplica os conceitos pedantes e toscos como "consciência coletiva" ou "correntes suicidógenas". Eles levaram muitos comentaristas a enxergar, de maneira intempestiva, em sua sociologia, uma atividade de natureza excêntrica.

Max Weber anunciou explicitamente sua hostilidade aos "conceitos coletivos" tratados como causas eficientes, embora só tenham um valor descritivo, como "o gênio francês", "a alma russa" ou a "mentalidade primitiva". Esses conceitos têm sua utilidade: eles resumem de forma simplificada realidades complexas. São mesmo indispensáveis, e detectam diferenças macroscópicas. No entanto, eles têm a tendência a substantivá-las e a tratá-las como causas eficientes, sem perceber que a passagem do mundo descritivo para o mundo explicativo pressupõe que se encontre, no nível microscópico, a lógica dos comportamentos individuais responsáveis, por exemplo, por tal diferença macroscópica. Ver, por exemplo, a visão substancialista que impera desde a crise de 2008 com relação aos "mercados": eles seriam responsáveis por todos os males. Ora, na verdade, um "mercado" nada mais é que um espaço virtual no qual se agregam as razões que mobilizam inúmeros agentes, do simples poupador ao investidor institucional que administra os fundos de pensão desta ou daquela categoria socioprofissional do Arizona.

A obsessão nominalista que caracteriza Weber, seu desejo de sempre medir a distância entre as palavras e as coisas, não está presente de forma tão declarada em Durkheim. Para além dessas diferenças, porém, os dois têm características importantes em comum. Eles aprovam firmemente o princípio da neutralidade axiológica, que recomenda que o analista deixe de lado, na medida do possível, suas convicções e opiniões antes de julgar se a explicação de um fenômeno é válida. Podemos sentir um fenômeno social como atraente ou repugnante. Porém, a explicação desse fenômeno deve ser avaliada de forma neutra: ela só pode ser verdadeira, falsa, verossímil ou inverossímil. Durkheim e Weber também compartilham a ideia de que os fenômenos sociais devem ser explicados como as consequências de comportamentos e crenças provocados no indivíduo por meio de motivos. Nesse ponto Durkheim é até, excepcionalmente, mais explícito que Weber: ele rejeita categoricamente que o ser humano possa ficar sujeito à ilusão durante muito tempo. A criança pequena pode dar a impressão de que acredita que seu coelhinho de pelúcia está vivo, mas ficaria espantada se o coelho a mordesse de repente. O próprio gato não confunde durante muito tempo uma bola de barbante com um camundongo. Ora, ironicamente, muitos sociólogos não hesitam em considerar as crenças humanas como consequência da ilusão.

O capítulo sobre a explicação das crenças ilustra a solidez desses princípios. A força das análises de Durkheim, tratando-se de crenças que identificamos espontaneamente como estranhas, tem a ver com o fato de ele ter mostrado que deveríamos analisá-las à luz daquilo que chamo de teoria da racionalidade ordinária: como não tendo outras causas senão o sentido que elas têm aos olhos do crente. O poder da teoria da racionalidade ordinária também se revela no fato de ela não se limitar unicamente à sociologia. Não é difícil demonstrar que ela é utilizada espontaneamente por outras ciências humanas.

Como explicar cientificamente as crenças?

A que princípios uma análise científica das crenças coletivas deve obedecer? Antes de mais nada, o observador deve tomar consciência do fato de que ele mesmo não tem os mesmos conhecimentos do sujeito observado e que não utiliza os mesmos conceitos e as mesmas ferramentas intelectuais. Por sua vez, o observador não tem a possibilidade de reproduzir os estados de consciência do outro. Com efeito, as crenças coletivas "[...] não podem se individualizar sem serem retocadas, modificadas e, consequentemente, falsificadas. É por isso que temos tanta dificuldade de nos entendermos [...]". Mesmo dois indivíduos que pertençam a um contexto social idêntico terão dificuldade de se entender, pois "[...] nós todos empregamos as mesmas palavras sem lhes atribuir o mesmo sentido" (Durkheim, 1912, reedição de 1979, p.622).

Os parâmetros contextuais

Porém, se não é possível reconstruir literalmente os estados de consciência do outro, é possível discutir cientificamente os sentimentos, as razões e as motivações que temos o direito de lhe atribuir. Assim, não podemos atribuir ao aborígene da Austrália o sentido da diferenciação entre o natural e o sobrenatural, pois ela só apareceu tardiamente, com o desenvolvimento da ciência ocidental:

> [...] a ideia do sobrenatural, tal como a entendemos, é recente [...]. Para que pudéssemos dizer que determinados fatos são sobrenaturais, era preciso já ter a consciência de que existe uma *ordem natural das coisas*, isto é, que os fenômenos do universo estão ligados entre si por meio de relações necessárias chamadas leis. Uma vez adquirido esse princípio, tudo que viola essas leis deveria aparecer necessariamente como fora da natureza e, mais tarde, da razão [...] Contudo, esse conceito de determinismo universal é de origem recente [...] É uma conquista das ciências positivas. (ibidem, p.36)

A consequência disso é que, para o "indivíduo primitivo", como se diz na época de Durkheim, não pode haver milagre, pois o conceito de milagre só ganha sentido em relação à diferenciação que opõe o natural e o sobrenatural. Ele só aparece no contexto de uma interpretação determinista do mundo. Ora, como para o indivíduo primitivo o mundo é resultado da vontade dos deuses, percebidos frequentemente como caprichosos, a contingência faz parte da ordem do mundo. Para os povos primitivos, existem fatos incomuns, surpreendentes, admiráveis, mas não fatos milagrosos no sentido que damos ao termo.

Por um lado, ao levar a sério o fato de que o ambiente cognitivo do observador não é o mesmo do observado e, por outro, ao valorizar suas crenças tal como ele as expressa, podemos eliminar certas interpretações, como aquela, corrente na época de Durkheim, segundo a qual o indivíduo primitivo estaria convencido da existência de forças responsáveis pela ordem do mundo em razão da suposta admiração que provocariam nele os acontecimentos que ele considerava inexplicáveis.

Para o agente, o sentido das
suas crenças é a causa delas

Durkheim propõe um segundo ponto fundamental de método. Se o observador deve evitar projetar seu próprio saber e seus conceitos na mente do observado, ele deve, por outro lado, partir da hipótese de que o indivíduo primitivo, assim como ele, só se deixa convencer por aquilo que faz sentido para ele. Eu acredito que tal remédio é bom porque confio na medicina e ela me recomenda o remédio em questão, e não sob o efeito de impulsos irracionais. O mesmo vale para os rituais praticados pelo indivíduo primitivo: "Os ritos que ele emprega para assegurar a fertilidade do solo ou a fecundidade das espécies animais que lhe servem de alimento não são, a seus olhos, mais irracionais que, aos nossos, os procedimentos técnicos que nossos agrônomos utilizam com o mesmo objetivo (ibidem, p.35).

A metodologia de Durkheim, nesse caso, não se diferencia da de Max Weber. Explicar uma crença é reencontrar o sentido para o agente dessa crença, é presumir que essa crença é racional ou, em termos mais concretos, reencontrar os motivos que o agente tem para acreditar nela. Como reencontrar esses motivos, enquanto a crença parece, pelo contrário, à primeira vista "irracional"? Abstraindo os dados cognitivos que o observador tem de sua própria situação, os quais, porém, ele percebe claramente não poder atribuir ao indivíduo observado.

Durkheim teria aprovado uma fórmula lapidar de Weber (1971, pp.429-30) que ilustra essa metodologia do descentramento. Aos olhos do indivíduo primitivo, declara Weber, o comportamento do criador de fogo é tão mágico quanto o comportamento do criador de chuva. Para ele, "as fagulhas produzidas ao friccionar um pedaço de madeira são efeitos tão mágicos como a chuva produzida pelas manipulações produzidas pelo criador de chuva". Em outras palavras, enquanto consideramos espontaneamente que o comportamento do criador de fogo é racional e o comportamento do criador de chuva é "irracional", o observado não consegue fazer a distinção: na verdade, ela é o resultado, em nossa mente, de conhecimentos em matéria de física que não há como atribuir, de maneira válida, ao observado.

Portanto, para o agente, o sentido das suas crenças é a causa delas, e podemos reencontrar esse sentido pressupondo que, como o observador, o observado é racional, ainda que seus conhecimentos, e particularmente suas teorias de interpretação do mundo, sejam diferentes.

A recusa da explicação das crenças por meio da ilusão

A racionalidade do crente é um dos temas constantes de Durkheim. É por isso que ele rejeita, por uma questão de princípio, qualquer teoria que faça das crenças religiosas o produto de ilusões: "Se ela [a teoria animista] fosse verdadeira, seria preciso admitir que as crenças religiosas correspondem a estados alucinatórios, sem nenhum fundamento objetivo" (Durkheim, 1912, reedição de 1979, pp.96-7). Não podemos aceitar, pelas mesmas razões, as teorias que sugerem que o sonho está na origem da noção de alma, pois seria preciso admitir que o homem pode ficar sujeito às ilusões durante muito tempo. Querendo se inteirar das pesquisas do seu tempo, Durkheim interessou-se pela hipnose, tendo assistido às experiências de Charcot no Hospital da Salpêtrière, assim como quis constatar pessoalmente o alcance da psicologia experimental implantada por Wundt em Leipzig (Valade, 2008). Porém, ele nunca concluiu que o sociólogo tivesse o direito de atribuir o comportamento do ser humano a fatores que escapam ao controle da mente.

De modo geral, Durkheim não dá valor às explicações que fazem das crenças o resultado de ilusões. Elas são impostas ao observador pelo desconforto intelectual que ele sente diante de comportamentos ou crenças que o deixam intrigado. Ele tenta neutralizar sua surpresa inventando uma explicação irracional desprovida de fundamento. Contudo, essas explicações irracionais devem ceder diante da crítica:

> Quando ouvimos uma criança xingar com raiva um objeto no qual ela bateu, concluímos que ela vê nele um ser consciente como ela; mas isso seria interpretar erroneamente suas palavras e seus gestos [...] Se ela ataca a mesa que lhe fez mal, não é porque acredita que ela tenha vida e seja

inteligente, mas é porque ela lhe fez mal. Uma vez liberada pela dor, a raiva precisa ser posta para fora. (ibidem, p.93)

A força das objeções que Durkheim formula contra as diversas teorias que ele recusa – de Tylor, de Spencer, de Max Müller e de outros antropólogos de sua época – reside sempre no mesmo princípio: essas teorias são inaceitáveis, pois se baseiam em hipóteses que fazem das crenças o resultado das ilusões. Ora, as ilusões não conseguiriam ser duradouras e, consequentemente, não poderiam explicar as crenças coletivas que se mostram dotadas de certa constância. Em suma: as interpretações por meio da ilusão são, na maioria das vezes, sociocêntricas e, por isso, desprovidas de valor. Em lugar de supor que a criança e o indivíduo primitivo são movidos pelas ilusões, é preciso supor que, como o próprio observador, eles são estimulados por motivos que devemos reconstruir, identificando acima de tudo as diferenças que separam o contexto cognitivo do observador do contexto cognitivo do indivíduo concreto ou do tipo ideal observado.

Resumindo: para Durkheim, as explicações das crenças que o observador considera mais estranhas decorrem do que denominamos com o termo ambíguo "intelectualismo" – termo ambíguo, pois há uma diferença fundamental entre o intelectualismo de Tylor ou de Frazer e o de Durkheim; ou seja, os primeiros fazem das crenças do observado a consequência lógica de princípios absurdos, enquanto este último pretende que os motivos que influenciam o crente nunca são irracionais, mas se explicam seja pela finitude do entendimento humano, seja pela presença de efeitos de contexto.

Dessa forma, Durkheim propõe, como Weber, que consideremos que o pensamento humano é o mesmo. O indivíduo primitivo e a criança pensam de acordo com as mesmas regras do adulto moderno, mas seus conhecimentos, suas interpretações do mundo e algumas de suas categorias são diferentes, em razão da influência decorrente do enquadramento do contexto ou da finitude do conhecimento humano.

Mesmo quando se trata dos aspectos mais ritualizados da vida social, longe de se contentar em interiorizá-los e se entregar passivamente a eles, o sujeito só os aceita se vê neles um sentido: "[...] os homens não podem participar de cerimônias nas quais não veriam sentido nem aceitar uma fé que não compreenderiam de maneira nenhuma. Para difundi-la ou simplesmente para alimentá-la é preciso justificá-la, ou seja, teorizá-la" (ibidem, p.615). Em outras palavras, só sentimos que fazemos parte de uma cerimônia se vislumbramos a "teoria" da qual ela é a expressão simbólica. Essa observação basta para desacreditar uma interpretação do pensamento de Durkheim divulgada de maneira condescendente pelos manuais: aquela segundo a qual a busca da "efervescência social" bastaria para explicar a atração que o crente sente pelas cerimônias religiosas. De fato, não é costume ver um comunista convicto ficar em dúvida por causa de uma grande missa católica – e vice-versa. Nessa questão sociológica, *O pequeno mundo de Don Camillo*, uma obra-prima do cinema popular dos tempos da Guerra Fria, é bem mais correto que muitos manuais.

As cerimônias religiosas têm como resultado, certamente, uma efervescência social, algo que Durkheim ressalta. Diferentemente, porém, de Malinowski que, segundo Evans-Pritchard (1965), é influenciado demais por William James, para Durkheim esse efeito não é, de modo algum, a sua causa. A causa real da participação do crente numa cerimônia está na força com a qual se impõe sobre sua mente a "teoria" na qual ela se baseia.

Isso explica, por exemplo, por que o jovem cristão de hoje participa mais facilmente de manifestações religiosas transmitidas pelos meios de comunicação, que veiculam uma ideia vaga do cristianismo, em vez de assistir a cerimônias tradicionais cujo ritual lhe parece ligado demais a uma "teoria" cuja mensagem ele não compartilha mais.

Num contexto em que a ciência se encontra institucionalizada, as crenças que dizem respeito aos sujeitos sobre os quais ela pode pretender ter autoridade baseiam-se em teorias de caráter científico. Mas os processos de cristalização das crenças são os mesmos no contexto em que a ciência não existe: os próprios gestos ritualizados apoiam-se em crenças que se instalam na mente do agente porque lhe parecem estar baseadas em motivos que ele compartilha.

Toda a análise durkheimiana das crenças, e especialmente das crenças religiosas, repousa finalmente em um princípio, a saber, que só podemos crer naquilo que percebemos ser justificado, e que cremos naquilo que cremos *porque* aquilo nos parece justificado.

As duas formas do intelectualismo

Robin Horton (1993) observa corretamente que os antropólogos estão errados em transformar o intelectualismo em pecado original, referindo-se ao intelectualismo que consiste em levar a sério a ideia de que as razões que os povos primitivos se dão de forma mais ou menos consciente para suas crenças, são as causas delas. Nesse sentido, Durkheim é, certamente, um intelectualista. Contudo, o que Horton quer dizer é que é preciso diferenciar entre o intelectualismo que – como o de Max Müller, Tylor, Frazer ou ainda Spencer – considera que as crenças religiosas estão baseadas em razões ilusórias e o intelectualismo que, como o de Durkheim, pressupõe que essas razões só aparecem como ilusórias se abstrairmos as diferenças entre o contexto do observador e o do observado. A despeito do carinho que sente por Lévy-Bruhl, a quem conhecia pessoalmente, Evans-Pritchard (1965) classifica-o corretamente no primeiro grupo de intelectualistas, já que Lévy-Bruhl atribui as crenças dos povos primitivos a razões tiradas de princípios absurdos ditados por sua suposta "mentalidade primitiva". Porém, parece que Evans-Pritchard não percebe que a teoria durkheimiana das crenças coletivas é muito superior cientificamente à teoria de Lévy-Bruhl, porque ela pertence ao segundo grupo de intelectualismo: ela não pressupõe, em momento algum, que o elemento primitivo obedeça a regras de inferência diferentes das regras do cientista moderno.

É preciso acrescentar que a transformação do intelectualismo em pecado capital não é uma prática restrita aos antropólogos. Essa atitude, que Robin Horton qualifica sem meias palavras de "preconceito sinistro", paralisa tanto a filosofia quanto a sociologia. Essas disciplinas encontram na condenação habitual que elas fazem do intelectualismo uma justificativa que as autoriza a atribuir os comportamentos e as crenças unicamente a fatores emocionais ou, pior, infraindividuais.

Quanto ao grande Evans-Pritchard, em sua obra-prima sobre os Azande ele aparece como um intelectualista do segundo grupo. Suas práticas em matéria de consulta de oráculos não somente não apresentam regras de inferência indicadoras da "mentalidade primitiva" cara a Lévy-Bruhl, mas revelam um virtuosismo admirável com relação ao que os especialistas em lógica chamam de cálculo proposicional. De fato, para terem certeza de que os deuses lhes apresentam uma resposta convincente por ocasião da consulta aos oráculos, eles não hesitam em repetir as experiências, invertendo o significado dos mesmos sinais: a morte de uma ave à qual o feiticeiro deu uma dose de veneno, o *benge*, é interpretada aleatoriamente como um *sim* ou um *não* da parte de deuses, de quem se espera que deem respostas coerentes (Evans-Pritchard, 1937).

Como explicar as crenças religiosas

Dessas considerações metodológicas se depreende que, para Durkheim, as crenças religiosas devem ser explicadas do mesmo modo que as crenças científicas ou filosóficas. Não temos condições de analisá-las como se fossem ilusões ou opiniões impregnadas de subjetivismo. Se tomarmos o princípio ao pé da letra, ele significa que as crenças religiosas devem ser analisadas como uma adesão a teorias que exprimem uma realidade *sui generis*: uma realidade diferente daquela sobre a qual se debruçam as ciências naturais, mas uma realidade que, indiscutivelmente, existe. É a natureza dessa realidade *sui generis* que Durkheim se propõe definir em sua obra-prima sobre *As formas elementares da vida religiosa*.

Primeiro exemplo: a origem das crenças mágicas

A teoria proposta por Durkheim sobre a magia branca é uma de suas teorias originais mais notáveis, embora ela seja apresentada em trechos dispersos de *As formas elementares da vida religiosa* (Boudon, 2010a).

Segundo essa teoria, é preciso reconhecer inicialmente que o saber do indivíduo primitivo não é o mesmo do ocidental. Ele não foi, como este, instruído na metodologia da inferência causal e não tem nenhum motivo para dominar os princípios da biologia ou da física.

O acompanhamento da vida cotidiana, mas também a produção agrícola, a pesca ou a criação de animais pressupõem diversos tipos de *know-how*. Por um lado, nas sociedades tradicionais, eles têm origem na experiência, como acontece nas nossas sociedades. Porém, os dados da experiência só fazem sentido tendo como pano de fundo as representações teóricas da vida, do crescimento, da morte, da alimentação e, de um modo geral, dos processos vitais. Como essas representações não podem ser deduzidas diretamente da experiência, o indivíduo primitivo normalmente as deduz do *corpus* de saber disponível e considerado legítimo que ele tem à sua disposição. Pois "o essencial [é] não deixar a mente prisioneira das aparências sensíveis, mas, ao contrário, ensiná-la a dominá-las e a aproximar o que os sentidos separam" (ibidem, p.340). No caso das sociedades examinadas por Durkheim, são as doutrinas religiosas que fornecem as explicações do mundo que permitem coordenar os dados da experiência sensível. Portanto, essas doutrinas têm nas sociedades tradicionais o papel que a ciência tem nas sociedades modernas, no sentido de que elas representam uma primeira forma de explicação do mundo: "O grande serviço que as religiões prestaram ao pensamento foi ter construído uma primeira representação do que poderiam ser as relações de parentesco entre as coisas" (ibidem).

Quanto às crenças mágicas, elas são receitas que o indivíduo primitivo tira da "biologia" que ele constrói a partir das doutrinas em vigor na sua sociedade.

Uma questão apresenta-se então: as receitas mágicas não têm eficácia; as crenças e as tentativas que se desenvolvem a partir de teorias sem fundamento objetivo tendem a ser desmentidas pelo real na metade dos casos. Como é que a credibilidade delas se mantém a despeito do princípio da fragilidade das ilusões, enunciado por Durkheim? Consciente dessa objeção que ele próprio formula, ele responde com uma série de argumentos eficazes.

Antes de mais nada, é difícil tirar uma conclusão imediata de uma situação em que uma crença causal se vê desmentida pela observação. Os próprios cientistas continuam habitualmente a confiar numa teoria desmentida pelos fatos. Antecipando-se aos avanços importantes da moderna filosofia da ciência, devidos especialmente a Duhem, Kuhn, Quine e Lakatos, Durkheim afirma que os homens de ciência têm sérios motivos para não abandonar uma teoria desmentida pelos fatos. Não podendo determinar qual dos elementos da teoria é o responsável pela contradição em questão, eles podem, na verdade, esperar sempre que ela resulte de um elemento secundário e, consequentemente, que uma modificação mínima da teoria em questão se mostrará capaz de reconciliá-la com os fatos. Além disso, eles podem levantar a hipótese de que esse dado que contradiz a teoria não passa de um fenômeno acidental. Em suma, geralmente é mais racional conservar uma teoria desmentida pelos fatos e tentar corrigi-la do que repudiá-la.

> Quando uma lei científica tem a seu favor a autoridade de inúmeras e variadas experiências, é contrário a todos os métodos renunciar a ela prontamente demais em razão da descoberta de um fato que parece desmenti-la. [...] Ora, o australiano não age de outra maneira quando atribui o insucesso de um intichiuma[1] a algum malefício [...]. (ibidem, p.515)

Sem o saber, Kuhn (1970) confirmou as observações de Durkheim ao demonstrar que Priestley tinha todas as razões do mundo para se apegar à teoria do flogístico, hoje definitivamente desacreditada. Lakatos (1979) também confirma a teoria de Durkheim ao ilustrar, por meio de uma célebre parábola, o fato de que uma teoria desmentida pelos fatos pode continuar merecendo a confiança dos cientistas durante séculos, porque sempre se pode levantar a hipótese de que uma adaptação da teoria eliminaria a contradição e sempre é possível criar hipóteses que podem não ser verificáveis de imediato.

Exatamente como os homens de ciência, diz-nos Durkheim, os feiticeiros não têm dificuldade em imaginar hipóteses auxiliares para explicar por que sua teoria fracassou: os rituais não foram realizados da forma correta ou os deuses estavam mal-humorados naquele

---

1 Cerimônia mágica australiana cujo objetivo é multiplicar as espécies totêmicas de um clã. (N. T.)

dia, a menos que fatores não identificados tenham atrapalhado a experiência.

Além disso, a realidade pode ratificar crenças falsas. Nesse caso (ibidem, p.516), Durkheim desenvolve um argumento extremamente sutil: os rituais destinados a produzir chuva ou a facilitar a reprodução dos rebanhos são realizados na época em que as plantações precisam de chuva e, consequentemente, em que a possibilidade que ela ocorra é maior, ou na época de acasalamento dos animais. Desse modo, a crença numa falsa relação de causalidade pode ser confirmada pela existência de correlações que, embora enganosas, são incontestáveis.

Podemos acrescentar dois argumentos aos de Durkheim. Em primeiro lugar, a crítica de uma relação causal nem sempre é fácil. Na verdade, ela pressupõe que se reúnam condições quase experimentais que normalmente não existem. Além do mais, essa crítica só é possível graças à mobilização de instrumentos estatísticos dos quais o indivíduo primitivo não dispõe.

Em segundo lugar, para que a fé numa teoria desapareça, devemos poder substituí-la por uma teoria concorrente. Ora, o que caracteriza as sociedades tradicionais é o fato de que as interpretações do mundo endossadas por elas evoluem muito pouco. Nelas, o mercado de construção de teorias é pouco ativo, sendo normalmente menos competitivo quando se trata de teorias religiosas do que de teorias científicas.

Em suma, Durkheim sugere que as crenças coletivas que observamos nas sociedades tradicionais e que identificamos como mágicas têm a mesma essência que as crenças coletivas que observamos em nossas sociedades. Porém, como o desenvolvimento da ciência tornou definitivamente obsoletas algumas dessas crenças, quando constatamos que alguém continua a aceitá-las temos a tendência a considerá-lo "irracional".

Na verdade, sugere Durkheim, essas crenças mágicas são suposições que o indivíduo primitivo inventa a partir do saber que ele considera legítimo, exatamente como nós mesmos aceitamos toda espécie de relações causais, entre as quais algumas têm fundamento, mas outras são tão frágeis ou ilusórias quanto as dos povos primitivos. Acreditou-se durante muito tempo que o estresse fosse o causador da úlcera

RARAYMOND BOUDON

estomacal, até que ficou provado que ela é de origem bacteriana – sem falar no grande número de receitas mágicas para emagrecer que os especialistas propõem ao homem moderno.

Exatamente da mesma forma que as crenças dos povos primitivos, essas crenças se explicam pelo fato de fazerem sentido para nós; em outras palavras, por termos motivos para aderir a elas.

A teoria de Durkheim é consistente, em primeiro lugar, porque se compõe de proposições que, tomadas individualmente, são todas aceitáveis com facilidade. Todas expõem dados factuais ou se referem a leis psicológicas incontestáveis ("o ser humano quer sobreviver", "preferimos tentar adaptar uma teoria que mostrou seu valor em vez de descartá-la diante da primeira falha", "temos a tendência de enxergar numa correlação uma presunção de causalidade" etc.). Em segundo lugar, ela é compatível com fatos comprovados bem depois de Durkheim. Na verdade, ela explica não apenas o fenômeno da própria magia, mas também suas variações no tempo e no espaço. Armados com essa teoria, não temos qualquer dificuldade de compreender que as práticas de magia não estão, de modo algum, distribuídas uniformemente pelas sociedades primitivas. Por exemplo, elas são pouco difundidas na China e na Grécia antigas. Isso se deve ao fato de as doutrinas religiosas em vigor nessas sociedades ressaltarem as regularidades que governam o funcionamento do cosmo, não deixando muito espaço às forças caprichosas que o pensamento mágico põe em prática.

É fácil entender também, a partir da teoria durkheimiana, que a magia branca e a magia negra – a feitiçaria – sejam pouco difundidas na Europa no fim da Idade Média: a Europa encontra-se então dominada pelo pensamento aristotélico, cuja natureza empirista não estimula muito a explicação do mundo por meio de forças mágicas (Thomas, 1973; Bechtel, 1997). As práticas de magia observadas nesse período remontam à *magia naturalis*: trata-se de técnicas provenientes de hipóteses relativas aos fenômenos naturais cujo princípio não difere muito das hipóteses do cientista.

Já o Renascimento é acompanhado pelo descrédito do aristotelismo, que é substituído pela moda do platonismo e do neoplatonismo. Pois os "humanistas" do século XVI procuram demonstrar

70

sua modernidade rompendo com uma doutrina associada a uma Idade Média considerada ultrapassada. Ora, o neoplatonismo é uma filosofia que acolhe muito melhor que o aristotelismo as explicações do mundo a partir de forças misteriosas. Enquanto para Aristóteles os mitos são explicações simbólicas do mundo que devemos evitar tomar ao pé da letra, para Platão eles representam teorias explicativas no sentido amplo do termo. Com o neoplatonismo, impôs-se finalmente a ideia de que os fenômenos naturais são explicados por forças ocultas. Surge então a *magia diabólica*, que não tem nada a ver com a *magia naturalis* e que explica, sobretudo, o aumento dos processos por bruxaria.

A teoria de Durkheim permite, assim, compreender que a onda duradoura de magia e feitiçaria que surge na Europa no século XVI e que se estende até meados do século XVIII se localiza na parte mais moderna e desenvolvida do continente. De fato, ela é muito mais intensa no Norte da Itália e no Sul da Alemanha do que no Sul da Itália ou na Espanha. Em suma, o quadro teórico durkheimiano permite explicar facilmente essa combinação, à primeira vista surpreendente, entre modernidade e "irracionalismo" que caracteriza o início da era moderna.

Ela permite explicar igualmente enigmas próximos como a persistência de crenças "irracionais" entre os pioneiros das ciências modernas. A teoria durkheimiana explica, por exemplo, que a alquimia tenha desempenhado um papel importante na origem da química, ou que Newton tenha sido um alquimista fervoroso.

Ela também permite compreender, tal como já fora revelado por Hubert e Mauss (1902-1903), por que as práticas de magia são mais desenvolvidas – todos os outros fatores permanecendo iguais – nas sociedades em que a atividade econômica predominante é aleatória, como nas sociedades de pescadores, do que nas sociedades em que ela é menos aleatória.

A teoria de Durkheim permite compreender facilmente não apenas as variações das crenças e das práticas de magia no tempo e no espaço, mas também por que ciência e magia coexistem ainda tão tranquilamente nos dias de hoje. É preciso destacar esse aspecto devido ao fato de que Durkheim não tinha nenhuma dificuldade de compreender que a modernidade vem acompanhada não somente de sentimentos religiosos vigorosos, mas até mesmo de vigorosas tradições religiosas mais antigas. É por isso que ele rejeita violentamente aqueles que querem ver no "católico esclarecido de hoje uma espécie de selvagem retardado" (ibidem, p.460).

Segundo exemplo:
a exceção religiosa dos Estados Unidos

Podemos fazer as mesmas observações metodológicas a respeito de outro fenômeno de ordem comparativa que intrigou bastante as ciências sociais: por que a modernidade não provocou nos Estados Unidos o mesmo grau de erosão das crenças religiosas que provocou na Europa? Adam Smith, Tocqueville e Weber apresentaram uma explicação bem fundamentada desse misterioso fenômeno geralmente denominado "exceção religiosa americana". Suas análises são complementares. Elas têm em comum o fato de aplicar, de forma prefigurada, a teoria da racionalidade ordinária.

Como no caso das variações da difusão da magia no tempo e no espaço, a diferença explica-se pela racionalidade cognitiva: hoje como ontem, europeus e norte-americanos têm motivos para assumir posturas diferentes em relação à religião. Um deles é que a ruptura da religião norte-americana em inúmeras confissões e a adoção pela república norte-americana, desde suas origens, da separação entre os poderes espiritual e temporal poupou os Estados Unidos da rixa francesa da laicidade ou da *Kulturkampf* alemã.

Mas existem outros. A sociologia improvisada e a história contentam-se muitas vezes em explicar a diferença entre o nível de religiosidade na Europa e nos Estados Unidos aludindo a forças socioculturais: a dimensão religiosa teria sido desde sempre muito marcante na sociedade norte-americana por esta ter sido originalmente constituída por uma população de dissidentes religiosos vindos da Inglaterra. Essas forças explicariam o fato de os norte-americanos serem mais religiosos que os europeus. O antropólogo do século XIX também considerava o "indivíduo primitivo" diferente dele. As explicações que Adam Smith, Alexis de Tocqueville e Max Weber dão para a exceção religiosa norte-americana merecem ser lembradas porque se afastam completamente desse substancialismo que, como é fácil perceber, foi formulado pelo sociocentrismo do observador.

Como se pode perceber de passagem, talvez esse mesmo substancialismo explique, em certa medida, o antiamericanismo reinante hoje, de forma latente, em certos países europeus, entre os quais a França.

Tocqueville aborda a questão da exceção religiosa norte-americana no segundo volume de *A democracia na América* e a retoma em *O Antigo regime e a Revolução*, quando se pergunta por que os avanços do Iluminismo não provocaram nos Estados Unidos uma vaga de irreligião análoga à que ocorrera na França (Tocqueville, 1857, reedição de 2004, p.182).

Segundo ele, a explicação desse fenômeno deve-se em primeiro lugar ao fato de que a religião se encontra na origem da fundação dos Estados Unidos e de que as relações entre o político e o religioso foram definidas sobre bases claras desde a fundação da nova nação. "Nos Estados Unidos, a religião impôs-se ela mesma seus limites, por assim dizer: a ordem religiosa permaneceu ali totalmente independente da ordem política, de tal maneira que foi possível mudar facilmente as leis antigas sem abandonar as crenças antigas" (Tocqueville, 1840, reedição de 1986, p.431).

Essa passagem faz alusão primeiramente à separação entre Igreja e Estado adotada desde as origens da nova nação. Por ocasião da sua viagem aos Estados Unidos, Tocqueville tinha observado que seus informantes atribuíam unanimemente a forte religiosidade dos americanos a uma causa principal: "todos atribuíam a influência pacífica que a religião exerce em seu país principalmente à separação total entre Igreja e Estado" (Tocqueville, 1835, reedição de 1986, p.280).

Porém, se a separação entre Igreja e Estado – ou melhor, como se deve dizer quando se trata do caso americano, entre confissões religiosas e Estado – explica o caráter pacífico de suas relações, ela não explica a persistência de uma forte religiosidade nos Estados Unidos. Quanto aos "limites" que a religião americana se impôs, eles não dizem respeito apenas a suas relações com o Estado. Mais precisamente, o texto citado apresenta uma dupla questão: a da natureza desses "limites" e a de sua origem. Por outro lado, para compreender a exceção religiosa americana é fundamental levar em conta o fato de que "nos Estados Unidos, as seitas cristãs variam ao infinito e se transformam sem parar" (Tocqueville, 1840, reedição de 1986, p.431). Mas em que esse dado explica a exceção religiosa americana? Tocqueville não se estende muito sobre essas duas questões, nem sobre os mecanismos responsáveis pela relação causal que relaciona o desmembramento da religião americana à sua forte vitalidade. Porém, a partir do contexto, não é muito difícil imaginar o que ele tem em mente.

Em primeiro lugar, a relação causal em questão resulta do fato de que as seitas protestantes americanas têm uma interpretação particular de determinados pontos do dogma. O protestantismo assegura a liberdade de interpretação do dogma; isso não acarreta, de modo algum, uma atitude de rejeição entre as seitas: seja qual for a seita a que pertença, o protestante americano é visto pelos membros das outras seitas como pertencendo à mesma religião. É por isso que "nos Estados Unidos, as seitas cristãs variam ao infinito e se transformam sem parar, mas o cristianismo é um fato estabelecido e irresistível" (ibidem).

Além disso, em razão das diferenças de interpretação do dogma que caracterizam a miríade de seitas cristãs americanas, as crenças comuns a todas apresentam uma natureza muito mais moral que dogmática. Como nas sociedades democráticas as crenças religiosas tendem a se transformar em opiniões – tal como Tocqueville aponta –, os aspectos dogmáticos da religião também são minimizados por esse outro motivo.

Finalmente, o crente sente que o protestantismo é útil sobretudo para que ele possa alcançar a felicidade no dia a dia. Essa tendência à imanentização da religião resulta da importância do valor da igualdade de todos nas sociedades "democráticas", entre as quais os Estados Unidos são, para Tocqueville, o modelo. Esse valor é acompanhado de um individualismo pronunciado que, por sua vez, gera um ceticismo que se torna natural pelo fato de que as opiniões das diferentes partes são extremamente variadas e que, por princípio, elas devem ser consideradas igualmente respeitáveis.

Ao se impor "limites", ao privilegiar sua dimensão moral em relação à sua dimensão dogmática, a religião evitou nos Estados Unidos, sem ter buscado esse objetivo, os conflitos com a ciência que caracterizam outros contextos nacionais e, sobretudo, o contexto francês. Pois, na competição entre ciência e religião que atravessa o século XIX, é evidentemente por seus aspectos dogmáticos e não por seus aspectos morais que a religião se mostrou vulnerável. Por outro lado, a enorme quantidade de seitas protestantes americanas não impôs simplesmente a separação entre Igreja e Estado desde as origens da nova nação. Ela também fez com que elas não pudessem tentar se confrontar com o Estado.

Na Inglaterra, *ao contrário*, os avanços da irreligião devem-se sobretudo ao fato de a Igreja Anglicana ter "se tornado um partido político" (Tocqueville, 1833, reedição de 2004, p.446), uma pretensão que as seitas protestantes fragmentadas não podiam alimentar. Todavia, os "avanços da irreligião" são menos importantes na Inglaterra que na França, explica Tocqueville, devido ao fato de que ao lado da Igreja Anglicana continuam existindo, na Inglaterra, inúmeras seitas em condições de atrair o crente indiferente à igreja oficial.

Em razão de sua centralização, o catolicismo francês trazia dentro de si os germes do conflito com a autoridade política, do qual o protestantismo americano fora poupado em razão de sua fragmentação. Além disso, a dimensão dogmática é mais acentuada e a liberdade que o crente tem de interpretar o dogma é mais restrita no catolicismo que no protestantismo. Daí o conflito do catolicismo com o desenvolvimento da ciência. Ademais, podemos acrescentar, na linha de Tocqueville, que na França o conflito com o político acabou privando as igrejas de suas funções tradicionais. Ao "se estabelecer limites", as instituições religiosas americanas puderam conservar uma importante atividade no âmbito da trilogia *Health-Education-Welfare*: no terreno da saúde, da educação e da previdência social. Na França, ao contrário, elas foram privadas, em proveito do Estado, das funções que haviam exercido tradicionalmente nessas áreas. O resultado disso é que, na vida cotidiana, o americano tem muito mais possibilidades de vir a solicitar os serviços de instituições de caráter religioso que o francês. Portanto, esse é mais um motivo para que ele seja menos suscetível a ter uma atitude negativa em relação à religião.

A teoria de Tocqueville completa a de Adam Smith. Smith já havia ressaltado, num capítulo pouco notado de *A riqueza das nações*, que a Inglaterra assistia a uma irreligiosidade crescente e que o mesmo fenômeno não se observava nos Estados Unidos (Iannaccone, 1991). Ele também não se limitou a pôr essa diferença na conta do legado dos *pilgrim fathers*. Como Tocqueville fará depois dele, Adam Smith evoca a multiplicidade de seitas americanas e apresenta a ideia de que o sistema concorrencial americano permite que o crente encontre mais facilmente a igreja que lhe convém do que o sistema quase monopolista inglês. Neste último caso, o crente que discorda da igreja dominante ou de um determinado ponto do dogma pode ser tentado a se afastar da comunhão dos crentes, explica Adam Smith. No primeiro, ele procurará, de preferência, resolver essa dissonância cognitiva trocando de igreja. Pois, embora existam na Inglaterra seitas dissidentes, o fato de aderir a elas é, na maioria dos casos, uma fonte de aborrecimento para o crente, isso quando não significa a marginalização e até mesmo a perseguição. Em outras palavras, o custo da dissidência é muito mais elevado na Inglaterra do que nos Estados Unidos.

O modelo proposto por Adam Smith não ajuda apenas a justificar a diferença entre os níveis de religiosidade inglês e americano. Ele também permite explicar por que, segundo as pesquisas sociológicas, os países escandinavos detêm atualmente o recorde de ateísmo: 14% dos suecos e 19% dos dinamarqueses declaram que "a vida só tem sentido se Deus existe", contra 29% dos franceses, 30% dos alemães, 36% dos ingleses e 61% dos americanos (Inglehart et al., 1998). Não há dúvida de que a especificidade escandinava decorre do fato de que, até um período muito recente, a Igreja Luterana tinha por toda parte o estatuto de igreja de Estado e, além disso, não tinha praticamente nenhum concorrente (Iannaccone, 1991). Na Suécia, pouco antes de ser decretada a separação entre Igreja e Estado, 95% dos cidadãos foram classificados como luteranos. Portanto, os suecos ou dinamarqueses que discordavam do dogma não tinham outra saída senão renunciar a qualquer afiliação religiosa.

Max Weber (1920a) acrescentaria um último elemento fundamental para explicar a exceção religiosa americana. Ele destaca que, em razão da correlação entre a antiguidade das ondas de imigração e o nível social alcançado na sociedade americana pelos grupos étnicos correspondentes, uma diferença de prestígio acompanha as diferentes seitas religiosas. Como os luteranos estavam estabelecidos havia muito tempo na sociedade americana e como, em consequência disso, tinham atingido na média um nível social respeitável no início do século XX, no momento em que, em 1901, Weber realiza sua viagem aos Estados Unidos, eles tinham conseguido fixar os impostos devidos ao templo em um nível elevado, explica ele. Tão elevado que, se a mesma taxa fosse aplicada na Alemanha, provavelmente não se encontraria mais nenhum luterano, observa ele com um sorriso. Consequentemente, poder se apresentar como luterano e, *a fortiori*, como pertencente a denominações religiosas que correspondiam a ondas de imigração mais antigas, é exibir um *status* social respeitável. Portanto, explica Max Weber, as seitas religiosas funcionam nos Estados Unidos como elementos simbólicos de *status* social, os quais têm um papel crucial, por exemplo, quando se vai redigir um contrato. Essa função, que foi introduzida como resultado de mecanismos anônimos, também contribuiu para a vitalidade das seitas religiosas nos Estados Unidos.

Os exemplos precedentes sugerem que a teoria da racionalidade ordinária constitui, certamente, a coluna vertebral da sociologia como ciência: aquela que consegue explicar os fenômenos sociais macroscópicos e, *a fortiori*, os mesoscópicos e os microscópicos, de acordo com os princípios e os critérios que regem todas as ciências. Se privilegiei, neste e em outros textos, os exemplos macroscópicos, é porque os fenômenos sociais situados nesse nível são mais difíceis de explicar. É por isso que eles fornecem a ocasião para análises de natureza muitas vezes mais ensaística que científica.

É também porque a sociologia como ciência deve enfrentar nesse terreno uma concorrente temível: a sociologia de natureza holística. Ela afirma que tem condições de apreender a essência dos fenômenos coletivos – e até mesmo das sociedades – unicamente com a força da intuição. Na realidade, na maioria dos casos ela só pega vento. Porém, por sua capacidade de reduzir os fenômenos sociais ou as sociedades a algumas fórmulas, ela seduz mais facilmente que a sociologia individualista:

aquela que denominamos hoje, com prazer, "analítica", e cuja espinha dorsal é constituída pela teoria da racionalidade ordinária.

A eficácia da teoria da racionalidade ordinária explica o fato de ela ser utilizada naturalmente para explicar todo fenômeno social, macroscópico ou microscópico, e de transcender as fronteiras disciplinares. Um exemplo permitirá reforçar este último ponto: a explicação dada por Ernst Nolt para a implantação dos fascismos no século XX.

A teoria da racionalidade ordinária aplicada à história: a origem dos fascismos

O livro de Ernst Nolte sobre os movimentos fascistas é indispensável para compreender a implantação não apenas do nacional-socialismo, mas dos fascismos que invadem a Europa nos anos que se seguem à Primeira Guerra Mundial.

A tese de Nolte (1969) é que se o fascismo se implantou na Europa por razões bem conhecidas, como as bombas-relógio deixadas pelo Tratado de Versalhes, as crises monetárias e econômicas dos anos 1920 ou o crescimento do desemprego, também é preciso levar a sério a ideia de que as conjunturas – e menos ainda as estruturas – não agem sozinhas. Elas são apenas o pano de fundo no qual se insere a ação das diversas categorias de atores sociais.

A originalidade de Nolte é ter mostrado que o fascismo pôde se implantar sobretudo porque os dirigentes políticos europeus apegados aos valores da democracia elaboraram sua reação aos fascismos nascentes – inicialmente na Itália e depois em outros países europeus – a partir de uma estrutura mental fortemente parametrizada por sua experiência política nos anos da Primeira Guerra Mundial. A vitória das democracias convenceu-os da capacidade de resistência do sistema liberal. Por outro lado, eles estavam convencidos de que a carnificina de 1914-1918 excluía o ressurgimento de conflitos internacionais graves. Portanto, eles não perceberam direito o perigo fascista. Desse modo, os liberais italianos achavam as aventuras de Gabriele d'Annunzio folclóricas. Eles sabiam muito bem que os intelectuais e os artistas se radicalizam com facilidade.

Por esse motivo, eles não compreenderam que essas aventuras eram o prenúncio do surgimento de uma nova forma de ação política: a ação política violenta conduzida em grande escala. Eles não imaginaram que pudessem se estabelecer na Europa Estados que fariam uso corrente dela.

Além disso, os dirigentes dos partidos fascistas revelaram-se muito menos radicais que o intelectual d'Annunzio. Eles perceberam muito bem que seria contraprodutivo apresentar-se como belicistas num período em que a guerra estava desacreditada e era considerada totalmente impossível. Assim, Mussolini e logo em seguida Hitler repetem durante certo tempo declarações tranquilizadoras – por cálculo, mas também porque partilham a opinião de que a solidez da estrutura política liberal recomendava que evitassem ações ilegítimas. Ao mesmo tempo, o comunismo havia se instalado na União Soviética desde 1917. Não há dúvida de que as experiências comunistas de 1918 fracassaram na Alemanha e na Hungria. Porém, todas as nações democráticas abrigam partidos e movimentos comunistas importantes. Por esse conjunto de razões, os liberais de todos os países tendem a desdenhar a ameaça fascista e a transformar o comunismo no inimigo principal. Isso leva até certos liberais a ver certa utilidade no fascismo.

Nolte demonstra essa tese geral multiplicando os estudos de caso que ele apresenta por meio de fragmentos ao longo do livro, como o que trata da carreira de Giovanni Giolitti, um personagem central da vida política italiana. Esse personagem é apresentado como tipo ideal porque revela os sistemas de crenças que, em razão da parametrização do contexto, têm a tendência de se formar, não apenas em sua mente, mas na mente de inúmeros dirigentes políticos dos partidos liberais. Em novembro de 1918, Giolitti declara a uma pessoa próxima: "Os impérios militares acabaram. É uma coisa excelente... o militarismo está desfeito... a democracia triunfa no mundo inteiro." Todo o mundo político da época utiliza a mesma linguagem, quer se trate do presidente americano Woodrow Wilson, do primeiro-ministro britânico Lloyd George ou do presidente francês Paul Deschanel.

Considerando os movimentos fascistas como pouco perigosos e os intelectuais fascistas radicais como anedóticos, o democrata convicto Giolitti recusa-se, em 1919, a encabeçar um governo antifascista. As ameaças comunistas surgidas na Alemanha e a tomada do poder na Rússia pelos bolcheviques lhe parecem graves. Ele não crê que o fascismo possa ameaçar seriamente a democracia liberal. Mussolini não se opusera ao extremismo fascista? Não havia enviado sinais de moderação ao Vaticano, aos industriais, à monarquia e ao Exército? Foi só em 1928, algumas semanas antes de morrer, que Giolitti finalmente reconheceu que Mussolini ameaçava a democracia liberal e demonstrou claramente que o desaprovava.

Temos aqui uma aplicação pelo historiador da teoria da racionalidade ordinária. Giolitti formou suas crenças e escolheu suas atitudes a partir de razões inspiradas na observação da realidade política e nas atitudes tomadas pelos outros atores políticos, percebendo-se facilmente que essas razões podiam ser consideradas satisfatórias para sua mente e, consequentemente, compreensíveis para o observador.

A metodologia aplicada espontaneamente por Ernst Nolte está calcada na de Weber. Ele trata Giovanni Giolitti como um "tipo ideal" de personagem. Sua demonstração baseia-se na hipótese de que, para além de sua singularidade, os atores que ele evoca são representativos de um número indeterminado de outros atores que obedecem às mesmas razões porque estão situados no mesmo contexto. O fenômeno a ser explicado, no caso a frágil oposição do mundo político liberal à ascensão dos fascismos, pode então ser considerado como resultado macroscópico da convergência de tomadas de posição microscópicas. Foi por um excesso de confiança das elites dos países democráticos na ideia de que a ordem liberal ficara definitivamente fortalecida pelos horrores da Primeira Guerra Mundial que elas não souberam interpretar nos episódios de violência que surgiram na Itália, na Alemanha, na França e em outros lugares a prefiguração de estratégias políticas não democráticas e, menos ainda, de uma ordem social e política alternativa à das democracias liberais. Essa convergência abriu caminho aos fascismos que, em seguida, revelariam a fragilidade da ordem liberal e produziriam uma convergência inversa de opiniões.

Como no caso dos exemplos de Durkheim sobre as crenças mágicas ou no da teoria policéfala da exceção religiosa americana de Smith-Tocqueville-Weber, a explicação de Nolte é convincente porque se apresenta como composta de proposições elementares facilmente aceitáveis e que dizem respeito às crenças atribuídas aos agentes ou aos dados factuais que descobrem os parâmetros característicos do contexto social, político e cultural no qual eles se transformam. Mas o que torna o livro de Nolte incomparável e sua leitura indispensável a quem deseja compreender a implantação da barbárie fascista nas nações "avançadas" é que ele se submete, antes, ao princípio do singularismo metodológico: ele não está preocupado nem em pintar um afresco colorido nos moldes de Michelet nem em completar a enumeração das "grandes causas" da ascensão dos fascismos, mas se limita à questão de saber por que os dirigentes políticos dos países democráticos subestimaram o perigo fascista até serem postos contra a parede.

Aplicações da teoria da racionalidade ordinária à psicologia social

Privilegiamos até aqui os exemplos macroscópicos da aplicação da teoria da racionalidade ordinária. Porém, os estudos que incidem sobre fenômenos microscópicos também têm utilidade, sobretudo quando se trata de crenças controvertidas ou até mesmo sectárias estudadas pela psicologia social e pela microssociologia. Nesse aspecto – que poderia ensejar uma longa exposição –, vou me limitar a algumas observações rápidas.

No caso das crenças sectárias, o sujeito busca preservar uma verdade em torno da qual está organizado seu sistema de crenças, procurando os dados que a confirmam e tentando neutralizar os que a invalidam. Como ressalta Jean-Bruno Renard (2011), Karl Popper deu um nome a esse procedimento cognitivo: é o "verificacionismo". Porém, o verificacionismo designa apenas um tipo particular – certamente frágil – da racionalidade ordinária limitada, estando na base das crenças sectárias e de muitas crenças ordinárias. Também o observamos nos raciocínios filosóficos e até mesmo científicos.

A teoria da racionalidade ordinária permite igualmente compreender os processos de transformação das crenças: eles se caracterizam pelo fato de que, de uma fase a outra, o sujeito consegue formular um sistema de razões que o satisfaz mais, como mostra, por exemplo, um belo estudo de Romy Sauvayre sobre o processo de saída das seitas (2012).

As análises clássicas de Festinger (1957, 1993) também poderiam ser reformuladas na linguagem da teoria da racionalidade ordinária, do mesmo modo que os célebres estudos de Asch e Milgram, que dão destaque aos misteriosos "efeitos de grupo". Um ponto comum entre esses dois trabalhos é o fato de eles porem em cena sujeitos que adotam comportamentos ou crenças que o espectador comum considera estranhos e até mesmo chocantes. Ora, uma crença é considerada estranha ou chocante desde que ela se apresente baseada em motivos que o observador externo considere insuficientes. É o recurso à comicidade que o personagem de Bélise deixa patente em *As eruditas*, quando interpreta como uma prova de amor o fato de seus supostos pretendentes não terem se declarado a ela: "Eles me respeitaram tanto até hoje / Que jamais disseram uma palavra de seu amor".[2] É também o recurso à impressão de particularismo e de incomunicabilidade que o misticismo provoca: "meus sofrimentos são a prova do amor de Deus pelo ser humano". Misticismo e comicidade também podem se juntar, como no *ex voto* em que um crente que perdeu uma perna num acidente rodoviário agradece ao Senhor por ter lhe deixado a outra perna.

É ainda o recurso ao sentimento de rejeição pelo espectador dos grupos experimentais que adotam uma ideia falsa, como na experiência de Asch, ou uma prática chocante, como na experiência de Milgram. No caso da experiência de Asch, o espectador fica espantado com a postura conformista dos participantes porque ele tem acesso à verdade. Ele sabe que as flechas projetadas na tela têm o mesmo comprimento, e fica chocado quando um participante cobaia do experimento adota a opinião de que uma é maior que a outra sob o pretexto de que os colegas do responsável pela experiência acham isso. O espectador fica chocado com o fato de que os participantes da experiência de Milgram aceitem aplicar choques elétricos em um terceiro a mando de um responsável que

2 *"Ils m'ont su révérer si fort jusqu'à ce jour / Qu'ils ne m'ont jamais dit un mot de leur amour."*

supostamente se expressa em nome da ciência. É que ele vê a experiência em segunda mão, enquanto o participante a vive em primeira mão.

Por não levar em conta a diferença de parametrização que caracteriza o contexto do espectador e o contexto do participante, tiramos conclusões incorretas dessas experiências. Elas não revelam, de maneira nenhuma, uma suposta disposição do ser humano a engolir absurdos ou a se entregar à crueldade. Geralmente, a popularidade de um grande número de experiências canônicas da psicologia social decorre do fato de tirarmos conclusões exageradas que não estão implícitas nelas e que a teoria da racionalidade ordinária permite descartar: mais um exemplo do quadro em que uma ideia falsa se impõe porque ela parece confirmada por ideias verdadeiras ou, nesse caso, por experiências concebidas segundo as normas de praxe. O leitor interessado encontrará vários outros exemplos espetaculares de conclusões falsas e, talvez, dramáticas tiradas de belas experiências de psicologia social em Boudon (2009, 2010a).

A força explicativa da teoria da racionalidade ordinária

Os exemplos sociológicos, antropológicos e históricos que apresentei têm em comum o fato de incluir efeitos de "enquadramento" (Déchaux, 2010). Em todos os casos, porém, esse enquadramento é analisado como se fosse baseado, na mente do indivíduo, em motivos compreensíveis.

Que o indivíduo primitivo de Durkheim ou de Weber não conheça as leis da transformação da energia é uma evidência empírica. Que exista no século XVIII uma religião dominante na Inglaterra e uma miríade de seitas protestantes nos Estados Unidos é uma realidade factual. Imediatamente, deduzimos daí que as tais seitas não podem pensar em contestar o poder político do Estado. Que as elites e, certamente, boa parte dos políticos do mundo liberal tenham pensado que a carnificina da Primeira Guerra Mundial garantiria a estabilidade da ordem liberal é algo facilmente compreensível, como o é o fato de elas não terem enxergado uma ameaça séria contra a democracia nas ações de agitadores como Gabriele D'Annunzio.

Daniel Bell observou, com uma ironia cruel, que a sociologia às vezes é definida por determinados sociólogos não – como a física, a química, a economia e, de modo geral, todas as disciplinas científicas – por meio da categoria de fenômenos que ela tem vocação para explicar, mas por meio de uma variável explicativa. Ela é descrita como a disciplina encarregada de identificar os efeitos do ambiente social e, particularmente, das "estruturas sociais" ou das classes sociais no comportamento humano, quer se trate de práticas religiosas, manobras criminosas ou escolhas escolares.

É verdade que a partir dos anos 1960 e durante duas ou três décadas, muitos sociólogos partilharam essa definição. Atualmente, ela continua presente apenas em caráter residual entre os próprios sociólogos. Porém, como a crise de 2008 revigorou o marxismo vulgar, alguns, na periferia, chegam até a adotar hoje uma definição ainda mais restrita e, como um economista "alternativo" militante que se alimenta da vulgata, querem que a sociologia se defina como a disciplina encarregada de estudar os efeitos da existência de classes sociais.

As análises sociológicas consagradas no passado e no presente afastam-se claramente dessa definição. Elas consideram que o ator social age no contexto de situações caracterizadas por parâmetros que definem um campo de possibilidades. Levando em conta esse campo de possibilidades, ele busca, na maioria das vezes por tentativa e erro, um sistema de razões que lhe aconselhe que é preferível fazer ou acreditar mais em X do que em Y. Esse sistema de razões é a causa de seus comportamentos e de suas crenças. Se ele puder ser considerado como um indivíduo social de tipo ideal, essa causa explica que seus comportamentos ou suas crenças sejam adotadas por outros, dando origem, assim, a um fenômeno coletivo.

Desde que se respeite a indispensável distinção conceitual entre parâmetro e causa eficiente, desde que se trate a autonomia do ator social como uma realidade factual, que se renuncie a invocar variáveis infraindividuais hipotéticas e que se atribuam os efeitos de enquadramento cognitivo, no interior do qual um indivíduo age, a razões impessoais e a motivações pessoais compreensíveis, a sociologia pode, como toda ciência, definir-se pela classe de fenômenos pertencentes à sua jurisdição natural, os fenômenos sociais, e não por variáveis explicativas com mil e uma utilidades.

CAPÍTULO III

O SENSO MORAL

Duas grandes tradições emergem da reflexão filosófica sobre o senso moral. A sociologia enriqueceu ambas. O desenvolvimento do conceito de racionalidade axiológica numa teoria à parte permite sintetizar os conhecimentos das duas disciplinas e explicar as transformações tendenciais da sensibilidade moral.

Teorias filosóficas do senso moral

A maioria dos filósofos reconheceu a existência de um senso moral no ser humano e ressaltou sua natureza misteriosa. Para Rousseau, ele é uma "via imortal e celeste": imortal porque é universal, e celeste porque é de origem desconhecida. Embora Pascal não duvide de sua existência, o senso moral continua tendo para ele uma natureza enigmática: "O porto guia aqueles que se encontram dentro do barco, mas onde encontrar tal guia para a moral?" Quanto a Montaigne, ele destacou a diversidade de práticas morais através do tempo e do espaço, mas admitiu que, por meio dessa diversidade, também se revela a existência de um senso moral universal.

A filosofia certamente não é feita apenas de hesitações a propósito desse assunto. Ela também apresentou soluções. Kant defendeu, com a influência que todos conhecem, a ideia de que a voz que evoca Rousseau é a da razão prática. Os utilitaristas estão na origem de outra grande tradição na matéria: eles pretendem que o senso do bem seja redutível ao senso do útil, no sentido amplo. Bem é o que provoca resultados que o indivíduo acha bons, quer se trate do indivíduo concreto ou do indivíduo tipo ideal, ou, na versão coletiva do utilitarismo, que o grupo acha bom.

A questão da origem e da natureza do senso moral é tão complexa que sua história filosófica continua até nós. Mencionarei dois exemplos, entre outros, sobre esse aspecto. Como bom pragmatista, Dewey (1981) propôs que se considerasse o processo de formação de valores um processo adaptativo. Mas ele não fez questão de se perguntar sobre as razões de ser de um fato importante, a saber, que apareceu, e continua aparecendo, sob nossos olhos um consenso irreversível sobre uma infinidade de sujeitos morais. Recentemente, estabeleceu-se definitivamente um acordo coletivo acerca do caráter moralmente inaceitável da escravidão. Atualmente, está se formando um consenso sobre a abolição da pena de morte. Ora, procuraríamos em vão na tradição pragmatista uma explicação clara desses fenômenos tendenciais, cuja existência, no entanto, é irrecusável. Apesar disso, hoje alguns acreditam encontrar em Dewey as origens do senso moral.

O modelo culturalista de Charles Taylor (1989) reconhece que a verdade moral está intimamente ligada ao contexto cultural no qual ela aparece. Sua influência deve-se, sobretudo, à sua conformidade com a retomada dos fenômenos identitários que a divisão em dois blocos dos anos de Guerra Fria (1945-1989) havia ocultado.

De modo geral, temos hoje uma profusão de trabalhos produzidos pela filosofia que visam explicar a origem do senso moral.

Duas importantes tradições explicativas

Contudo, para além dessa profusão de trabalhos, a questão do senso moral foi submetida, assim como outra qualquer, a um processo de decantação de ideias. Finalmente, acima de tudo, ela implementou solidamente as duas importantes tradições de origem filosófica já mencionadas: a tradição kantiana, que faz da razão a instância explicativa dos sentimentos morais, e a tradição utilitarista.

Essas duas importantes tradições influenciaram profundamente as ciências sociais, sendo bastante mobilizadas na explicação de diversos fenômenos sociais. A ciência econômica e boa parte da ciência política estão impregnadas da tradição utilitarista. No que diz respeito à sociologia, ela introduziu a ideia de que a teoria da escolha racional, ou seja, a teoria utilitarista do comportamento aplicada regularmente pelos economistas, também poderia constituir a espinha dorsal da sociologia. Porém, constatamos atualmente que os próprios economistas não estão mais satisfeitos com ela e tentam juntar a tradição kantiana com a tradição utilitarista, como é o caso do Prêmio Nobel Amartya Sen (2002). Contudo, em vez de conseguir integrá-las, ele simplesmente as justapõe.

Será que as balizas morais que Pascal pede em suas súplicas – como as que orientam a entrada do barco no porto – foram finalmente identificadas?

Benjamin Constant (1797) percebeu bem em que direção se deveria procurar a resposta correta a essa pergunta. Ele percebeu claramente os limites da teoria kantiana. Embora reconheça a universalidade de princípio de determinadas leis morais, ele questiona a tese de Kant dizendo que nenhuma lei é, de fato, universalizável. A mentira acaba com a confiança e com o vínculo social, mas ninguém discute que o prisioneiro tem o direito de mentir ao torturador que procura lhe arrancar confissões. "Dizer a verdade só é um dever para com aqueles que têm o direito à verdade. Ora, nenhum homem tem direito à verdade que prejudica o outro." Desconcertado com a objeção de Benjamin Constant, Kant tentou responder a ela por meio de um opúsculo cujo título indica seu caráter polêmico: *Sobre um suposto direito de mentir por amor à humanidade.* Mas o peso das opiniões adquiridas é tal que os manuais preferem errar com Emmanuel Kant do que acertar com Benjamin Constant.

Por que a objeção de Benjamin Constant é fundamental? Porque ela pede que não nos limitemos a definir a razão prática por meio de algumas máximas gerais, que explicitemos o que se deve entender por esse conceito e que levemos em conta os dados da situação em que está mergulhado o indivíduo que decide mentir. É difícil afirmar que a observação de Benjamin Constant tenha influenciado diretamente Max Weber, mas podemos considerar sua teoria da "racionalidade axiológica" – ou ao menos o projeto teórico esboçado por seu conceito de racionalidade axiológica – como uma continuação das observações de Benjamin Constant. Embora reconhecendo a universalidade dos *a priori* de Kant, a teoria da racionalidade axiológica permite inseri-los em contextos específicos. Ela propõe que superemos a razão kantiana por meio da razão ordinária, aquela que quer que nós creiamos que "X é bom ou ruim, legítimo ou ilegítimo etc." porque isso nos parece decorrer de razões que consideramos que devam ser partilhadas, sabendo que essas razões podem ser afetadas pelo contexto.

Podemos finalmente atribuir à tradição sociológica iniciada por Max Weber, antes de mais nada, o crédito por ter feito avançar o tema da origem dos sentimentos morais. Ela não se contenta nem em constatar a existência e a universalidade dos sentimentos morais nem a reduzi-los a consequências do contexto, diferentemente de John Dewey ou Charles Taylor. A respeito desse e de outros temas, a tradição sociológica de dimensão científica oferece instrumentos que impedem que transformemos as duplas universal-particular e universal-contextual num dilema.

O impasse de Parsons

Antes de abordar a teoria do senso moral que podemos extrair de Weber e também de Durkheim, completaremos esta análise rápida das contribuições da filosofia ao tema do senso moral dando uma olhada nas contribuições da sociologia moderna.

Entre os sociólogos modernos promovidos ao estatuto de clássicos encontra-se Talcott Parsons. Uma das deduções fundamentais de seu primeiro livro importante é que as análises dos sociólogos clássicos que o precederam – especialmente as de Durkheim e Weber – têm em comum o fato de superar de uma só vez o kantismo e o utilitarismo, as duas grandes tradições filosóficas que mais influenciaram os sentimentos morais (Parsons, 1937). Parsons percebeu claramente que por trás das análises de Weber e de Durkheim surge uma teoria da racionalidade distinta da teoria kantiana da razão prática e também da racionalidade instrumental dos utilitaristas. Os valores e as normas que constatamos numa sociedade não podem ser inteiramente explicados por meio da autoridade das máximas universais, como quer a tradição kantiana. Mas eles também não podem ser totalmente explicados pelo fato de que acarretariam consequências consideradas boas, como quer a tradição utilitarista. Parsons ficou com a impressão de que Durkheim e Weber permitiam que se escapasse do dilema concretizado pelo contraste entre essas duas tradições. É por esse motivo que, antes de mais nada, ele apresenta seu projeto como uma reinterpretação desses dois grandes autores, bem como, mais discretamente, de Pareto e de Alfred Marshall.

Todavia, como destacou um dos melhores comentaristas da obra de Parsons, Talcott Parsons não conseguiu realmente escapar da influência da teoria instrumental da racionalidade aplicada pelos utilitaristas: "Ao caracterizar os componentes do ato-unidade, Parsons certamente se esforça para levar em conta ao mesmo tempo a dimensão instrumental (por meio da relação dos meios com o fim) e a orientação normativa; trata-se, porém, de uma solução precária, na medida em que a dimensão normativa continua de alguma forma prisioneira da relação entre meios e fim: de fato, o elemento de escolha que ela supõe só deve ser aplicado aos meios" (Chazel, 2000, p.129). Talvez essa observação identifique a fonte da sensação de ecletismo e, consequentemente, de insatisfação que a teoria da ação social de Parsons suscita.

Realmente, assim como a filosofia, a sociologia apresentou várias teorias do senso moral. Como no caso da filosofia, podemos sugerir uma análise rápida dessas teorias e diferenciar três tipos. A exemplo do utilitarismo e do kantismo, todas visam oferecer uma grade teórica que permita dar conta do conjunto dos sentimentos morais, isto é, das avaliações do tipo "isto é bom, legítimo, ruim, inaceitável etc." que o indivíduo formula normalmente.

Teorias sociológicas dos sentimentos morais

Para muitos sociólogos, a reflexão filosófica sobre o tema dos sentimentos morais precisa ser deixada para trás, pois ela dá a impressão de formar uma ladainha de opiniões inconciliáveis: a racional e não utilitarista, de Kant; a racional e utilitarista, de Bentham; a irracional, de Nietzsche; a racional e pragmatista, de Dewey; a irracional e culturalista, de Taylor. E a lista continua. Como assinalou Simmel (1907), a diferença entre a filosofia e a sociologia é que o objetivo desta última é propor teorias explícitas, enquanto a primeira oferece, antes, pontos de vista – paradigmas, diríamos hoje – que podem eventualmente inspirar teorias *stricto sensu*.

Simplificando, para tentar vencer as dificuldades dos paradigmas filosóficos ou para explicitá-los podemos dividir em três categorias as teorias dos sentimentos morais propostas pelos sociólogos modernos.

Teorias naturalistas

O criminologista norte-americano James Wilson (1993) quis reagir à ideia de que os sentimentos morais se baseariam no que alguns sociólogos denominaram de "arbitrário cultural", tentando demonstrar que eles decorrem de princípios impostos ao ser humano pela natureza humana.

Ele propõe, assim, que se retome o conceito de natureza humana que, nas últimas décadas, a sociologia havia contribuído em grande medida para desacreditar, em razão, sobretudo, de sua submissão à vulgata marxista, segundo a qual o ser humano seria moldado inteiramente pelo meio social. É preciso reconhecer, juntamente com Aristóteles, afirma Wilson, que o senso moral é um componente da natureza humana. A versão wilsoniana da tradição aristotélica apresenta a originalidade de apoiar-se num importante *corpus* de dados tirados da psicologia, da história, da sociologia e da psicologia social modernas. Ele tenta demonstrar que os resultados produzidos por essas disciplinas confirmam os pontos de vista de Aristóteles sobre o senso moral.

Sua tese geral pode ser resumida em um de seus adágios: "o núcleo do nosso eu não é fruto inteiramente da cultura" (*we have a core self, not wholly the product of culture*). Segundo Wilson, a realidade do senso moral revela-se na existência de quatro características principais universalmente observáveis: instinto de simpatia, senso de equidade, necessidade de autocontrole e senso do dever. Embora as variações culturais venham se implantar nesses traços fundamentais da natureza humana, enquanto tais eles são universais. Contra o culturalismo de muitos antropólogos e sociólogos, para quem todo comportamento é o resultado da socialização, ele ressalta que não podemos condicionar as crianças a qualquer coisa. Por exemplo, o condicionamento à ideia de que "A é causa de B" só é bem-sucedido e se mantém se o contato com a realidade não levar a criança a duvidar da veracidade dessa afirmação. Ora, não existe afirmação, por mais abstrata que seja, que não dê ensejo à crítica por parte da realidade.

Se os instintos de simpatia e de equidade – ele se pergunta, fazendo uma objeção dirigida a si próprio –, se o senso do dever e do autocontrole são, de fato, dados inscritos na natureza humana, o que explica que os índices de criminalidade variem e, em certos tipos de atos, aumentem? Ele responde que o sociólogo não deve se limitar a se questionar a respeito das causas dessas variações e desse crescimento que o criminalista não teve nenhuma dificuldade em identificar, mas que ele também deve se perguntar por que os índices de criminalidade continuam muito baixos por toda parte, mesmo nos casos em que eles aumentam. Como explicar que o crime continue sendo algo raro, argumenta ele, se não considerarmos que ele é contrário a tendências fundamentais da natureza humana? Curiosamente, a resposta a esse argumento foi que um fato negativo não é um fato. Ora, o fato de os índices de criminalidade realmente não ultrapassarem em nenhum lugar um determinado patamar não é mais "negativo" que o fato de a temperatura não descer abaixo de um determinado patamar (Bronner, 2007).

A brilhante teoria de Wilson apresenta, contudo, uma grave dificuldade: se o senso moral está inscrito na natureza humana, como explicar as variações no tempo da sensibilidade moral dos seres humanos? Aristóteles via com bons olhos a escravidão. Desde Montesquieu, a grande maioria de nós a considera de forma negativa. A tortura utilizada na condução da prova judicial foi, durante muito tempo, considerada normal, sendo hoje amplamente condenada. Em suma: observamos que em inúmeros temas houve uma evolução admirável da sensibilidade moral do ser humano. Ora, essa evolução é pouco compatível com a ideia de um senso moral inscrito na natureza humana – mais um problema que a teoria de Wilson apresenta. Desse modo, a proibição de matar é suspensa em caso de conflito armado. Porém, nos é cada vez mais difícil aceitar que a guerra mate. Uma mudança tendencial radical da sensibilidade moral transparece na utopia contemporânea da "guerra limpa". Como evoluções tendenciais e variações contextuais tão radicais da sensibilidade moral do ser humano poderiam ser compatíveis com a ideia de que seus princípios morais lhe seriam impostos basicamente pela natureza humana? A criminologia consegue explicar determinadas variações dos índices de criminalidade em razão do contexto e das circunstâncias, mas não essas tendências macroscópicas.

Outros, como o sociobiólogo Michael Ruse (1993), avançam ainda mais pelo caminho traçado por Wilson: eles não somente analisam os sentimentos morais como sendo de origem natural, mas também procuram demonstrar que eles são o resultado da evolução biológica. Segundo Michael Ruse, a sociobiologia seria a disciplina mais bem equipada para explicar os sentimentos morais. Segundo ele, o próprio fato de não termos consciência de sua origem biológica seria devido à "sabedoria" da evolução, no sentido metafórico da palavra "sabedoria". Esse estratagema da natureza, outra consequência da evolução, teria a função de submeter mais facilmente o ser humano à obrigação moral, levando-o, assim, a colaborar mais docilmente com a evolução.

Do mesmo modo que não é fácil aceitar a teoria naturalista de James Wilson ou Michael Ruse, não é fácil admitir que nossas convicções morais decorram da evidência intuitiva, como pretendia o fenomenólogo e sociólogo alemão Max Scheler (1916). Se a natureza bárbara da tortura ou da escravidão decorre da evidência, por que levamos tanto tempo para percebê-la? Outra pergunta que também deixa mal a teoria de Wilson e, igualmente, a de Scheller: por que essas supostas evidências desapareceriam de modo mais ou menor regular em determinadas situações – em caso de guerra, por exemplo? Scheler ressalta esse fato, mas não o explica.

Teorias funcionalistas

A sociologia quis superar as hesitações da filosofia sobre a origem dos sentimentos morais a partir de outra importante categoria de teorias: as teorias funcionalistas.

Podemos ilustrar os princípios básicos da explicação funcionalista dos sentimentos morais com o exemplo do jogo de bolinhas de gude caro a Jean Piaget (1932). As crianças desaprovam a trapaça no jogo de bolinhas de gude, explica Piaget, porque elas gostam de jogar bolinhas de gude – um jogo que estava na moda nos parques infantis no momento em que ele escreve –, e a trapaça acaba com um jogo que lhes dá prazer. Elas logo percebem que, se tentam tirar vantagem trapaceando, correm o risco de provocar represálias da parte dos outros jogadores que anularão essa vantagem.

Portanto, a criança pequena tem uma compreensão intuitiva da situação que os teóricos dos jogos denominam "dilema do prisioneiro", e descobre espontaneamente a estratégia do *tit for tat* ("elas por elas"), popularizada por Roy Axelrod (1984): confrontados com uma situação de dilema do prisioneiro repetitivo, dois jogadores devem escolher entre as vantagens de longo prazo da cooperação e as vantagens de curto prazo da não cooperação. A racionalidade aconselha partir da hipótese de que o outro também optará pelas vantagens de longo prazo da cooperação. Assim que um cede às sereias da não cooperação, o outro não tem outra saída senão fazer o mesmo. O jogo termina, então, com uma solução do tipo "perde-perde". Ilustração: assim que um dos jogadores trapaceia no jogo de bolinhas de gude, o jogo é interrompido violentamente, desencadeando atitudes de represália contra o trapaceiro.

Outro exemplo: 19 de julho de 2011. A crise desencadeada pelo déficit grego põe as nações que compõem a União Europeia numa situação de dilema do prisioneiro: para elas, a estratégia correta é a do *tit for tat*, ou seja, da solidariedade e da cooperação, ao preço de sacrificar as vantagens imediatas, uma vez que a outra estratégia gera inevitavelmente um efeito dominó prejudicial a todos. Logo veremos se a teoria funcionalista se aplica a esse caso e se – para além da estratégia do *tit for tat*, que só pode oferecer uma pausa momentânea – se impôs a determinação de introduzir uma inovação que poria fim a esse jogo perigoso, criando uma autoridade econômica em nível federal. O dirigente político que seria visto como tendo contribuído à aplicação dessa inovação seria, sem dúvida, vilipendiado no curto prazo por diversos grupos de interesse por ter aceitado "abrir mão da soberania", mas seria aprovado no médio prazo pela opinião pública por ter posto fim a um clima de inquietude pernicioso e, no longo prazo, assumiria uma importância histórica.

Outro exemplo: a escola funcionalista explicou que tendemos a aderir à ideia de que uma instituição ou um estado de coisas X é bom, legítimo etc. se X produz resultados considerados favoráveis pelos indivíduos afetados. É por isso que todos tendem a aceitar as desigualdades salariais em vigor numa empresa se têm a impressão de que, se elas fossem atenuadas, a empresa não funcionaria tão bem, e todos correriam o risco de ser prejudicados.

Mais um exemplo: consideramos normal a regra da maioria porque ela minimiza dois inconvenientes de sinais opostos. Se exigimos a concordância de todos, o tempo de decisão aumenta, mas isso tem a vantagem de que não será imposta a ninguém uma decisão que a pessoa recuse. Se reduzimos o número de indivíduos dos quais se requer a concordância, essa vantagem diminui, mas o tempo de decisão se reduz. Tratando-se de decisões que afetam questões particularmente importantes, será exigida uma maioria qualificada, pois um dos dois inconvenientes é visto, então, como mais temível que o outro. O acordo que emerge a respeito da regra da maioria simples, em determinados casos, e da maioria qualificada, em outros, é resultado, como pretende a teoria funcionalista, do fato de cada um ter motivos para julgar que essas regras são passíveis de provocar decisões que tenham a possibilidade de serem consideradas positivas e, portanto, de serem aceitas.

Resumindo: o princípio da teoria funcionalista pressupõe que os indivíduos consideram uma instituição boa quando ela facilita o funcionamento de um sistema ao qual eles estão vinculados. Desse modo, os membros de um clube aceitam que a entrada de novos membros seja controlada, uma vez que esse dispositivo é indispensável caso se queira afastar os candidatos pouco motivados ou incapazes de contribuir para o bom funcionamento do clube. É por isso que os clubes esportivos e as academias selecionam seus membros.

Não há dúvida de que a teoria funcionalista representa um filtro extremamente útil para explicar os sentimentos morais. Porém, ela contém uma limitação que a impede de ambicionar o estatuto de teoria geral; isto é, segundo ela, as razões que estimulam o indivíduo dependem exclusivamente das consequências decorrentes de uma ação ou de um estado de coisas. Ora, tal restrição é inaceitável, pois vai de encontro à objeção clássica conhecida como "paradoxo do voto". A probabilidade de que um único voto possa mudar o resultado de uma eleição é quase zero. Portanto, depositar a cédula na urna é um gesto praticamente desprovido de consequência ou, melhor dizendo, de resultado. No entanto, um grande número de cidadãos que vivem em uma democracia considera valer a pena votar. Portanto, não é em razão dos resultados que seu voto poderia provocar que o cidadão deposita a cédula na urna.

Teorias procedimentais

Diversas teorias modernas dos sentimentos morais escapam dessa objeção. Elas apresentam uma característica dupla: são, ao mesmo tempo, de inspiração racionalista e não consequencialista. Pensamos, por exemplo, nas teorias do filósofo político John Rawls (1971) ou do sociólogo Jürgen Habermas (1981). Contudo, elas também sofrem de fragilidades evidentes em se tratando de sua capacidade de explicar o conjunto dos sentimentos morais e, de modo geral, os sentimentos avaliativos.

A teoria de Rawls só consegue explicar três tipos de sentimentos morais: a exigência de respeito em relação às liberdades fundamentais, a exigência de igualdade de oportunidades e a exigência de funcionalidade quando se trata de desigualdades sociais. De resto, ela não mostra nenhuma ambição de apresentar um quadro geral que permita explicar o conjunto dos sentimentos morais.

Quanto à teoria de Habermas, ela certamente tem essa ambição. Ela espera que o sentimento moral de que "X é bom" apareça se pudermos demonstrar que uma discussão que tem lugar em condições de transparência e igualdade entre os participantes concluir que "X é bom". Contudo, a teoria não leva em conta que, se a discussão pode facilitar a descoberta do justo e do verdadeiro, ela não tem a capacidade de criá-los. Habermas parece ignorar que, como confirma a história das ciências, a sociedade ideal da comunicação pura e perfeita – que para ele é a condição necessária e suficiente da definição do justo e do verdadeiro – pode muito bem ratificar erros. Como Vilfredo Pareto ressaltou com ironia, a história das ciências é "o cemitério de todas as ideias falsas concebidas pelos homens de ciência". Ora, esses erros foram enunciados num contexto que se aproxima das condições ideais da comunicação pura e perfeita segundo Habermas. Desse modo, a "razão comunicacional" habermasiana impôs no passado a ideia de que a natureza teria horror ao vácuo ou que a Terra era o centro do universo. Não vemos por que condições procedurais que não garantem, de maneira nenhuma, que o verdadeiro seja revelado assegurariam que o justo o fosse.

Por fim, a razão comunicacional de Habermas nada mais faz que encontrar uma hipótese convencionalista clássica, segundo a qual é o consenso que criaria a verdade, nesse caso, a verdade normativa. Seria percebido como bom o que é aceito unanimemente, no contexto de uma discussão transparente em que todos teriam o mesmo direito de se manifestar.

Na verdade, as dificuldades enfrentadas pelas teorias filosóficas e sociológicas dos sentimentos morais podem ser eliminadas retornando-se à intuição de Parsons: procurar construir uma grade teórica explicativa dos sentimentos morais partindo dos princípios que podem ser extraídos das análises sociológicas sugeridas por Weber e Durkheim. O primeiro procurou entender a origem dos sentimentos morais por meio de um conceito que ele jamais se deu ao trabalho de precisar e que muitas vezes é considerado confuso – o conceito da "racionalidade axiológica" –, mas que está na base de todas as análises concretas. O segundo questionou-se sobre a razão das transformações tendenciais que caracterizam a sensibilidade do ser humano, mas em nenhum momento procurou detalhar os modelos explicativos que ele utiliza.

Duas racionalidades

Em *Da divisão do trabalho social*, Durkheim ressaltou o fato de que tendências de longo prazo caracterizam as transformações dos sentimentos morais. Ele procura entendê-las de forma sintética por meio de uma diferenciação célebre: essas tendências se traduziriam por uma evolução na natureza da solidariedade. Ele a define como "mecânica", nas sociedades tradicionais, e "orgânica", nas sociedades modernas. Todo ser humano de todas as épocas e de todos os lugares teve um senso de sua dignidade e de seus interesses vitais, além de um senso crítico que lhe permite julgar as instituições sociais em relação a esse critério. Contudo, a intensificação da divisão do trabalho nas sociedades modernas fez com que cada um encontrasse ali, ao longo do tempo, condições cada vez mais favoráveis à expressão de sua exigência de dignidade e de respeito por seus interesses vitais e experimentasse um senso cada vez mais determinado de sua individualidade. Em outras palavras, a divisão do trabalho fez com que o individualismo, que Durkheim considera uma característica da natureza humana, pudesse se exprimir mais facilmente nas sociedades modernas. Isso explica o fato de as sociedades modernas se caracterizarem por tendências seculares, que devem ser vistas como resultado de um processo de seleção racional das ideias dirigido pela esfera política sob o controle da opinião pública. Desse modo, o direito civil tende a se ampliar às custas do direito penal, a severidade das penas a se atenuar e categorias cada vez mais numerosas de infrações a serem despenalizadas e descriminalizadas. A razão disso é que, a partir do momento em que uma pena mais leve parece ter a mesma eficácia, ela tende a ser aprovada pela população.

As análises profundas de *Da divisão do trabalho social* utilizam implicitamente a racionalidade cognitiva do indivíduo comum. O que Durkheim, utilizando o vocabulário disponível, denomina "livre pensar" não passa, na verdade, de outro nome para designar o que as ciências sociais modernas chamam de racionalidade cognitiva. Ao fazer do livre pensar um traço da natureza humana, ele atribui à opinião pública um papel fundamental na explicação dos fenômenos tendenciais ressaltados por ele em *Da divisão do trabalho social*.

Max Weber introduziu uma distinção que, uma vez tornada analítica, prenuncia, ela também, o conceito moderno de racionalidade cognitiva. Quando realizamos ou deixamos de realizar uma ação porque ela acarreta resultados que consideramos bons ou ruins, damos prova de "racionalidade instrumental" (*Zweckrationalität*). Quando realizamos ou deixamos de realizar uma ação porque ela está ou não de acordo com princípios que julgamos bons ou ruins, damos prova de "racionalidade axiológica" (*Wertrationalität*). Como os sinônimos "apreciativo" ou "avaliativo" são mais elegantes que "axiológico", daqui em diante recorrerei a eles ocasionalmente.

A distinção entre racionalidade instrumental e racionalidade axiológica – apreciativa ou avaliativa – apresenta imediatamente uma dificuldade: explicar por que consideramos tal princípio bom ou ruim. Outra dificuldade é que os mesmos estados de coisas podem parecer bons ou ruins conforme apliquemos uma ou outra forma de racionalidade. Assim, do ponto de vista da racionalidade instrumental, o fim do *apartheid* era ruim, especialmente no sentido de que, como fora previsto, provocou uma explosão da criminalidade. Porém, era uma coisa boa do ponto de vista da racionalidade axiológica, pois acabou com uma discriminação incompatível com o princípio de dignidade de todas as pessoas.

Outro exemplo: do ponto de vista da racionalidade instrumental, autorizar a adoção de uma criança por um casal de pessoas do mesmo sexo traz possíveis riscos para a criança, na medida em que ignoramos quase todos os efeitos que essa situação é passível de provocar na estrutura da sua personalidade ou em sua inserção social. Do ponto de vista da racionalidade axiológica, podemos evocar o princípio da não discriminação e tirar dele duas conclusões: que as pessoas do mesmo sexo também devem ter o direito de criar uma criança e que todas as crianças devem ter os mesmos direitos, seja qual for o contexto familiar no qual são ou foram criadas.

A julgar pelos exemplos de Inglaterra, Holanda ou Espanha, parece que a tendência nesse caso é privilegiar a racionalidade axiológica e não a racionalidade instrumental, pelo fato de que esta é praticamente omissa no exemplo em questão. Na verdade, podemos levantar a hipótese de que a preferência que parece se manifestar pela racionalidade axiológica deve-se ao fato de que a racionalidade instrumental é impraticável nesse caso: de fato, a psicologia parece muito pouco aparelhada para dar uma resposta precisa – certamente antes que transcorra muito tempo – à questão dos riscos eventuais que uma criança criada no seio de uma família homoparental possa sofrer.

Se esta análise estiver correta, podemos fazer uma previsão, a saber, que mais ou menos a longo prazo – considerando que as razões axiológicas prevaleçam sobre as razões instrumentais devido à nossa incapacidade de determinar os efeitos sobre a criança da composição do ambiente familiar no qual ela cresceu – a autorização de adoção por casais homoparentais deveria se difundir. Isso não impede que o sociólogo também espere que, a médio prazo, outras razões, tomadas de empréstimo à tradição, sejam evocadas por diversos grupos, e que elas adiem, por algum tempo, a seleção pelo mercado de ideias dessas razões objetivas. A teoria permite prever que existe a probabilidade de que prevaleça a solução liberal ao problema apresentado, mas ela não consegue prever o momento de sua entrada em vigor.

Mais um exemplo: guardadas todas as proporções, certamente acontecerá com a questão da adoção por casais homoparentais o que aconteceu com o sufrágio universal. Ele acabou prevalecendo porque, também nesse caso, as razões axiológicas prevalecem objetivamente sobre as razões instrumentais que possam ser evocadas. É absurdo contar os votos quando é preciso avaliá-los, declara o doutor Benassis no tratado de filosofia política que é *O médico rural*, de Balzac. Ainda no início do século XX, o importante sociólogo Vilfredo Pareto disparava sarcasmos contra o sufrágio universal. O sufrágio censitário podia mencionar a seu favor diversas razões instrumentais, as quais foram repetidas praticamente por toda parte até meados do século XX. Porém, finalmente se entendeu que essas razões instrumentais ocultavam interesses, que era difícil chegar a um acordo sobre os critérios a ser aplicados para que o cidadão tivesse acesso à urna ou para excluí-lo e, sobretudo, que o fundamento do sufrágio universal era o princípio da dignidade igual de todos.

Portanto, a distinção weberiana entre racionalidade instrumental e racionalidade axiológica é essencial, se queremos compreender as discussões, as tomadas de posição e as decisões que surgem diariamente na arena política. Ela também é essencial, como ressaltarei logo mais, para compreender os sentimentos apreciativos mais banais que podemos observar na vida social cotidiana.

Racionalidade axiológica: um conceito incompreensível?

Por que as virtudes explicativas da distinção entre racionalidade instrumental e racionalidade axiológica são amplamente ignoradas? É possível que a influência da teoria da ação desenvolvida pelos economistas e, em termos gerais, a influência das tradições de pensamento utilitarista e pragmatista no mundo anglófono sejam, em parte, responsáveis por isso. Porém, o desconhecimento da importância da distinção weberiana também decorre do fato de Max Weber nunca ter procurado dar um significado claro ao conceito de racionalidade axiológica. Segundo Michael Sukale (2002), um dos mais importantes conhecedores contemporâneos de sua obra, ele só o emprega explicitamente duas vezes. Será que podemos ver nisso um sinal de abandono do conceito por parte de Weber? Teria ele reconhecido que sua intuição o levara a criar uma aberração conceitual? Teria ele se submetido antecipadamente ao julgamento severo de Sukale (1995, p.43): "A distinção que Weber faz entre racionalidade instrumental e racionalidade axiológica é extremamente desconcertante" (*äußerst irreführend*)? Afinal de contas, o conceito de racionalidade axiológica não passaria, como afirma seu exegeta, de um conceito dúbio? Na verdade, se é forçoso reconhecer que o conceito em questão não é muito elaborado por Weber, ele esconde uma intuição essencial. É fácil demonstrar que a distinção é utilizada em várias análises empíricas feitas por ele e, a bem da verdade, em muitas análises sociológicas que se impuseram (Boudon, 2006).

Em todo caso, temos a tendência hoje de considerar que somente a racionalidade instrumental seria claramente concebível. Somente a consideração dos efeitos de uma ação, de um comportamento, de uma instituição ou de um estado de coisas permitira fundamentar o julgamento de valor positivo ou negativo associado a essa ação, a esse comportamento, a essa instituição ou a esse estado de coisas. Quanto à racionalidade axiológica, ela seria irracional, se me permitem a contradição em termos, já que se baseia em princípios que podem variar de uma cultura para outra. Desse modo, a poligamia é considerada legítima em determinadas sociedades, mas não em outras. Não devemos simplesmente constatar essa diversidade? Um renomado sociólogo francês chegou mesmo a declarar recentemente à imprensa que não existe argumento que permita condenar a poligamia: a cada cultura seus princípios morais e seus valores.

Essa concepção irracionalista do apreciativo apresenta problemas, sobretudo porque contradiz os sentimentos da população. De fato, a maioria dos ocidentais têm uma opinião sobre a poligamia, a excisão, a pena de morte ou a escravidão, e se atribuem naturalmente o direito de julgar essas práticas. Eles têm a impressão, certamente, de que devemos respeitar os costumes, as práticas e as instituições dos outros em nome da "compreensão universal", mas também que temos o direito de julgá-los a partir do momento que eles pareçam contradizer determinados princípios. A questão, então, é saber se essa impressão é fundamentada ou se é preciso, ao contrário, condenar o senso comum e, consequentemente, procurar explicar seu suposto engano. Se ela é fundamentada, é preciso explicar por que esses princípios podem ser considerados legitimamente válidos.

Uma teoria cognitivista dos sentimentos morais

Podemos desenvolver a intuição contida na distinção weberiana entre racionalidade instrumental e racionalidade axiológica numa teoria propriamente dita. Essa teoria foi esboçada por mim especialmente em Boudon (2003). Ela equivale à admissão de que os sentimentos morais resultam de razões que dependem da racionalidade cognitiva, não da racionalidade instrumental.

A questão de saber se Weber teria aprovado a teoria que sugiro extrair de suas anotações sucintas sobre a racionalidade certamente ficará sem resposta. É evidente que aqueles que procuraram transformá-lo no pai do relativismo, como Leo Strauss (1953) ou Erich Voegelin (1952), teriam desaprovado minha interpretação. Eles se baseiam nas célebres metáforas weberianas da "guerra dos deuses" e do "politeísmo de valores", esquecendo que, para além do tema banal do conflito e da diversidade de valores que essas metáforas transmitem, Weber desenvolveu incansavelmente o tema da racionalização dos valores e das ideias. Eles esquecem também a declaração de Weber segundo a qual todo pesquisador é influenciado por valores quando escolhe seus assuntos, mas deve dar prova de "neutralidade com relação aos valores" (*Wertfreiheit*) durante as etapas de observação e de demonstração de seu trabalho, sendo que esses princípios se aplicam tanto à sociologia quanto às ciências naturais. Lewis Coser (1984) refutou de forma definitiva a interpretação relativista de Weber, mostrando que ela estava marcada por convicções morais e religiosas, não pelo rigor intelectual. Voegelin não hesitou em sustentar que, depois de Joaquim de Fiore, Hegel e alguns outros, Weber seria o responsável pela corrupção dos valores ocidentais. A crer no *best-seller* de Allan Bloom (1987), um discípulo de Leo Strauss, parece que os próprios motoristas de táxi de Nova York considerariam Weber o pai do relativismo. Erich Voegelin e Leo Strauss devem sua influência atual à importância de suas obras de natureza universitária, mas, sobretudo, ao fato de que determinados filósofos políticos conservadores os içaram à condição de modelo intelectual.

Esse inciso permite que eu identifique um dos motivos da transmissão imperfeita do pensamento de autores como Tocqueville, Durkheim e Weber, a saber: cada um a seu modo, os três fazem parte da tradição de pensamento liberal, sendo, por esse motivo, alvos tanto de conservadores quanto de marxistas. Acontece também que conservadores e marxistas preferem tentar atirar neles. Visionário em sua época, Tocqueville opôs-se a Guizot sobre a questão do sufrágio universal. Durkheim condenou sem ressalvas os episódios de fanatismo anticatólico e antissemita da Terceira República em nome do "individualismo", a saber, do respeito de sua individualidade que cada um tem o direito de exigir do outro e o dever de reconhecer no outro, com a aplicação de um princípio que se afirmou "ao longo de toda a história" até se tornar o principal valor das sociedades modernas. Weber baseou toda a sua sociologia no princípio da autonomia relativa do ser humano, apresentando como axiomático o princípio segundo o qual "são as ideias, não os interesses, que dirigem em primeira instância a ação dos homens". O tom abrupto dessa máxima (*Ideen: Interessen nicht...*) faz supor que ela era endereçada aos marxistas.

Voltando à racionalidade cognitiva, ela afirma que, quando endossamos uma teoria, não o fazemos em razão de seus efeitos ou, como se diz de forma inadequada, de suas "consequências", mas porque a consideramos verdadeira. E a consideramos verdadeira porque temos motivos para tal: porque ela se compõe de proposições todas aceitáveis do ponto de vista dos diversos critérios que permitem avaliar uma proposição; porque as ditas proposições estão corretamente unidas entre si; porque ela não tem concorrente séria; finalmente, porque ela consegue transformar um fenômeno enigmático no resultado de proposições que não o são.

A racionalidade cognitiva não controla apenas o julgamento que o homem de ciência aplica em uma teoria científica, mas o que o homem comum aplica em mil e um acontecimentos da vida diária. Nós a aplicamos, por exemplo, quando aceitamos ou recusamos o diagnóstico do encanador que vem desentupir a banheira ou do mecânico que quer nos vender uma bateria nova. Tentamos determinar instintivamente se as razões que eles alegam para sustentar seu diagnóstico são aceitáveis ou não. Igualmente, acontece de aceitarmos uma decisão ou de considerarmos que uma instituição é boa ou justa não em razão dos efeitos que elas provocam ou correm o risco de provocar, mas porque temos razões não consequencialistas de considerá-las boas ou justas. Não é por sabermos que seríamos aprovados pelo vizinho que acreditamos que a causa da chuva não se deve à ação de forças espirituais.

Alguns exemplos conhecidos

Alguns exemplos concretos extraídos da sociologia da vida cotidiana ou da sociologia da opinião pública bastam para ilustrar a importância da abordagem cognitivista dos sentimentos morais.

O plagiador provoca um sentimento de asco. O impostor que consegue fazer passar por científicos trabalhos que contradizem os princípios elementares do método científico é severamente condenado. Contudo, não é pelos prejuízos que eles causam que um e outro provocam um sentimento de rejeição, pois as consequências de seus malfeitos geralmente são temporárias e limitadas, e eles acabam geralmente sendo desmascarados. O plágio é mesmo um dos únicos delitos que presta um serviço à sua vítima, pois lhe garante publicidade gratuita. A repulsa que eles provocam vem antes do fato de violarem regras que estão na base de atividades coletivas consideradas positivas. Também são razões axiológicas que estão na base, por exemplo, das reações contra o fura--fila, mesmo se ele impõe a quem está na fila um aborrecimento bastante secundário.

Num passado recente, ao reduzir a mortalidade infantil, o progresso da medicina contribuiu, segundo todas as probabilidades, para o subdesenvolvimento. Pois, como a baixa da natalidade só acompanhou lentamente esse progresso, o resultado foi um crescimento demográfico que, certamente, alimentou durante algum tempo o círculo vicioso da pobreza. No entanto, quem se recusaria a aceitar que a redução da mortalidade infantil deve ser considerada um progresso? Esse exemplo ilustra o caso em que uma das dimensões da racionalidade – nessas circunstâncias, a dimensão axiológica – predomina sobre a outra, a dimensão instrumental.

O princípio *one man, one vote* (um homem, um voto) é aceito em todas as democracias. Ora, esse princípio é muito discutível do ponto de vista da racionalidade instrumental, como foi ressaltado desde sempre. Não é absurdo e perigoso que decisões fundamentais sejam tomadas pelo critério da maioria, por indivíduos cuja competência a respeito das questões que lhes são apresentadas é muito variável? Os efeitos do sufrágio universal não são necessariamente bons. Ele não atende obrigatoriamente ao interesse geral. Levou ao poder governantes que se apressaram em amordaçá-lo. Provocou tragédias. De onde vem, então, o fato de considerarmos o sufrágio universal uma coisa boa? A partir do momento em que reconhecemos que as decisões do sufrágio universal podem provocar efeitos contrários ao interesse geral, as razões que estão na base da avaliação positiva que lhe atribuímos não podem ter origem consequencialista. Elas decorrem do fato de que o princípio *one man, one vote* expressa um traço fundamental do sistema democrático: admitir todo mundo à mesa comum.

Em suma, a racionalidade axiológica age na determinação do que é justo, bom ou legítimo, do modo como a racionalidade cognitiva age na determinação do verdadeiro. A crença numa proposição como "o sufrágio universal é uma coisa boa", uma das crenças coletivas mais bem implantadas e, certamente, mais irreversíveis, não depende da racionalidade instrumental. Não é porque isso acarretaria consequências forçosamente favoráveis que fazemos um levantamento das opiniões dos cidadãos, sem levar em conta seu grau de competência, mas porque isso está de acordo com o princípio de dignidade igual de cada um. O caráter legítimo e desejável do sufrágio universal se depreende desse princípio com o mesmo rigor que a proposição 2 e 2 são 4 se depreende dos axiomas da aritmética.

As transformações tendenciais da sensibilidade moral

O conceito de racionalidade axiológica é indispensável não apenas para compreender fenômenos conhecidos, como a condenação do plagiador ou do fura-fila, mas também para explicar as tendências que se observam a longo prazo em matéria de transformações nos sentimentos morais. O processo da racionalização difusa evocado por Weber exige, por exemplo, que um novo direito seja reivindicado a partir do momento que ele pareça estar de acordo com o princípio de respeito à dignidade humana. Isso explica que os direitos tenham a tendência de se multiplicar (Marshall, 1964). Hoje, o legislador chega até a pôr o carro na frente dos bois e decretar – às vezes para estupefação dos juristas – que são passíveis de oposição direitos cuja aplicação parece difícil na situação atual, como é o caso do direito à habitação. E evoca-se de maneira mágica a existência de direitos de terceira geração, como o direito à paz, ou mesmo o direito ao direito ou, melhor ainda, o direito ao erro (Cohen, 1999).

Essas hesitações iniciais são inevitáveis. Elas aparecem na realização de qualquer "programa", especialmente o que designa o conceito de dignidade humana. Seu conteúdo, portanto, é forçosamente instável. A filosofia analítica demonstra um rigor fora de lugar quando rejeita um conceito como esse sob o pretexto de que ele é impreciso. Ela ignora que os conceitos vagos e as ideias reguladoras são componentes indispensáveis do pensamento e da ação, e que existem programas que incluem sua própria definição entre seus objetivos. No entanto, é comum observar que um programa se explicite durante sua execução. Além disso, deve-se admitir que o programa da ciência, "descrever o real tal como ele é", não é menos vago que aquele que está na base dos sentimentos morais e visa "garantir a dignidade do indivíduo".

Pode haver interferências entre o processo de racionalização difusa iniciado por um "programa" e as "forças históricas" mencionadas por Weber. Assim, no final do século XVIII, as exigências do mercado do açúcar retardam a abolição da escravidão. É preciso convir também que a racionalidade instrumental e a racionalidade axiológica podem convergir ou divergir. A racionalidade instrumental pode contradizer a racionalidade axiológica, como no caso em que o legislador adota dispositivos que visam favorecer a integração de uma minoria e acentuam o particularismo na mente da população (Boudon, 2006). As duas racionalidades podem ter um peso muito diferente, como no caso da adoção de uma criança por um casal homossexual ou no caso do sufrágio universal. As duas racionalidades também podem divergir, sem que se possa dotá-las de uma ponderação diferente. Contudo, a imagem do asno de Buridan aplica-se tanto àquilo que é verdadeiro como ao que é justo. As duas racionalidades, certamente, também podem convergir.

A má reputação do conceito de racionalidade axiológica certamente resulta em parte do fato de que dar atenção exclusiva aos princípios às custas de suas consequências pode ter efeitos catastróficos. Desse modo, a ideia de pôr todos os alunos num único molde em nome do princípio de igualdade provocou efeitos perversos perigosos. Ela provocou o aumento da desigualdade das oportunidades escolares e sociais que desejava reduzir e contribuiu para o desemprego dos jovens (Boudon, 2010a). Pois, se os bons sentimentos produzem má literatura, eles também podem produzir má política. Eles nos fazem crer que podemos manter os princípios contra os ventos e marés desfavoráveis de seus efeitos: uma definição possível de "ideologia"; em todo caso, uma de suas expressões principais.

Afinal, uma descoberta da sociologia clássica é o fato de ter apontado que, para além do som e da fúria da história, discernimos um processo de racionalização difusa na vida moral e política das sociedades quando as circunstâncias se prestam a isso. Encontramos esse modelo particularmente em Tocqueville, Durkheim e Weber. As categorias criadas por eles fornecem uma grade interpretativa que permite dar um sentido não somente às manifestações dos sentimentos morais que observamos na vida cotidiana e aos dados recolhidos a respeito deles nas pesquisas, mas também aos acontecimentos que surgem todos os dias no cenário político, bem como às decisões políticas. Elas permitem explicar a importância crescente atribuída aos direitos humanos a partir do século XVIII, a despeito da interferência de forças históricas adversas.

Isso não significa, evidentemente, que se possa definir uma verdade normativa sobre todos os assuntos. O mesmo acontece, porém, com os assuntos relativos à representação do mundo: muitos deles levantam questões às quais é impossível responder no estado atual dos nossos conhecimentos. As questões morais e as questões científicas exigem igualmente a racionalidade cognitiva; a diferença é que as primeiras dizem respeito à variante axiológica, conhecida ainda como normativa ou apreciativa, da racionalidade cognitiva.

Outra diferença entre elas é que as primeiras são debatidas em praça pública e as últimas nos espaços fechados do laboratório ou do colóquio científico. Contudo, não se deve superestimar esse contraste. O darwinismo ou a climatologia, como a biologia, foram e ainda são objeto de discussões acaloradas em praça pública.

Também deixo de lado as objeções sumárias que, parecendo ignorar a existência do fenômeno da intuição, criticam indevidamente a teoria cognitivista dos sentimentos morais por apresentar um caráter deliberativo que rejeitaria a observação. Ora, não é na falta de deliberação, mas não de motivos, que temos, por exemplo, uma reação espontânea de indignação diante da agressão do fraco pelo forte?

Em suma: sem o conceito de racionalidade axiológica – que significa, de imediato, que a racionalidade não pode ser reduzida à sua dimensão instrumental – é difícil explicar tanto as reações morais e geralmente apreciativas mais conhecidas quanto as variações da sensibilidade moral no espaço e no tempo. Somos então forçados a ter uma concepção irracional da sensibilidade moral e, consequentemente, do "vínculo social". Somos condenados a enxergar nos valores coletivos um simples efeito da socialização e a admitir, exceto se assumirmos uma incoerência qualquer, que se a excisão e a pena de morte são recomendadas aqui e condenadas ali, é preciso tratar esses fatos como dados culturais e apontar o dedo acusador contra o senso comum, o qual pretende, sem hesitação, ter o direito de julgá-los.

A fixação na racionalidade instrumental

A teoria da racionalidade normalmente aceita pelas ciências sociais limita-se hoje a refinar os símbolos da racionalidade instrumental, sem que tenha surgido qualquer avanço realmente significativo nessa matéria desde os trabalhos de Herbert Simon (1983), Roy Axelrod (1984), Gary Becker (1996) e daqueles que os influenciaram.

Essa fixação na racionalidade instrumental, confundida indevidamente com a racionalidade pura e simples, dá as costas a uma longa tradição de pensamento; basta lembrar os nomes de Kant, no que diz respeito à filosofia, ou de Émile Durkheim e Max Weber, no que diz respeito à sociologia. Enquanto prevalecer essa fixação, as ciências sociais estarão condenadas ao ecletismo preguiçoso que sugere que enxerguemos o *Homo sociologicus* como alguém impelido por razões na escolha dos meios e movido por forças de origem psíquica, social, cultural ou biológica no tocante aos julgamentos e sentimentos apreciativos, como alguém capaz de escolher e discernir quando se trata dos meios que ele aplica, e como alguém que submete seus valores e até seus objetivos, não apenas passivamente, mas inconscientemente – valores que, no entanto, ele considera fundamentados; objetivos que, no entanto, ele acredita se atribuir. Aceitar esse tipo de visão significa, certamente – a menos que se queira construir na areia –, se comprometer a explicar por que o *Homo sociologicus* deve ser descrito, por princípio, como alguém cego a respeito de si próprio e do mundo, e por que o sociólogo que tenta explicar o comportamento dele estaria livre da mesma cegueira.

Por fim, a dificuldade que François Chazel identificou com perspicácia na célebre teoria da ação proposta por Talcott Parsons em 1937 encontra-se, intacta e ainda mal resolvida, em boa parte das ciências sociais contemporâneas. Parsons, contudo, teve o mérito de buscar a identidade da sociologia nas convergências entre Durkheim e Weber e, sobretudo, no esforço deles para definir princípios que permitam ultrapassar o utilitarismo sem deixar de reconhecer sua importância.

CAPÍTULO IV

EXISTE UM PROGRESSO MORAL?

Segundo o ensaio social, as sociedades modernas se caracterizariam pela perda de referências morais que teria sido desencadeada por "1968" e agravada pela globalização. Uma pesquisa, de importância histórica por sua amplitude, mostra que não é nada disso. Ela ilustra o papel crítico que a sociologia pode desempenhar.

Duas teses opostas sobre a transformação moral nas sociedades contemporâneas

A sociologia oferece duas teses opostas a propósito da transformação moral nas sociedades contemporâneas. Os pensadores da "pós--modernidade" desenvolvem a tese de que elas são obcecadas por um único princípio: o do cada um por si. Assim, segundo Zygmunt Bauman (2008), o homem moderno viveria em sociedades dominadas pelo individualismo e pelo utilitarismo. Isso, Tocqueville já tinha dito. Bauman, porém, apresenta um diagnóstico muito mais grave, ou seja, que os pontos de referência morais, filosóficos, espirituais e políticos teriam desaparecido das sociedades modernas como resultado da globalização, ou, em todo caso, seriam definidos segundo os caprichos volúveis dos indivíduos, das hipóteses e das estruturas sociais e políticas, a tal ponto que podemos denominar as sociedades atuais "líquidas", um termo que reaparece de forma obsessiva nos últimos livros de Bauman.

Em posição contrária, os sociólogos clássicos como Weber e Durkheim, cujas teorias parecem convergir nesse ponto como em muitos outros, desenvolveram uma variante bem suavizada do evolucionismo para explicar as tendências seculares que se observam, sobretudo nas sociedades ocidentais, quando se trata de valores morais, políticos, sociais ou religiosos – variante bem suavizada, pois ela rompe radicalmente com o evolucionismo mecanicista e otimista dos dois primeiros terços do século XIX (de Marx e Spencer) e também com o da filosofia do Iluminismo.

A ruptura da sociologia de Durkheim e de Weber com Voltaire ou Condorcet é sincera e categórica, constituindo um avanço espetacular no campo das ciências morais e políticas. Ela rejeita toda ideia de lei da história ou de determinismo histórico, revelando, contudo, que um processo condicional de racionalização preside a transformação das sociedades modernas tanto em suas dimensões moral, jurídica, política, social e religiosa quanto em suas dimensões técnica e científica.

No entanto, o universalismo do Iluminismo continua presente na influência da sociologia clássica, embora ela se contente com hipóteses minimalistas sobre a natureza humana e sobre o processo de racionalização do qual é portadora. Ela não nega, de maneira nenhuma, a intervenção da contingência e não faz um prejulgamento de sua ação, inibidora ou facilitadora, sobre o processo de racionalização. Ela repele a ideia de que existam leis históricas. Não recorre a nenhuma transcendência. Recusa até mesmo a transcendência dissimulada por baixo das forças espirituais ou materiais evocadas por Hegel, Marx ou Spencer.

"O individualismo", escreve Durkheim, "e o livre pensar não datam nem de nossos dias, nem de 1789, nem da Reforma, nem da escolástica, nem da derrocada do politeísmo greco-latino ou das teocracias orientais. É um fenômeno que não começa em nenhum lugar, mas que se desenvolve, sem parar, ao longo da história" (Durkheim, 1893, reedição de 1967, p.146).

Já que, para Durkheim, nem tudo é consequência do meio social e dos caprichos da história, também é preciso levar em conta o fato de que existe uma natureza humana, mesmo que sua definição se reduza, para ele, ao senso que todo ser humano possui de sua dignidade e de seus interesses vitais. É esse o significado que Durkheim atribui aqui ao conceito de individualismo. Portanto, é preciso diferenciá-lo cuidadosamente do significado que Tocqueville associa à mesma palavra, à qual ele dá o sentido de ensimesmamento. A essa primeira característica da natureza humana, Durkheim acrescenta outra, que a filosofia clássica chamou de "razão" e ele prefere chamar de "livre pensar", certamente para contornar a polissemia do conceito de razão. O livre pensar define, no sentido atribuído por ele a essa expressão, o que chamaríamos hoje de espírito crítico.

Assim, o ser humano é dotado do senso de sua dignidade e de seus interesses vitais, além de dispor da capacidade de exercer seu espírito crítico. Este último lhe permite, sobretudo, julgar se esta ou aquela mudança institucional vai no bom sentido, não apenas para ele, mas para a coletividade, visto que, como Durkheim assinalou em outros textos, o ser humano é duplo: ele tem um senso de seu eu e também uma sensação constrangedora que lhe indica que a coletividade à qual pertence obriga que ele aceite determinadas normas e se imponha determinados valores.

Sem essa teoria da natureza humana não podemos compreender os fenômenos que ele descreve em *Da divisão do trabalho social*. Assim, certas tendências seculares tomam conta das sociedades, como o fato de o direito penal tender a ceder lugar ao direito civil em diversos assuntos, de um número crescente de práticas serem descriminalizadas e de as penas tenderem a ser normalmente reduzidas. Não podemos explicar essas tendências se não percebermos que elas decorrem do processo de racionalização que se tornou possível pelas duas características fundamentais da natureza humana: o "individualismo" e o "livre pensar". Durkheim, certamente, insiste no fato de que dados estruturais, como o aumento da "densidade social", facilitam a eficácia desse processo, e não ignora a existência de oscilações em torno dessas tendências em razão de efeitos conjunturais. Porém, só conseguimos manter juntos os dados explorados por ele se nos lembrarmos de que sua teoria mobiliza três componentes: uma concepção minimalista da natureza humana, que acarreta a existência de um processo latente de racionalização, e uma identificação de fatores relevantes, que favoreçam a eficácia desse processo. Se ele menciona apenas discretamente, até mesmo implicitamente, a hipótese de um processo de racionalização, talvez seja para evitar que se confunda seu evolucionismo com o de Spencer. Muito embora sua teoria da natureza humana o afaste de Spencer, ao levá-lo a fazer do livre pensar – ou melhor, como diríamos nós, do espírito crítico ou, ainda, da racionalidade cognitiva – o agente do processo de racionalização das instituições, ele talvez tenha receado que a glória de Spencer lhe fizesse sombra.

Weber (1920a) esboçou, de maneira ainda mais direta, ideias convergentes com a de Durkheim. Ele identifica uma inovação primordial na *Epístola aos romanos* de São Paulo. Ao admoestar Pedro – que, vendo se aproximar um grupo de judeus, julgou ter o dever de deixar a companhia dos não judeus com quem se encontrava – ele afirmou, com essa reação simbólica, o princípio da comensalidade e, mais ainda, o princípio da cidadania de todos, que deveria ser selecionado e influenciaria as sociedades ocidentais durante séculos e séculos, explica Weber.

Weber observa esse processo de racionalização atuando nas sociedades ocidentais, tanto em matéria social, política, moral, jurídica e religiosa quanto científica e técnica. O conceito de "desencantamento do mundo", que ele toma emprestado de Friedrich Schiller, descreve o processo de racionalização por meio do qual os espíritos e os deuses foram gradativamente excluídos da explicação do mundo, banindo as práticas de magia. Esse processo, porém, também caracteriza a história das instituições, do direito, da moral, da política, da religião e das ideias sociais, funcionando de acordo com um mecanismo de dois tempos: um tempo de inovação e um tempo de seleção de ideias.

Porém, o surgimento das inovações é, em grande medida, imprevisível. Nada obrigava que Paulo tivesse uma atitude diferente da de Pedro, nem mesmo que existisse um Paulo de Tarso. Para que o processo de seleção dê certo, também é preciso que as circunstâncias sejam favoráveis – o que tampouco é necessário. A existência do processo de racionalização que Weber observa atuando no mundo ocidental não implica, portanto, nenhum determinismo histórico. Acontece simplesmente que ele pôde atuar mais facilmente no mundo ocidental porque, por razões aleatórias, ele encontrou circunstâncias solidamente favoráveis. Sociólogos contemporâneos identificaram alguns desses elementos facilitadores. Jean Baechler (1971), sobretudo, insistiu sobre os efeitos estimulantes que a fragmentação política teve na Europa do século XVI.

Portanto, com a ajuda de palavras diferentes, Weber e Durkheim desenvolveram pontos de vista amplamente convergentes sobre as tendências de longo prazo que caracterizam a transformação moral, no sentido amplo da palavra. A diferença é que, em *Da divisão do trabalho social*, Durkheim parece menos preocupado com o comparatismo que Weber. Ele se interessa, sobretudo, pelo mundo ocidental, enquanto Weber revela explicitamente uma perspectiva comparatista: ele busca uma explicação para o destino histórico específico da Europa, do mesmo modo que em *A ética protestante*, ele se mostra preocupado em encontrar uma explicação das diferenças do ponto de vista do sucesso econômico de nações que, por outro lado, são próximas umas das outras. Durkheim está preocupado, sobretudo, em explicar os fenômenos tendenciais; Weber, os fenômenos diferenciais.

A tese que eu gostaria de defender agora é que os dados empíricos de que dispomos para tentar entender a evolução dos valores em matéria política, religiosa, moral e, de modo geral, social confirmam a teoria de Durkheim-Weber em vez das teorias da pós-modernidade como a de Zygmunt Bauman. Segundo ele, o caráter "líquido" das sociedades modernas seria uma fonte de ansiedade para todos. Muitos reagem a isso procurando o acolhimento da "comunidade", especialmente étnica, para corrigir a indiferença da "sociedade". A consequência da globalização, grande responsável pela liquefação das sociedades, seria a desqualificação dos valores universais que a filosofia do Iluminismo tinha valorizado. Ora, os dados empíricos de que dispomos mostram que não é nada disso. As transformações dos valores não refletem a ruína descrita pelos teóricos da pós-modernidade. Pelo contrário, elas são lineares, convergentes e sujeitas ao processo de racionalização descrito pelos teóricos clássicos.

Uma pesquisa sobre os valores mundiais

O que se segue está baseado nos dados extraídos da grande pesquisa levada a cabo por Inglehart et al. (1998) e reunidos em um volumoso *Sourcebook*. A pesquisa foi realizada em 43 países. Em cada um desses países, foram feitas cerca de quatrocentas perguntas a um universo representativo de mil participantes. Esse *Sourcebook* pode ser utilizado de várias maneiras e deu lugar a todo tipo de análise através do mundo. Pesquisadores realizaram análises específicas a partir de dados primários, disponíveis em formato eletrônico, dos quais o *Sourcebook* é um resumo. De minha parte, decidi ater-me ao *Sourcebook*, considerar um número pequeno de países ocidentais (Alemanha, Canadá, Estados Unidos, França, Itália, Suécia e Reino Unido) e analisar as respostas às perguntas relativas à política, à moral e à religião em função da idade e do nível de instrução, com a preocupação de determinar se a hipótese da racionalização parecia confirmada ou não. Na parte final, levanto a questão de saber se as mesmas tendências são observadas em outros lugares. Por motivos práticos, que menciono brevemente mais adiante, escolhi três países: Turquia, Rússia e Índia.

Os dados foram coletados entre 1990 e 1993. Como a pesquisa foi concebida numa época em que a Alemanha estava dividida em duas entidades políticas, optei por utilizar os dados relativos à Alemanha Ocidental. Como os dados registram as crenças e os valores de participantes cuja idade vai da faixa etária entre 16 e 29 anos à faixa etária de mais de 50 anos, eles cobrem um período de cerca de quatro décadas. Pelo que eu saiba, nenhuma pesquisa mais recente teria podido responder de forma mais satisfatória à pergunta teórica que eu fazia acerca da existência ou não de uma tendência à racionalização dos valores.

Tratando-se da Alemanha, é interessante precisar que os dados posteriores à reunificação do país revelam, nos dois lados, como acontece nos outros países, uma prorrogação da tendência significativa à secularização das crenças religiosas e, ao mesmo tempo, uma diferença nos índices observados, devido, sem dúvida, em parte à diferença entre o peso relativo dos protestantes e dos católicos na parte oriental e na parte ocidental e, de outra parte, à interrupção da vida religiosa no Leste imposta durante quarenta anos pelo regime comunista. Para mencionar um único indicador, em 1991, 1994, 2000, 2004, 2008 e 2010 a proporção dos que declaram não ter religião é de 11, 12, 13, 16, 16,5 e 18% na parte ocidental, e de 65, 69, 71, 72, 74, e 67%, na parte oriental (*Allgemeine Bevölkerungsumfrage der Sozialwissenschaften*).

Fotografia dos resultados

Voltando ao *Sourcebook*, ao comparar as respostas das faixas etárias extremas, pude constatar de imediato que os mais jovens tendem a demonstrar uma concepção racionalizada dos valores morais. Eles tendem a considerar que o respeito pelo outro é o valor moral supremo; mais precisamente, que o respeito pela dignidade humana é o fundamento último e exclusivo de toda regra moral, e que toda regra que pareça não estar baseada nesse pedestal deve ser encarada com ceticismo, seja qual for o respeito e a atenção que lhe tenham atribuído no passado. Que a autoridade é legítima, mas aceitável somente quando é racional, e que as formas tradicionais e carismáticas de autoridade devem ser tratadas com desconfiança e até mesmo rejeitadas. Em termos gerais, que toda regra que dá a impressão de estar baseada exclusivamente na tradição é inválida.

Por fim, o conjunto de dados dá a impressão de que a moralidade moderna tende a se reduzir a um único princípio: o respeito pela dignidade humana.

Quando se trata de religião, os mais jovens tendem a rejeitar os elementos das doutrinas religiosas tradicionais que não podem receber facilmente uma interpretação simbólica. Quando creem em Deus, eles o veem menos frequentemente que os mais velhos como um Deus pessoal. Eles creem menos facilmente numa vida após a morte. Resumindo: eles tendem a sustentar uma concepção imanentista da religião.

Quando se trata de valores políticos, os mais jovens desejariam que os políticos respeitassem as preocupações e as demandas dos cidadãos. Que se definissem novos direitos, a fim de melhor proteger as minorias e respeitar o direito de cada um de viver livremente sua vida como bem entender. Eles gostariam de fortalecer os princípios da democracia representativa e dar mais importância à opinião pública no funcionamento das instituições democráticas. Os mais jovens não creem com tanta facilidade, como os mais velhos, que os problemas políticos tenham soluções simples. Por esse motivo, eles rejeitam mais facilmente os programas políticos da extrema direita e da extrema esquerda.

Extraímos dos dados outro resultado de alcance geral, ou seja, que o efeito da idade reflete, em grande medida, o efeito estatístico do nível de instrução. Em outras palavras, o aumento geral do nível de instrução parece representar um poderoso vetor do processo de racionalização, quaisquer que sejam as observações sombrias que se possa fazer a respeito da degradação dos sistemas de ensino em alguns países ocidentais.

Valores relativos ao trabalho

Ter um bom salário é importante para todos, tanto para os jovens quanto para os mais velhos. Porém, apenas uma proporção reduzida dos participantes avalia que essa dimensão do trabalho seja a mais importante; eles estão mais interessados nos aspectos psicológicos e morais do trabalho. Querem encontrar ali uma oportunidade de realizar alguma coisa. Ter um trabalho interessante tende a ser mais importante para os mais jovens e mais instruídos. Os mais jovens não aceitam tão facilmente cumprir cegamente uma ordem. Os quadros a seguir apresentam os dados que revelam a existência dessas tendências e correlações.

Quadro 2 – % que declara que é importante poder realizar alguma coisa em seu trabalho

	França	*Alemanha*	*Reino Unido*	*Suécia*	*Itália*	*Estados Unidos*	*Canadá*
Idade (velho/jovem)	40/42	59/65	63/69	84/80	43/61	54/56	54/58
Nível de instrução (baixo/elevado)	39/43	60/72	60/85	84/88	50/65	54/62	52/58

Quadro 3 – % que declara que é importante ter um trabalho responsável

	França	Alemanha	Reino Unido	Suécia	Itália	Estados Unidos	Canadá
Idade (velho/jovem)	54/56	52/52	40/39	73/73	30/35	54/56	54/58
Nível de instrução (baixo/elevado)	48/61	50/68	37/59	71/73	32/31	54/62	52/58

Quadro 4 – % que declara que é importante ter um trabalho interessante

	França	Alemanha	Reino Unido	Suécia	Itália	Estados Unidos	Canadá
Idade (velho/jovem)	50/67	62/79	67/78	77/84	51/61	66/74	69/75
Nível de instrução (baixo/elevado)	52/67	68/81	68/83	72/85	56/58	61/78	62/80

Quadro 5 – % que declara aceitar seguir instruções

	França	Alemanha	Reino Unido	Suécia	Itália	Estados Unidos	Canadá
Idade (velho/jovem)	42/32	48/30	46/44	51/38	36/25	68/59	59/47
Nível de instrução (baixo/elevado)	38/27	45/32	44/39	49/46	31/19	59/60	57/45

Quadro 6 – % que declara que é importante ser convencido primeiro sobre o trabalho

	França	Alemanha	Reino Unido	Suécia	Itália	Estados Unidos	Canadá
Idade (velho/jovem)	41/49	22/29	40/45	38/45	47/44	21/25	27/29
Nível de instrução (baixo/elevado)	45/56	20/29	45/39	39/39	46/57	22/22	25/35

Quadro 7 – % que declara que é importante que o trabalho seja uma oportunidade de exercitar sua iniciativa

	França	Alemanha	Reino Unido	Suécia	Itália	Estados Unidos	Canadá
Idade (velho/jovem)	35/42	48/66	40/52	66/73	36/54	51/47	50/54
Nível de instrução (baixo/elevado)	30/54	51/84	38/72	65/78	43/64	45/65	42/61

Resumindo: em todos os países ocidentais, a exigência de respeito pela dignidade humana na esfera do trabalho é mais elevada entre os jovens e os mais instruídos. Podemos notar, de passagem, que se esses resultados tivessem sido mais bem divulgados pela mídia poderíamos ter evitado, atenuado e até mesmo antecipado os dramas e tensões por que passaram algumas grandes empresas francesas na busca de ganhos de produtividade estimulada pela concorrência internacional e pela "lei das 35 horas".

Valores relativos à política

Sobre a questão dos valores relativos à política, os dados revelam uma vontade de aprofundar a democracia, uma desilusão com relação ao funcionamento atual das instituições democráticas e um desejo de fazer com que a democracia respeite mais os cidadãos.

O interesse pela política não é mais elevado entre os mais jovens, talvez por eles se encontrarem decepcionados, mas cresce com o nível de instrução. Como os mais jovens são, em média, mais instruídos, isso indica que os jovens com nível de instrução modesta tendem a se interessar pouco pela política. A questão de saber se a globalização provoca um declínio do interesse pela política em razão da importância crescente da economia, como Anthony Giddens (1999) julgou poder sustentar, é uma questão à qual não se pode responder com base unicamente nos dados atuais.

Embora o número de jovens decepcionados com a política seja maior que o número de pessoas mais velhas na mesma situação, seu interesse pela política não é menor. Eles estão mais dispostos que os mais velhos a participar de greves ilegais ou a invadir imóveis desocupados. E essa resposta é mais frequente quanto mais elevado é o nível de instrução. No geral, os dados dão a impressão de que o interesse pela política aumenta com a decepção produzida pelo funcionamento real das democracias e pela ação das elites políticas. Quanto mais elevado o nível de instrução, mais elevada a necessidade demonstrada de participar diretamente da ação política. Como no caso precedente, essas tendências são típicas do conjunto de países escolhidos.

Quadro 8 – % que declara que a política é importante ou muito importante

	França	Alemanha	Reino Unido	Suécia	Itália	Estados Unidos	Canadá
Idade (velho/jovem)	36/30	44/38	43/39	52/41	27/35	56/48	59/39
Nível de instrução (baixo/elevado)	28/47	36/65	37/58	40/59	29/48	49/57	42/55

Quadro 9 – % de interessados e moderadamente interessados pela política

	França	Alemanha	Reino Unido	Suécia	Itália	Estados Unidos	Canadá
Idade (velho/jovem)	42/31	68/62	50/43	54/39	25/30	62/54	67/49
Nível de instrução (baixo/elevado)	32/57	64/90	42/72	37/66	26/53	53/72	50/68

Quadro 10 – % que declara que nossa sociedade deveria ser transformada gradualmente por meio da reforma

	França	Alemanha	Reino Unido	Suécia	Itália	Estados Unidos	Canadá
Idade (velho/jovem)	79/70	55/75	75/85	83/87	81/82	69/80	79/82
Nível de instrução (baixo/elevado)	70/81	62/75	77/93	79/94	83/73	67/84	73/88

Quadro 11 – % que declara que o modo como nossa sociedade está organizada deve ser transformado radicalmente por meio da ação revolucionária

	França	Alemanha	Reino Unido	Suécia	Itália	Estados Unidos	Canadá
Idade (velho/jovem)	2/6	2/2	4/7	3/9	6/10	6/9	4/8
Nível de instrução (baixo/elevado)	5/2	1/3	6/3	7/2	7/9	9/5	8/4

No conjunto, a confiança na democracia é forte entre aqueles que responderam à pesquisa. Eles querem participar mais ativamente em seu funcionamento. Estão desiludidos com as elites políticas. Eles creem numa política de natureza pragmática, são céticos em relação a qualquer programa político radical e compreendem que as democracias modernas são sistemas complexos. Essas tendências são particularmente visíveis no grupo mais instruído.

Embora a pesquisa esteja distante de nós no tempo, é impressionante constatar que ela traduz tendências que se podem observar mais ou menos por toda parte atualmente. Não é nem o crescimento fulminante da globalização, nem a crise de 2008, nem a ascensão dos países emergentes que provoca o desinteresse da população pela política e seu ceticismo a respeito da atuação das elites políticas. Esses dados conjunturais vêm apenas se somar a dados tendenciais mais profundos que resultam, eles próprios, de um mecanismo de racionalização. No momento em que os dados foram recolhidos, a China mal começava a despertar, e vivia-se ainda no Ocidente com a ilusão de que continuaríamos a experimentar um progresso econômico e social sem fim. No entanto, a desilusão aparece a partir desse instante, em consequência do aumento de expectativas produzido pelo processo de racionalização de valores revelado nos dados.

A sociologia demonstra, com isso, sua capacidade de entender tendências não observáveis diretamente ali onde o ensaísmo social emite diagnósticos precários a partir de observações superficiais.

Valores relativos à religião

A pesquisa apresenta também um olhar preciso sobre as tendências que caracterizam, a longo prazo, a transformação dos valores religiosos. Ela confirma as análises de eminentes sociólogos da religião como Thomas Luckmann (1967) e Danièle Hervieu-Léger (2001).

Duvida-se mais da existência de Deus sobretudo entre os mais jovens e os mais instruídos. Sua imagem tende a ficar abstrata e impessoal. A crença em Deus, porém, continua frequente, ainda que essa frequência varie bastante de um país para outro, em função da história religiosa e, particularmente, das relações mais ou menos conflituosas que prevaleceram no passado entre o poder espiritual e o poder temporal. Somente nos países em que as crenças religiosas continuam vivas – como a Itália e os Estados Unidos – é que se considera que Deus dá um sentido à vida e à morte.

Quadro 12 – % que declara acreditar em Deus

	França	Alemanha	Reino Unido	Suécia	Itália	Estados Unidos	Canadá
Idade (velho/jovem)	77/51	89/62	89/63	62/34	94/89	98/95	94/85
Nível de instrução (baixo/elevado)	65/57	82/70	81/67	48/48	91/86	97/94	91/85

A despeito, porém, da resistência das religiões tradicionais e de alguns de seus conceitos-chave, o *World Value Survey* demonstra a diminuição de sua importância, inclusive na mente dos crentes.

Quadro 13 – % que declara que "Deus é importante na minha vida"

	França	Alemanha	Reino Unido	Suécia	Itália	Estados Unidos	Canadá
Idade (velho/jovem)	43/15	53/25	54/16	30/13	75/58	84/68	76/51
Nível de instrução (baixo/elevado)	31/25	42/35	37/30	20/23	66/59	79/71	72/57

Quadro 14 – % que declara "encontrar consolo e coragem na religião"

	França	Alemanha	Reino Unido	Suécia	Itália	Estados Unidos	Canadá
Idade (velho/jovem)	52/26	63/26	60/25	38/23	84/60	87/72	79/50
Nível de instrução (baixo/elevado)	38/33	49/39	44/42	25/34	73/56	84/75	75/55

Quadro 15 – % que aceita a afirmação "a religião é muito importante na minha vida"

	França	Alemanha	Reino Unido	Suécia	Itália	Estados Unidos	Canadá
Idade (velho/jovem)	23/08	23/05	27/6	14/08	49/25	61/46	47/21
Nível de instrução (baixo/elevado)	15/15	15/11	17/17	08/15	35/40	59/46	45/23

Quadro 16 – % que declara acreditar no inferno

	França	Alemanha	Reino Unido	Suécia	Itália	Estados Unidos	Canadá
Idade (velho/jovem)	24/14	21/09	28/28	9/8	51/35	71/74	44/43
Nível de instrução (baixo/elevado)	20/14	17/08	28/22	8/7	44/31	74/64	43/39

Quadro 17 – % que declara acreditar no diabo

	França	Alemanha	Reino Unido	Suécia	Itália	Estados Unidos	Canadá
Idade (velho/jovem)	26/18	25/12	35/30	14/13	48/37	69/73	47/44
Nível de instrução (baixo/elevado)	22/18	20/11	33/31	11/14	43/32	71/67	48/41

Quadro 18 – % que declara acreditar no céu

	França	Alemanha	Reino Unido	Suécia	Itália	Estados Unidos	Canadá
Idade (velho/jovem)	41/28	51/26	68/48	36/28	63/50	88/89	79/72
Nível de instrução (baixo/elevado)	37/27	43/23	63/45	35/28	56/32	91/80	81/66

Quadro 19 – % que declara acreditar na alma

	França	Alemanha	Reino Unido	Suécia	Itália	Estados Unidos	Canadá
Idade (velho/jovem)	62/56	81/66	73/65	54/60	81/79	93/93	88/81
Nível de instrução (baixo/elevado)	52/61	77/74	68/71	49/73	78/73	93/92	87/85

No conjunto, os participantes da pesquisa pedem cada vez menos à religião. Deus é cada vez menos a fonte do significado da vida e da morte. Por outro lado, a ideia de que o significado da vida é que se possa procurar extrair o melhor dela atrai cada vez mais e com mais frequência todas as categorias discriminadas pela pesquisa. O significado da vida deve ser procurado neste mundo. Em outras palavras, ganha corpo uma tendência incontestável de abolição da transcendência.

Max Weber já tinha ressaltado que o sentido de toda religião foi traduzido com profundidade em um enunciado lapidar do *Deuteronômio* (4: 40): "ser feliz e ter uma vida longa sobre a Terra". Aparentemente, esse sentido último de toda religião ressurge claramente hoje, juntamente com a evanescência da autoridade das religiões tradicionais. Contudo, ele também mostra, contrariamente às opiniões excessivamente superficiais dos pensadores da pós-modernidade, que estamos longe de um mundo no qual toda espiritualidade teria desaparecido. O que tende a desaparecer é a ideia de que os valores teriam seu fundamento na transcendência.

No que diz respeito aos grandes conceitos oriundos das tradições religiosas, o de Deus continua sólido, ainda que seu conteúdo seja cada vez mais experimentado como incerto. É o conceito de alma, sobretudo, que parece dotado de uma resistência particular. Como Durkheim demonstrou em uma análise exemplar e premonitória, a solidez desse conceito deve-se ao fato de ele se referir, de modo simbólico, a um objetivo correlato. Em outras palavras, ele expressa uma realidade, a saber, que o ser humano é duplo, em todas as latitudes e em todas as épocas: por um lado, ser biológico impelido por desejos, paixões e necessidades; por outro, ser social que só pode esperar alcançar uma satisfação pessoal se moderar suas pulsões e respeitar os valores que ressoam nele e constituem sua individualidade, mas dos quais ele sente muito bem não ser o autor. O conceito de alma nada mais faz do que entender de modo simbólico a ideia expressa de outra maneira por George Mead (1934), a saber, que o ser humano vive permanentemente, mesmo quando está sozinho, sob o olhar do *generalized Other*.

Quanto aos outros conceitos fundamentais transmitidos pelas grandes tradições religiosas – como os conceitos de Céu, Inferno ou Diabo –, eles são objeto de um declínio acentuado em todos os países analisados. Talvez o declínio moderado e, no caso de alguns países, a maior frequência da crença em uma vida após a morte devam ser relacionados à ideia de que – como Durkheim também assinalou – a imortalidade da alma é uma expressão simbólica da ideia de que os seres humanos são guiados pela preocupação de deixar uma imagem que sobreviva na mente dos que lhes são próximos e, eventualmente, de grupos maiores de pessoas.

Dando continuidade a Durkheim, Luckmann (1991) associa o conceito de alma à ideia de que o ser humano tem a capacidade de transcender o ser natural que ele também é. Ele tem consciência de que dispõe de uma autonomia que lhe permite ser e se sentir responsável pelo conteúdo que ele dá à ideia de que tem a capacidade de "transcender sua natureza biológica" (*Transzendieren der Natürlichkeit*).

Pode-se observar, de passagem, que a especificidade do ser humano descrita por Durkheim e, depois, por Luckmann e outros aponta os limites das tentativas reducionistas que desejam explicar o comportamento humano a partir de causas infraindividuais.

Em todo caso, tratando-se de crenças religiosas, a pesquisa mostra – como havia previsto Durkheim – a persistência no cidadão das sociedades modernas de um senso de valores, da consciência que esses valores o ultrapassam e também de um declínio da adesão aos conceitos transmitidos pelas grandes religiões tradicionais. Durkheim também queria saber por que algumas realidades se expressam de modo simbólico. A razão disso é que sua complexidade lhes impede de serem expressas de forma direta. Apesar de tudo, porém, é porque ele percebe nisso o sentido que o indivíduo lhe atribui.

O prestigioso semanário britânico *The Economist* talvez tivesse razão de declarar, em 2009, por ocasião da comemoração do bicentenário do nascimento de Darwin e dos 150 anos da publicação de *A origem das espécies*, que dos três gigantes que haviam modificado profundamente nossa visão do ser humano no século XIX, dois mereciam ser esquecidos – Marx e Freud – e somente um era digno de sobreviver: Darwin.

Em termos menos rudes, podemos esquecer a vulgata marxista, segundo a qual as representações e os princípios que guiam a ação humana seriam resultado do meio social, e a vulgata freudiana, segundo a qual eles emanariam do recôndito do nosso inconsciente.

Por outro lado, é verdade que o processo em dois tempos demonstrado de forma incontestável por Durkheim e Weber para explicar as transformações tendenciais que caracterizam os valores morais do ser humano não deixa de evocar o processo identificado por Darwin – e explicitado mais tarde pelos neodarwinianos, no caso da evolução biológica – e que se encontra na origem do fenômeno da auto-organização (Atlan, 1979). Desse modo, a exposição de um organismo a um ambiente novo pode fazer com que, no acaso das mutações, alguns indivíduos se encontrem mais bem adaptados e tenham, consequentemente, mais oportunidades de reproduzir-se e proliferar. Mais cedo ou mais tarde, o resultado disso será um fenômeno emergente: uma população de indivíduos mostra uma adaptação à transformação ocorrida no meio em consequência de um processo que parece obedecer ao princípio de finalidade.

Quando Paulo enuncia o conceito de cidadania, ele lança uma novidade no mercado. Após diversas vicissitudes, essa novidade foi selecionada, criando assim um fenômeno emergente que, ele também, deu a impressão de obedecer ao princípio de finalidade: a prédica de Paulo não era desprovida de intenções, mas seus efeitos que, segundo Weber, deveriam se estender ao longo dos séculos e favorecer as instituições democráticas, evidentemente não estavam incluídos nas intenções dele. Portanto, o tema sociológico dos "efeitos inesperados" (Cherkaoui, 2006) e o tema biológico da auto-organização identificam processos formalmente comparáveis. Porém, uma diferença importante separa o processo weberiano-durkheimiano do processo neodarwinista, a saber, que se tratando de transformações morais, o conceito neodarwinista de mutação deve ceder lugar ao de inovação, e o conceito de seleção natural, ao de seleção racional. Se as circunstâncias permitirem, uma ideia nova tende a se espalhar se um ser humano qualquer tiver a sensação de que ela favorece a dignidade e os interesses vitais de todos.

Valores relativos à moral

As respostas relativas à moral também traduzem o efeito de um processo de racionalização de longo prazo. Os conceitos de bem e de mal continuam a fazer sentido na mente de todos. Porém, eles são menos frequentemente associados, na mente dos mais jovens e dos mais instruídos, a princípios bem definidos. Em correlação a uma visão cada vez mais claramente deliberativa do bem e do mal, o conceito religioso de pecado tende a perder o sentido entre os mais jovens e os mais instruídos, pois ele evoca a ideia de tabu, um conceito incompatível com os conceitos de deliberação e discussão.

Quadro 20 – % que declara haver princípios absolutamente seguros que permitem diferenciar o bem do mal

	França	Alemanha	Reino Unido	Suécia	Itália	Estados Unidos	Canadá
Idade (velho/jovem)	35/15	36/14	50/20	30/10	57/27	55/43	38/24
Nível de instrução (baixo/elevado)	27/22	29/19	40/28	23/16	46/36	55/40	38/22

Quadro 21 – % que declara acreditar no pecado

	França	Alemanha	Reino Unido	Suécia	Itália	Estados Unidos	Canadá
Idade (velho/jovem)	55/38	74/50	75/60	45/23	81/68	91/92	78/73
Nível de instrução (baixo/elevado)	46/41	68/56	71/72	37/31	75/65	89/87	75/70

Os dados da pesquisa confirmam amplamente a existência de uma tendência no sentido de um maior respeito pela dignidade do ser humano. Esse valor tende mesmo a se tornar predominante, até mesmo exclusivo, o que Durkheim também havia previsto.

Contudo, essa tendência não significa que se deva deixar de julgar o comportamento humano a partir das categorias morais do bem e do mal. A esse respeito, são esclarecedoras as perguntas em que os participantes tinham de declarar se eles aceitariam como vizinhos estrangeiros e imigrantes, homossexuais, alcoólatras, drogados, aidéticos, judeus ou muçulmanos. A estruturação bastante acentuada das distribuições estatísticas correspondentes a essas perguntas confirma que os indivíduos tendem, de maneira cada vez mais clara, da faixa etária mais velha à mais jovem e da menos instruída à mais instruída, a aderir a uma concepção deliberativa da tolerância. Essa concepção caracteriza todas as categorias, mas ela é mais acentuada entre os mais jovens e os mais instruídos.

A tolerância é um valor importante, mas não se aplica indistintamente a todos os comportamentos.

Os dados indicam, mais precisamente, que na mente dos participantes as respostas parecem ter sido extraídas de uma teoria baseada em três critérios hierarquizados de importância decrescente: o comportamento mencionado indica a presença de uma atitude positiva ou não em relação a valores como o autocontrole? Assim, em relação a isso, o comportamento do drogado ou do alcoólatra é negativo. Segundo critério: o traço que caracteriza o possível vizinho é inato ou adquirido? Assim, o fato de ser estrangeiro ou imigrante é inato, o fato de ser drogado, alcoólatra ou criminoso é adquirido. Terceiro critério: o suposto comportamento do vizinho fictício é de natureza a provocar efeitos negativos no bem-estar do outro?

Esses critérios tendem a ser hierarquizados pelos participantes do mais forte ao mais fraco. Assim, o alcoólatra tende a ser pouco tolerado. Seu comportamento contradiz o valor do autocontrole, ele é responsável por seu comportamento e causa inconvenientes aos outros. Consequentemente, ele obtém uma avaliação negativa nos três critérios. Os drogados tendem a ser rejeitados pelos mesmos motivos. Por outro lado, o eventual vizinho emocionalmente instável pode causar dificuldades para seu meio social, mas existem sérias dúvidas se ele é responsável por seu estado. Por esse motivo, ele é menos facilmente rejeitado que o drogado ou o alcoólatra.

Quanto aos traços de caráter inatos que não têm consequências sobre os outros, eles são objeto de uma grande tolerância. Por esse motivo, os judeus são muito bem aceitos; os muçulmanos, menos. Ainda neste caso, podemos notar de passagem que, apesar de sua idade, a pesquisa oferece uma grade de leitura precisa aplicável ao mundo contemporâneo. Ela permite que nos questionemos se o antissemitismo oculto mencionado com ligeireza pela mídia é uma realidade ou um conceito teórico produzido pelo enquadramento intelectual persistente decorrente dos horrores do século XX. Pois o público parece estar diante de dados amplamente imunes ao antissemitismo, e não há nenhum motivo para duvidar da sinceridade das respostas. Um testemunho indireto dessa sinceridade é que os participantes não hesitam em demonstrar uma tolerância mínima com relação aos muçulmanos.

As respostas relativas aos homossexuais são mais difíceis de decifrar: talvez haja dúvidas na mente dos participantes a respeito do caráter inato ou adquirido dessa orientação sexual. Chegamos aqui no limite das pesquisas quantitativas. Em alguns casos, elas permitem reconstruir com muita facilidade os motivos que inspiram as respostas. Em outros casos, gostaríamos de poder voltar aos participantes e lhes fazer, cara a cara, perguntas complementares. Isso estimula a generalização de uma metodologia cujo caráter estratégico Lazarsfeld havia percebido muito bem: completar a pesquisa quantitativa, assegurando a validade dos dados do ponto de vista de sua representatividade, por meio de uma pesquisa qualitativa que explicite os motivos das respostas.

Para além das diferenças entre países, a pesquisa põe em destaque tendências claras: a tolerância mostra-se crescente entre os mais jovens e os mais instruídos. E o caráter cada vez mais deliberativo do julgamento moral é confirmado pelos dados de sete países.

Quadro 22 – % que declara que não gostaria de ter imigrantes ou trabalhadores estrangeiros como vizinhos

	França	Alemanha	Reino Unido	Suécia	Itália	Estados Unidos	Canadá
Idade (velho/jovem)	18/08	20/14	17/06	10/12	20/10	12/07	06/04
Nível de instrução (baixo/elevado)	18/06	20/08	13/10	13/04	16/09	16/07	06/04

Quadro 23 – % que declara que não gostaria de ter homossexuais como vizinhos

	França	Alemanha	Reino Unido	Suécia	Itália	Estados Unidos	Canadá
Idade (velho/jovem)	34/15	45/23	43/21	23/18	52/27	43/40	33/30
Nível de instrução (baixo/elevado)	31/16	40/23	35/19	25/09	42/12	44/33	36/23

Quadro 24 – % que declara que não gostaria de ter portadores do vírus da Aids como vizinhos

	França	Alemanha	Reino Unido	Suécia	Itália	Estados Unidos	Canadá
Idade (velho/jovem)	22/10	37/18	32/13	25/17	54/31	34/27	27/16
Nível de instrução (baixo/elevado)	19/10	34/17	24/17	22/12	46/20	36/24	26/15

Quadro 25 – % que declara que não gostaria de ter dependentes de drogas como vizinhos

	França	Alemanha	Reino Unido	Suécia	Itália	Estados Unidos	Canadá
Idade (velho/jovem)	51/39	64/48	68/61	69/65	66/49	77/77	66/57
Nível de instrução (baixo/elevado)	51/36	65/46	63/56	64/66	62/41	77/80	60/62

Quadro 26 – % que declara que não gostaria de ter pessoas instáveis emocionalmente como vizinhos

	França	Alemanha	Reino Unido	Suécia	Itália	Estados Unidos	Canadá
Idade (velho/jovem)	18/16	30/33	34/25	16/18	35/30	39/44	27/30
Nível de instrução (baixo/elevado)	17/19	34/21	27/36	17/14	35/33	41/46	25/31

Quadro 27 – % que declara que não gostaria de ter alcoólatras como vizinhos

	França	Alemanha	Reino Unido	Suécia	Itália	Estados Unidos	Canadá
Idade (velho/jovem)	57/46	72/52	61/38	49/50	58/42	60/60	60/48
Nível de instrução (baixo/elevado)	51/49	66/62	47/51	47/44	52/36	59/63	54/55

Quadro 28 – % que declara que não gostaria de ter judeus como vizinhos

	França	Alemanha	Reino Unido	Suécia	Itália	Estados Unidos	Canadá
Idade (velho/jovem)	10/03	10/05	10/03	08/06	17/08	06/06	06/04
Nível de instrução (baixo/elevado)	10/04	09/03	08/05	10/01	14/08	07/03	05/05

Quadro 29 – % que declara que não gostaria de ter muçulmanos como vizinhos

	França	Alemanha	Reino Unido	Suécia	Itália	Estados Unidos	Canadá
Idade (velho/jovem)	23/13	24/15	23/09	24/18	19/12	18/11	14/08
Nível de instrução (baixo/elevado)	23/11	24/13	18/12	23/08	16/11	18/11	12/09

Quadro 30 – % que declara que não gostaria de ter pessoas de outro grupo étnico como vizinhos

	França	*Alemanha*	*Reino Unido*	*Suécia*	*Itália*	*Estados Unidos*	*Canadá*
Idade (velho/jovem)	13/06	15/07	12/04	08/08	20/09	10/11	05/04
Nível de instrução (baixo/elevado)	13/08	13/03	10/06	09/02	15/05	14/06	06/04

Os efeitos da globalização

As possibilidades de fazer uma análise comparativa entre países ocidentais e outros países são limitadas por diversas razões. Por um lado, inúmeras questões, como as relativas à religião, não têm o mesmo significado nos países de tradição cristã e nos outros. Por outro lado, as respostas apresentadas pelo *World Value Survey* parecem menos confiáveis quando se trata de países submetidos a um regime político autoritário. A natureza bastante aprobatória das respostas chinesas a propósito das instituições atuais do Império do Meio talvez se deva à existência de um nacionalismo sincero e de uma fé verdadeira no futuro do país, mas talvez também revele uma atitude de prudência. É por isso que me limitei a conservar, a título bastante indicativo, um número extremamente reduzido de perguntas, que é possível supor que tenham o mesmo significado dentro e fora do mundo ocidental. Quanto aos países, escolhi três *stricto sensu* externos ao mundo ocidental por sua história, mas que partilham traços comuns com ele: a Rússia, em razão de seu pertencimento à Europa, para além de sua posição singular; a Índia, uma grande democracia; a Turquia, um país de tradição muçulmana, mas no qual a influência europeia é bastante forte.

Nesta nova pesquisa, a análise é mais imprecisa e grosseira. Contudo, no caso desses três países os dados parecem confirmar a existência de um processo de racionalização de valores comparável ao que se observa no caso do mundo ocidental.

Valores relativos ao trabalho

No que diz respeito ao trabalho, o salário é importante, mas a demanda se dirige, sobretudo, aos postos de trabalho que oferecem a oportunidade de exercitar a iniciativa e de realização pessoal. Essa demanda é mais forte entre os mais jovens e os mais instruídos.

Quadro 31 – % que declara que é importante ter um trabalho responsável

	Turquia	Rússia	Índia
Idade (velho/jovem)	75/84	27/29	47/56
Nível de instrução (baixo/elevado)	76/90	21/35	35/60

Quadro 32 – % que declara que é importante poder realizar algo no seu trabalho

	Turquia	Rússia	Índia
Idade (velho/jovem)	79/88	23/34	53/65
Nível de instrução (baixo/elevado)	83/95	19/33	44/67

Quadro 33 – % que declara que é importante estar convencido primeiramente das razões de uma instrução

	Turquia	Rússia	Índia
Idade (velho/jovem)	53/54	54/58	52/55
Nível de instrução (baixo/elevado)	53/57	55/58	46/60

Valores relativos à religião e à moral

A religião aparece como mais importante na Índia e na Turquia do que no Ocidente, o que não surpreende. Desse modo, a pesquisa revelou, desde o final do século precedente, os limites da laicização pretendida por Kemal Atatürk, limites que não se percebiam muito então e que aparecem claramente hoje. Porém, observamos também que, como ocorre no mundo ocidental, a importância da religião decresce do grupo dos mais velhos ao dos mais jovens e conforme aumenta o nível de instrução.

No que diz respeito à tolerância, com exceção aos homossexuais, a frequência das respostas de natureza tolerante aumenta com o nível de instrução, sendo mais elevada entre os mais jovens. Além disso, nos três países não ocidentais escolhidos, as respostas parecem ser ditadas pelo sistema de três critérios hierarquizados de importância decrescente descrito a propósito dos países ocidentais. No entanto, o nível geral de intolerância tende a ser mais elevado que no mundo ocidental, especialmente na Turquia e na Índia. Podemos relacionar esses dados a acontecimentos noticiados pela imprensa em um período mais próximo de nós que o da pesquisa, mostrando também aqui que ela não oferece apenas uma grade de leitura, mas também um instrumento de previsão.

Quadro 34 – % que aceita a afirmação "a religião é muito importante na minha vida"

	Turquia	Rússia	India
Idade (velho/jovem)	74/53	21/07	61/44
Nível de instrução (baixo/elevado)	75/25	21/08	58/40

Quadro 35 – % que declara que existem princípios absolutamente seguros que permitem distinguir o bem do mal

	Turquia	Rússia	Índia
Idade (velho/jovem)	45/28	36/25	50/43
Nível de instrução (baixo/elevado)	55/41	35/30	55/41

Quadro 36 – % que declara que não gostariam de ter homossexuais como vizinhos

	Turquia	Rússia	Índia
Idade (velho/jovem)	91/90	78/80	92/91
Nível de instrução (baixo/elevado)	93/80	79/80	91/92

Quadro 37 – % que declara que não gostaria de ter pessoas de outro grupo étnico como vizinhos

	Turquia	Rússia	Índia
Idade (velho/jovem)	42/30	13/10	37/33
Nível de instrução (baixo/elevado)	48/07	14/10	26/28

Quadro 38 – % que declara que não gostaria de ter imigrantes ou trabalhadores estrangeiros como vizinhos

	Turquia	Rússia	Índia
Idade (velho/jovem)	31/26	13/10	38/32
Nível de instrução (baixo/elevado)	37/07	15/10	49/29

Quadro 39 – % que declara que não gostaria de ter pessoas instáveis emocionalmente como vizinhos

	Turquia	Rússia	Índia
Idade (velho/jovem)	41/43	14/14	67/69
Nível de instrução (baixo/elevado)	39/46	12/12	65/69

Quadro 40 – % que declara que não gostaria de ter portadores do vírus da Aids como vizinhos

	Turquia	Rússia	Índia
Idade (velho/jovem)	88/86	76/59	91/92
Nível de instrução (baixo/elevado)	92/76	72/63	93/92

Quadro 41 – % que declara que não gostaria de ter dependentes de drogas como vizinhos

	Turquia	Rússia	Índia
Idade (velho/jovem)	93/90	88/82	92/93
Nível de instrução (baixo/elevado)	94/85	88/86	93/92

Globalização e racionalização da moralidade

Para além do caráter relativamente impreciso de qualquer pesquisa quantitativa, os dados do *World Value Survey* confirmam, afinal de contas, a existência do processo de racionalização teorizado por Durkheim e Weber. Ele controla as mudanças tendenciais destacadas pelos dados nas atitudes da população relativas à religião, ao trabalho, à moral, à autoridade e à política que podemos observar nas décadas que separam a faixa etária mais velha da mais jovem.

A história, as instituições e as estruturas típicas das diferentes nações explicam que a religião continua mais importante na Itália ou nos Estados Unidos do que na Suécia e mais importante na Turquia do que no mundo ocidental em geral. Porém, a tendência ao declínio das religiões tradicionais à medida que as gerações se sucedem e se eleva o nível de instrução aparece como algo generalizado.

Uma das vantagens de uma pesquisa como a que é analisada aqui é revelar a existência de tendências de longo prazo dissimuladas sob a espuma dos dias. A fim de frear seu declínio, a Igreja Católica realizou inovações midiáticas eficazes sob o pontificado de João Paulo II. Elas podem ter dado a impressão de um "retorno do religioso", mas sabemos muito bem que as igrejas estão vazias e que o recrutamento do clero está cada vez mais difícil, como mostra a idade média dos padres em atividade na França. Por sua vez, o sucesso dos movimentos evangélicos pode ter dado a sensação de um retorno do religioso. Isso é verdade até certo ponto, desde que se perceba que o mecanismo sociológico que explica o sucesso fulminante desse movimento – especialmente na África e na América Latina e, em menor intensidade, na América do Norte – se deve a uma inovação fundamental: a afirmação ruidosa do caráter imanente das religiões. Os rituais evangélicos dão a entender ao crente que eles conduzem à promessa de uma vida melhor não no além, mas no aqui e agora. Seu sucesso deve-se ao fato de que ele revela sem rodeios o sentido originário da religião tal como a imagina o *Deuteronômio*. Quanto ao islã, sua importância se deve, por um lado, ao fato de que ele é portador, para os povos que pertencem a essa tradição, da esperança de escapar dos regimes autoritários que os oprimem. Guardadas as devidas proporções, podemos mencionar aqui o caso da Polônia, onde a religião católica acompanhou a resistência da população contra o regime autoritário comunista resultante da Guerra Fria.

Talvez um dos sucessos de uma cantora que conheceu a glória planetária e um fim trágico, Janis Joplin, contenha uma mensagem sociologicamente profunda: *O Lord, gi'me a Porsche!* (Oh, Senhor, dê-me um Porsche!). Essa súplica expressa de uma forma imagética brutal, mas eficaz, a tendência à imanentização das religiões.

A pesquisa de Michigan demonstra, sem ambiguidade, a existência de uma tendência de longo prazo em favor da tolerância. Contudo, ela não autoriza a que esperemos o reinado da "compreensão universal". Pelo contrário, o comportamento do outro continua a ser observado e julgado em relação a uma hierarquia de critérios. As sociedades ocidentais são, finalmente, muito menos "líquidas" do que teme Zygmunt Bauman.

De modo geral, o valor da dignidade de todos os seres humanos, cuja importância foi ressaltada por Durkheim e Weber, parece ser um motor da história que funciona por toda parte. A universalidade da filosofia iluminista, portanto, não está morta. A elevação do nível de instrução e a substituição das gerações facilitam a ação do mecanismo de racionalização em dois tempos identificado pelos sociólogos. Porém, o peso da história e das diferenças institucionais e estruturais entre os países também persiste de forma incontestável. Portanto, a uniformização do mundo não é para já. Podemos esperar apenas o surgimento de convergências limitadas entre nações e o desenvolvimento da cooperação internacional.

Weber ressaltou que diversas forças históricas podem facilitar ou atrapalhar os mecanismos de racionalização. Durkheim ressaltou que o aumento da população favoreceu a divisão do trabalho que, por sua vez, favoreceu a transformação dos valores a longo prazo. As sociedades de "solidariedade orgânica", as sociedades modernas, são mais favoráveis que as sociedades tradicionais à "solidariedade automática", ao desenvolvimento do "individualismo" e ao "livre pensar"; em outras palavras, ao respeito à dignidade e aos interesses vitais do ser humano e à manifestação do espírito crítico.

É bem possível que a globalização represente uma dessas forças históricas. Talvez ela venha a mostrar-se capaz de facilitar a ação dos processos de racionalização. Como eles decorrem de dados inscritos na natureza do ser humano, têm a tendência de manifestar-se assim que as circunstâncias lhes são favoráveis.

Em uma primeira versão deste texto feita há alguns anos, eu havia ressaltado que as brincadeiras que então circulavam nos países autoritários podiam ser interpretadas como um sintoma sociológico da existência desses mecanismos. Assim, no Irã dos anos 1990 era recomendado jamais esperar um táxi perto de um mulá, pois o carro certamente não pararia. Será que as circunstâncias facilitam a satisfação da demanda por democracia demonstrada nessa brincadeira? Isso depende de contingências. Não é uma contingência que está na origem do desmoronamento da União Soviética? Ele deveu-se, antes de mais nada, à inovação de alcance histórico do governo de Ronald Reagan representada pela "Guerra na Estrelas": a *Strategic Defense Initiative.*[1] Ora, essa iniciativa poderia muito bem não ter acontecido. Ela obrigou a União Soviética a renunciar à corrida armamentista e a perder, instantaneamente, sua capacidade de intimidação junto aos outros países, que ela devia exclusivamente ao fato de ter conseguido, até então, disputar em igualdade de condições com a superpotência norte-americana no plano militar.

Portanto, a existência de processos de racionalização descritos pela sociologia clássica não implica, como esses exemplos sugerem, nenhum determinismo histórico. Nesse aspecto, essa disciplina realizou uma ruptura profunda e salutar com a ingenuidade das filosofias da história dos séculos XIX e XX.

Pode-se extrair, finalmente, uma hipótese dos dados do *World Value Survey.* A globalização tem um efeito considerável: enfraquecer o modelo do despotismo imenso e tutelar do Estado. As necessidades de cooperação em matéria de política energética ou de gestão de recursos escassos e os avanços das tecnologias de informação e de comunicação talvez sejam chamados a desempenhar um papel de facilitador dos processos de racionalização análogo ao papel que Durkheim atribuiu ao aperfeiçoamento da divisão do trabalho. Pois esses fatores resultam no enfraquecimento dos Estados-nação e no estímulo ao poder das instituições e organizações transnacionais de natureza humanitária, econômica, judicial ou comunicativa. Essas instituições e organizações transnacionais são portadoras de uma forma de controle social em grande medida inédito, esboçando o desenvolvimento de um *Recht ohne Staat*: de um "direito sem Estado". A hipótese que proponho extrair

---

1 Iniciativa de Defesa Estratégica. (N. T.)

dos dados do *World Value Survey* é que a influência delas será mais fácil quanto mais se difundir a moralidade racional que esses dados demonstram.

As teorias sociológicas que propõem a transformação das sociedades em matéria de direito, religião, moral ou política com uma visão evolucionista bem moderada merecem ser promovidas e aprimoradas. Não há dúvida, porém, de que elas representam uma das conquistas inabaláveis da sociologia. Elas oferecem instrumentos que permitem revelar a existência de tendências de longo prazo pouco visíveis, por sua própria natureza, de imediato. Elas propõem guias de leitura dos acontecimentos do dia a dia, chegando até a fornecer instrumentos de previsão. Elas vêm contrabalançar, felizmente, as análises apressadas cheias de subjetividade do ensaísmo social. Por fim, as pesquisas quantitativas representam para a sociologia um pouco o que o escâner representa para a medicina.

CAPÍTULO V

FÉ E RAZÃO:
DUAS VISÕES FRANCESAS

A filosofia do Iluminismo e a sociologia propuseram duas visões opostas das relações entre religião e modernidade. A concepção liberal contemporânea da laicidade parece dar razão à sociologia.

Duas visões das relações entre modernidade e laicidade

Podemos identificar no pensamento francês do final do século XVIII e do século XIX duas visões das relações entre laicidade e modernidade: por um lado, a que Jean-Jacques Rousseau e Augusto Comte ajudaram a elaborar; por outro, a que Tocqueville e Émile Durkheim propuseram. A primeira foi infinitamente mais influente que a segunda. Porém, a segunda parece hoje, à luz da experiência, mais correta. A primeira influenciou profundamente a concepção de laicidade posta em prática pela Terceira República. A segunda anuncia a forma de laicidade que se desenvolve atualmente no conjunto de países ocidentais. É por isso que pode ser interessante confrontá-las hoje.

Jean-Jacques Rousseau
e os filósofos do Iluminismo

Na mente de Rousseau, a célebre *Profissão de fé do vigário saboiano* talvez devesse ocupar em seu *Emílio* o lugar do sermão da montanha no Novo Testamento. Ela começa com um discurso de natureza teológica no qual Rousseau retoma, com termos novos, uma prova clássica da existência de Deus: "Se alguém me dissesse que caracteres tipográficos lançados ao acaso resultaram na *Eneida* perfeitamente ordenada eu não me dignaria a dar um passo para ir conferir essa mentira" (Rousseau, 1772, p.192). Em outras palavras, é impossível imaginar que o acaso tenha produzido os sistemas organizados que a natureza nos oferece à observação. É a hipótese do *intelligent design*,[1] diriam os conservadores norte-americanos de hoje. Assim, segundo Rousseau, longe de descartar Deus, a razão demonstra, ao contrário, sua existência. Mas a teologia do vigário saboiano o impede de ir mais longe, de especular a respeito da vontade de Deus e da natureza, ou de imaginar recursos mágicos, como a oração, que permitam ao crente mudar essa vontade. A nova religião, baseada na teologia do vigário saboiano, foi condenada pelo Parlamento e pela Sorbonne, mas inspiraria o culto revolucionário do Ser supremo.

Rousseau extraía das descobertas da ciência e especialmente das teorias de Newton a confirmação da existência de Deus: "como pode ser que existam ateus em um século tão esclarecido como o nosso?", declarou ele ao amigo Bernardin de Saint-Pierre (1967, p.30). Seus admiradores o consideravam uma pessoa profundamente religiosa. É possível percebê-lo nesta anedota, em que ele se recusa a receber um jovem admirador, amigo de Bernardin de Saint-Pierre: "Não o traga até mim", disse ele a Saint-Pierre, "ele escreveu-me uma carta em que me coloca acima de Jesus Cristo" (ibidem, p.26.). Mas os religiosos e, certamente, boa parte da população não eram da mesma opinião. Não tendo podido se encontrar com Rousseau, mas tendo tomado conhecimento de que sua tia, que o criara, continuava viva e morava perto de

---

1 Desenho inteligente. (N. T.)

Genebra, o jovem admirador foi visitá-la: "Como, cavalheiro", diz-lhe ela, "o senhor encontrou-se com ele! É verdade, então, que ele não tem religião? Nossos ministros dizem que ele é um sacrílego: como é possível? É ele que me sustenta" (ibidem).

Assim, para Rousseau, a ciência não somente não contradiz, mas confirma a existência de Deus. Ao mesmo tempo, ela desqualifica as religiões tradicionais. A consequência disso é que a modernidade impõe uma nova religião decididamente agnóstica, exceto em três aspectos: a existência de Deus, a autonomia da vontade humana e a existência de um senso moral comum a todos os homens: "consciência: instinto divino, voz imortal e celeste" (Rousseau, 1967, p.201). A importância que ele atribui ao senso moral, sua convicção de que a moral se reveste, para a humanidade, de um significado bem superior ao das ciências e das artes, tudo isso faz com que o deísmo de Rousseau seja profundamente diferente do de Voltaire. Contrário ao materialismo, Voltaire é deísta em relação à fé da razão. O deísmo de Rousseau vem acompanhado de um impulso místico. É por isso que Voltaire o considerava perigoso e arauto da intolerância.

As ideias que estimularão a fé laica da Terceira República não têm origem apenas no Rousseau de *A profissão de fé do vigário saboiano* e do capítulo final do *Contrato social* sobre a religião civil, mas também, certamente, na *Enciclopédia* de Diderot e de D'Alembert, no *Dicionário filosófico* e no *Ensaio sobre os costumes* de Voltaire ou, ainda, nos escritos de Condorcet, cuja hostilidade em relação ao catolicismo mostra-se virulenta, especialmente em sua correspondência com Voltaire, mas também nas últimas páginas que ele escreveu: as que tratam do "décimo período" do *Esboço de um quadro histórico dos progressos do espírito humano*. Porém, é principalmente por seu relatório sobre a instrução pública apresentado perante a Assembleia Legislativa, em 20 de abril de 1792, que Condorcet marcaria a história da França.

Quanto a Voltaire, ele é deísta como Rousseau, mas é, acima de tudo, um adversário feroz de todas as religiões. Seu *Ensaio sobre os costumes* descreve, ao longo de mil páginas, o pandemônio das superstições religiosas. Em nenhum momento ele se questiona acerca das causas da adesão a essas superstições de que temos prova e de que ainda dão prova os milhões de seres humanos pertencentes às mais diversas sociedades e civilizações. As obras de René Pomeau (1985-1994) descrevem com grande precisão as ambiguidades das relações de Voltaire com o fenômeno religioso.

Em suma, a mensagem dos filósofos do fim do século XVIII proclama a tolerância universal, dissocia a moral do dogma, concebe e propõe uma moral natural independente do catolicismo tradicional e, ao menos no caso de Rousseau, considera que essa moral está ancorada numa nova religião.

Augusto Comte

Outra grande figura influenciaria profundamente os políticos da Terceira República francesa: Augusto Comte. Em seu *Curso de filosofia positiva*, ele desenvolve a célebre "lei dos três estados", segundo a qual o estado positivo está destinado a suceder o estado metafísico que, por sua vez, superou o estado teológico. Em termos simples, o reino da religião está destinado a ser substituído pelo da ciência, pois: "Somente os fatos observáveis permanecem no domínio do cognoscível". A isso devemos acrescentar que, como Condorcet, Augusto Comte está convencido de que os fatos morais, sociais e políticos são da alçada do tratamento científico. É por isso que ele apresenta a moral como uma sétima ciência destinada a completar o sistema de ciências tal como foi gradativamente implantado ao longo da história, com o surgimento sucessivo das matemáticas, da astronomia, da física, da química, da biologia e, finalmente, sob o comando do próprio Augusto Comte, da sociologia. Portanto, nessa etapa do desenvolvimento do seu pensamento, Augusto Comte pensa em atribuir um fundamento racional às regras que presidem a vida social e política.

Posteriormente, dizem que influenciado pela tuberculosa Clotilde de Vaux, ele elabora outra visão das coisas em *Sistema de filosofia positiva*. Os princípios morais devem ser extraídos de uma nova religião do amor – a religião positiva –, que Comte considera uma síntese na qual a tradição cristã é apresentada revista e corrigida pelo positivismo.

Entretanto, a ruptura entre o primeiro e o segundo Comte é menos acentuada do que se diz. É verdade que a lei dos três estados postula o progresso do estado teológico ao estado metafísico e deste último ao estado positivo. Ao mesmo tempo, Comte está convencido de que a evolução conserva o passado e o deixa para trás. É por isso que ele se considera, desde o *Curso de filosofia positiva*, o continuador, não somente de Montesquieu e Condorcet, mas de Pascal, Bossuet e Bonald. Contudo, seu principal discípulo e divulgador, Émile Littré, decidiria que havia dois Augusto Comte: o primeiro era o do *Curso de filosofia positiva*, apologista da ciência, e o segundo, o do *Sistema de filosofia positiva*, o fundador da religião positivista. Deveríamos venerar o primeiro; poderíamos ignorar o segundo. Ora, é sobretudo a Émile Littré que Augusto Comte deve sua influência sobre os políticos da Terceira República, sobre Jules Ferry, em primeiro lugar (Yamashita, 1995). Influenciados por Littré, os fundadores da Terceira República consideravam o positivismo de Augusto Comte, como eles gostavam de repetir, "a mais ilustre filosofia do século" (Nicolet, 1982, p.187).

Apesar de tudo, reencontramos as ambiguidades de Augusto Comte, em certa medida, nos políticos da Terceira República. O próprio Ferdinand Buisson, que desempenhou um papel decisivo na organização do ensino primário laico da Terceira República, que foi um grande admirador de Durkheim e a quem sucedeu na Sorbonne, baniu as rezas coletivas em sala de aula, mas recomendou aos professores que sugerissem o estudo delas aos alunos, pois via nelas a demonstração das elevadas aspirações da alma (Darcos, 2006).

Foi durante o ministério de Émile Combes que a estátua de Augusto Comte foi colocada, de costas, diante da fachada da capela da Sorbonne. Talvez tenha sido a interpretação de Comte sugerida por Littré que se desejava, com isso, exaltar.

Resumindo: sob a influência do Comte de Littré sobre os políticos da Terceira República nasceu a ideia de uma religião republicana – de uma religião que substituiria a religião tradicional, de uma religião secular que atribuiria um lugar fundamental ao saber científico e a uma organização da vida moral, social e política inspirada pelo desenvolvimento das ciências.

Desconfio que o emprego surpreendente da palavra "república" na França dos anos 2010, tomado não para descrever uma forma de organização política da sociedade, mas como um conceito moral que sintetiza um conjunto de valores, é uma reminiscência distante dessa história. No fundo, existe por trás desse uso da palavra república – tão difundido na França quanto é difícil explicá-lo a um estrangeiro – uma espécie de eco da religião civil de Rousseau.

Tocqueville observou que desde o século XVIII os intelectuais tiveram uma influência excepcional na França, tendo dedicado páginas memoráveis a esse tema. Como as fontes tradicionais de autoridade perderam grande parte de sua influência, foram os "filósofos" que assumiram o papel que coubera no passado às autoridades religiosas e políticas. Ao escrever essas páginas, Tocqueville pensou certamente em Condorcet, Diderot, Voltaire e Rousseau, mas provavelmente também em seus contemporâneos Augusto Comte e Émile Littré.

Será que Tocqueville e Comte se conheceram? Não sabemos. Não é impossível que tenham se cruzado no Institut de France, já que Comte costumava aparecer ali para se encontrar com seu protetor Ampère. É pouco provável, porém, que tenha se estabelecido um contato entre eles, dada a enorme diferença de personalidade.

A segunda visão: Alexis de Tocqueville

Na verdade, Alexis de Tocqueville é apenas sete anos mais moço que Augusto Comte e quatro que Émile Littré. Enquanto, porém, Augusto Comte passa hoje a impressão, em parte injustificada, de ter ficado ultrapassado após ter exercido uma enorme influência, Tocqueville, que nunca influenciou muito a vida política francesa, nos dá a impressão de ser nosso contemporâneo, especialmente porque ele tem uma visão totalmente diversa das relações entre religião, modernidade e laicidade.

Segundo Tocqueville, o princípio de que todos os homens têm a mesma dignidade – um princípio que o cristianismo ajudou a afirmar – era chamado a implantar a ideia de que cada um está habilitado a julgar todas as coisas por si só. Essa ideia daria origem mais tarde ao conceito de "razão". Ela favoreceu, assim que as circunstâncias o permitiram, uma atitude crítica em relação às Escrituras. A crítica de Lutero, o direito que ele concede ao crente de interpretar os textos sagrados, a abolição que ele preconiza da distinção entre clérigos e leigos representam, segundo Tocqueville, uma etapa fundamental desse processo. O pensamento de Descartes representa outra. Com Descartes, a razão instalou-se com toda a majestade, embora não reine com exclusividade em sua mente. Como lembra Hannah Arendt (1972), Descartes invoca regularmente a Virgem Maria. Com Voltaire, finalmente o domínio de competência da razão se estende, sem nenhuma restrição, a todas as ideias concebidas pelo homem.

Tocqueville identifica, assim, uma causa essencial do sucesso do cristianismo, a saber, que ele responde a uma exigência de reconhecimento da dignidade de cada um e de seu direito de decidir sozinho. Ele explica que o cristianismo prevaleceu facilmente sobre as religiões locais que se espalhavam pelo Império Romano porque a religião cristã só evoca temas gerais, sem relação com qualquer contexto sociopolítico específico. Ela trata do homem, de seus direitos e deveres, de suas relações com os semelhantes, sem fazer referência a qualquer contexto local. Portanto, ela podia se espalhar, e isso com uma facilidade ainda maior uma vez que o "estado social" do Império Romano introduzia certa forma de igualdade sob a forma da igualdade de todos debaixo da autoridade do imperador. Ao mesmo tempo, Tocqueville identifica na causa primeira do sucesso do cristianismo o prenúncio de seu declínio: ao favorecer a ideia de que todos tinham a mesma dignidade, o cristianismo estimulava cada um a julgar a veracidade das Escrituras com a ajuda da razão. Muito antes de outros, Tocqueville tinha compreendido que o cristianismo é "a religião da saída da religião", segundo a expressão de Marcel Gauchet.

Durkheim deveria retomar, depois de Tocqueville, uma análise próxima da sua: "O individualismo", escreve Durkheim, "[...] é um fenômeno que não começa em lugar nenhum, mas que se desenvolve sem interrupção ao longo da história" (Durkheim, 1893, referência à reedição de 1967, p.146). Em outras palavras, a preocupação de ver reconhecidas a igualdade e a dignidade de todos os indivíduos é típica da natureza humana. O cristianismo reconheceu e expressou essa preocupação. Ele lhe deu um fundamento e, consequentemente, avivou-a.

Conforme Tocqueville, é a mesma causa que explica o sucesso de todas as grandes religiões. Segundo ele, o mesmo mecanismo explica a expansão fulminante do islã: essa outra religião partilha com o cristianismo a característica de tratar exclusivamente do homem, das relações entre os homens e das relações dos homens com Deus, sem fazer muita referência a nenhum contexto específico. Nesse sentido, ela também se encontra deslocada, podendo ser pregada em qualquer contexto étnico ou cultural. É por isso que o islã se espalhou tão rapidamente, explica Tocqueville.

Tocqueville, porém, ressalta uma diferença profunda entre o islã e o cristianismo, a saber, que se o fato de a mensagem do islã ter se limitado ao homem, a seus direitos e a seus deveres facilitou sua rápida expansão, por outro lado essa mesma mensagem impediu a evolução do mundo islâmico ao fazer com que dependa da revelação não somente a interpretação do mundo, mas as leis e a organização do Estado: "Maomé fez descer do Céu e colocou no *Corão* não apenas doutrinas religiosas, mas máximas políticas, leis civis e criminais, além de teorias científicas" (Tocqueville, 1857, referência à reedição de 2004, p.443). Tocqueville dá a entender que isso oneraria consideravelmente o futuro das sociedades islâmicas. Já o Novo Testamento evitou legislar em assuntos relevantes do universo político. Pelo contrário, os evangelhos insistem na importância de "dar a César o que é de César e a Deus o que é de Deus".

Tocqueville apresenta um terceiro exemplo do mesmo processo: o da Revolução Francesa. Suas ideias espalharam-se como um rastilho de pólvora porque elas faziam abstração de qualquer contexto nacional ou cultural específico. A Revolução Francesa é comparável a uma religião, ele assinala, na medida em que transmite ideias gerais sobre os direitos e deveres dos homens uns em relação aos outros, podendo aplicar-se a qualquer contexto específico. "A Revolução Francesa procedeu [...] do mesmo modo que as revoluções religiosas [...]: ela considerou o cidadão de forma abstrata, fora de todas as sociedades específicas, do mesmo modo que as religiões consideram o homem em geral" (ibidem, p.62).

Contudo, se Tocqueville atribui o sucesso das ideias da Revolução a causas idênticas às que explicam o sucesso do cristianismo, ele não crê que a modernidade possa oferecer um terreno favorável à implantação de qualquer religião nova. De fato, o individualismo e o espírito de livre exame estão desenvolvidos demais nas sociedades modernas para que seja possível a implantação de uma nova religião. As "crenças dogmáticas", isto é, as crenças religiosas que se manifestam nas sociedades modernas estão destinadas a depender mais da opinião que da convicção. Só se impõem aquelas que expressam a dignidade de cada indivíduo: aquelas que afirmam a igualdade de todos os homens.

Diferentemente dos filósofos do século XVIII e de Augusto Comte, diferentemente dos políticos da Terceira República, que também acreditavam, de forma marginal, no desenvolvimento de uma religião secular, Tocqueville não acredita, portanto, que tal processo seja possível. A implantação de novas "crenças dogmáticas" que tenham a pretensão de visar ao consenso é por demais contraditória com a afirmação do direito de cada um de julgar tudo por si próprio. Porém – e esta é mais uma diferença importante entre Tocqueville, de um lado, e Rousseau, Comte e seus discípulos, de outro –, Tocqueville está longe de proclamar a extinção das religiões tradicionais. Ele se mostra, nesse caso, de uma perspicácia admirável, evitando completamente as extrapolações dos filósofos do século XVIII e dos positivistas.

Segundo Tocqueville, as religiões tradicionais são chamadas a subsistir nas sociedades modernas primeiramente porque crenças comuns são necessárias para a vida em sociedade e para a condução da vida de cada um: em razão da "utilidade social da religião"; depois, porque nenhuma religião nova conseguiria ocupar o lugar das religiões tradicionais. Tocqueville, porém, não se contenta com essa explicação da função da religião. Com um dedicado espírito científico, ele percebe muito bem que a função não pode ser considerada, sem frivolidade, como suficiente para criar o órgão.

Na verdade, as religiões tradicionais são chamadas a subsistir por uma razão mais profunda. Na base do sentimento religioso,

Tocqueville põe, efetivamente, um dado de realidade, que um sociólogo das religiões contemporâneo (Luckmann, 1991) denomina de "transcendência do homem", designando assim o fato de que o homem se diferencia das outras espécies animais porque suas ações lhe são inspiradas por valores: pela ideia que ele faz do bem, do mal, do verdadeiro ou do legítimo.

Tocqueville não faz uma análise detalhada, como a que Durkheim (1912) fará depois. Mas ele sugere explicitamente que todas as religiões têm em comum o fato de ser uma lição sobre a imortalidade da alma: "A maioria das religiões não passa de formas genéricas, simples e práticas de ensinar aos homens a respeito da imortalidade da alma" (Tocqueville, 1840, referência à reedição de 1986, p.527). Tocqueville sabe muito bem que a imortalidade da alma não passa de uma metáfora. Sabe também que as metáforas que se instalam solidamente, como é o caso da "alma" e da "imortalidade da alma", longe de serem produtos de ilusão, devem ser tratadas como uma forma de entender de maneira simbólica uma realidade de fato.

Em linguagem moderna, a metáfora da alma penetrou na mente dos indivíduos que pertencem às mais diferentes sociedades porque ela transmite a ideia de que o homem é um ser que age inspirado por valores. Como Durkheim depois dele, Tocqueville percebe muito bem que, como o conceito de imortalidade da alma é simbólico e, por causa disso, ligado de forma arbitrária à ideia concretizada por ele, isso explica que essa ideia seja expressa de forma diversa nas diferentes religiões. Tocqueville sugere, pois, que consideremos a imortalidade da alma e a doutrina indiana da reencarnação, a metempsicose, como duas expressões simbólicas, nesse aspecto "simples e práticas", da mesma ideia. Ele certamente estava consciente do efeito escandaloso que poderia provocar nas mentes cristãs da época a ideia de que se poderia comparar a doutrina da imortalidade da alma com a da reencarnação. Aparentemente orgulhoso da veracidade sociológica dessa comparação, ele não se furtou a mencioná-la. Porém, percebendo que ela parecia uma heresia, ele o fez de forma bem-humorada: "se fosse absolutamente necessário que uma democracia optasse entre as duas, eu não hesitaria, e julgaria que seus cidadãos correm menos risco de se desesperar pensando que sua alma passará para o corpo de um porco do que em acreditar que ela não é nada" (ibidem).

Em suma, a impossibilidade de desenvolver uma religião secular compatível com a modernidade e com a inevitável diversidade das manifestações simbólicas de religiosidade tem como consequência, segundo Tocqueville, a persistência das grandes religiões tradicionais.

Tocqueville não imagina, portanto, que a erosão das "crenças dogmáticas", das crenças religiosas, deva acarretar o desaparecimento das religiões tradicionais. Contudo, ele anuncia seu esfacelamento como resultado da modernidade. De fato, na época da igualdade, as "crenças dogmáticas" compartilhadas fragilizaram-se; tendemos a considerá-las e a vivenciá-las como opiniões que não pensaríamos em impor aos outros. Elas sofrem de uma parcela de dúvida e de arbítrio. Em uma palavra, Tocqueville previu corretamente os fenômenos de desencantamento, secularização e laicização que caracterizam a evolução das religiões modernas. Ele antecipou o fenômeno duplo da persistência das grandes religiões tradicionais e do esfacelamento das crenças religiosas como resultado da modernidade. Previu também a tendência dessas crenças à imanentização.

É verdade que, em *A democracia na América* (de 1840), ele insiste bastante no fato de que a religião cristã continua muito enraizada nos Estados Unidos. Observa, porém, que ela é vista pelos crentes como uma promessa de vida longa e de felicidade na Terra mais que felicidade após a morte. É por isso que o protestantismo norte-americano combina tanto, explica ele, com o materialismo e o utilitarismo ambientes. A análise de conteúdo mais superficial dos sermões dos pastores evangélicos de hoje confirma a precisão duradoura dessa análise: eles descrevem a fé em Jesus como uma promessa de realização dos desejos mais prosaicos.

A segunda visão: Émile Durkheim

Tocqueville dá uma explicação da religiosidade que lembra, por antecipação, a interpretação que será feita por Durkheim. Nascido em

1858, um ano depois da morte de Augusto Comte, o jovem Durkheim mergulha numa atmosfera positivista que impregnará sua obra, embora ele tenha se afastado bastante de Comte, guardando apenas sua intuição segundo a qual a explicação dos fenômenos sociais depende de uma ciência que obedeça aos mesmos princípios que as outras. Quanto a seus trabalhos sobre as relações entre religião e modernidade, eles são, em aspectos essenciais, próximos aos de Tocqueville. De todo modo, é importante examiná-los mais detidamente. Por um lado, porque são mais analíticos e mais sistemáticos; por outro, porque sua importância tende a ser subestimada hoje devido ao fato de que boa parte dos dados nos quais ele se baseou estão ultrapassados e tornaram obsoletas algumas de suas análises. Isso, porém, não deve ocultar o avanço científico que elas representam. Vou interessar-me exclusivamente aqui por sua explicação da origem, da universalidade e da atemporalidade do conceito de "alma".

Para Durkheim, a crença na alma é uma crença universal que assume nomes diferentes: *mana* entre os melanésios, *orenda* entre os iroqueses e "alma" entre os cristãos. Por que essa crença é universal? Porque a alma existe, no sentido de que ela transmite um dado da realidade, a saber, que o homem é um ser que tem o senso do bem e do mal e, em geral, um senso de valores: que tem a impressão de que os valores se impõem a ele, que eles têm a vocação de ser compartilhados pelos outros, que eles lhe são ao mesmo tempo externos e internos, profundamente constitutivos de seu ego e, ao mesmo tempo, com uma origem externa a ele. Em consequência dessa combinação de exterioridade e profunda intimidade com o ego, eles criam em sua mente a ideia de um duplo imortal: a ideia da alma, cuja tradução simbólica varia de acordo com as sociedades e as circunstâncias.

Portanto, assim como Tocqueville, Durkheim considera que o senso de valores que caracteriza o ser humano é a base do conceito de alma e do princípio de igual dignidade de todos. Ainda como Tocqueville, ele ressalta que esse princípio é impreciso e, consequentemente, sujeito à interpretação e à variação no tempo e no espaço, mas destinado a ocupar um lugar cada vez mais garantido nas sociedades modernas.

Durkheim é tão agnóstico quanto Tocqueville, mas sente somente desprezo por aqueles que ignoram a importância das religiões tradicionais nas sociedades modernas. Ele rejeita violentamente aqueles que querem enxergar no "católico esclarecido de hoje uma espécie de selvagem retardado" (Durkheim, 1912, referência à reedição de 1979, p.460). Nesse caso, Durkheim com certeza está pensando em algumas eminências políticas de seu tempo.

Porém, se a análise sociológica do conceito de alma assemelha-se à de Tocqueville, ela se apresenta com uma argumentação mais metódica. Durkheim revela ali a preocupação de demonstrar a superioridade de sua teoria em relação às teorias disponíveis de seu tempo sobre o assunto. É importante nos determos um pouco, pois a teoria da alma de Durkheim é certamente, com sua análise das crenças mágicas, uma de suas contribuições mais espetaculares para a sociologia da religião.

A etnografia demonstrou que diversas passagens de *As formas elementares da vida religiosa* se baseiam em informações consideradas agora insuficientes. Esse veredicto aplica-se, por exemplo, à sua análise do totemismo, porém não se refere, de maneira nenhuma, a outras análises, como a das origens do conceito de alma ou da razão de ser das crenças mágicas.

Teoria sobre a origem e o significado do conceito de alma

Não discutirei minuciosamente as críticas que Durkheim (1912, referência à edição de 1979) apresenta a respeito das teorias da alma que ele rejeita, exceto para ressaltar que de acordo com seus princípios metodológicos, ele as recusa de maneira categórica porque elas transformam a crença na existência da alma numa "alucinação" – uma "ilusão", diríamos nós – cuja adesão do crente não somos capazes de compreender. Por exemplo, por que o crente deveria supor – como afirma uma teoria defendida pela antropologia da época de Durkheim, especialmente por Max Müller e que já se percebe em Voltaire antes de encontrá-la em Nietzsche – que a alma é um duplo do sujeito cuja existência lhe seria revelada em sonho? "A ideia da alma teria sido sugerida ao homem pelo espetáculo, mal compreendido, da vida dupla que ele normalmente leva, por um lado quando se encontra desperto e, por outro, durante o sono" (ibidem, p.70).

Segundo Durkheim, não podemos aceitar esse modo de ver por diversas razões. Primeiramente, pela razão geral de que não se pode admitir que a mente humana esteja sujeita a ilusões permanentes; mas também por razões mais específicas, como a da frágil coerência da analogia formulada pela teoria em questão. De fato, a alma é, sim, um duplo do sujeito, porém, diferentemente do sonho, ela nunca é descrita como sendo capaz de voltar no tempo: pelo contrário, ela é sempre concebida como estritamente contemporânea do sujeito. A alma também não pode ser comparada a um espírito, uma vez que o espírito é sempre concebido como encarnado em um sujeito individual.

O postulado geral que sustenta todo o trabalho de Durkheim em *Formas elementares da vida religiosa* transparece tanto nessa análise quanto em todas as outras, em especial na da origem das crenças mágicas. Ao mesmo tempo, Durkheim deixa claro: a mente humana não só não poderia ficar permanentemente sujeita à ilusão, mas ela tende mesmo a recusar as analogias duvidosas. Metáforas ruins e analogias claudicantes não poderiam ser selecionadas permanentemente e, consequentemente, estar na origem do conceito de alma.

É esse postulado que permite a Durkheim concluir que, como a aproximação entre o conceito de alma e o sonho é questionável, este último não poderia explicar a perenidade do conceito de alma: a analogia parece-nos deslocada do mesmo modo que parece deslocada para qualquer crente, do melanésio que acredita cegamente na realidade do *mana* ao cristão que não tem nenhuma dúvida da existência da alma.

Entretanto, não seria possível ignorar a estreita ligação que existe entre o sujeito e sua alma: "[...] por mais que essa dualidade seja real, ela não tem nada de absoluto. Seria um equívoco representar o corpo como uma espécie de *habitat* em que a alma reside, mas com o qual ela só tem relações externas. Muito pelo contrário, ela está unida a ele por laços estreitíssimos, só podendo ser separada dele de maneira difícil e imperfeita [...] toda ferida do corpo estende-se até a alma" (ibidem, p.347).

Em suma, para Durkheim, uma explicação cientificamente aceitável do conceito de alma pressupõe, primeiramente, que sejam ressaltadas as características comuns do conceito para além de suas variações de um contexto para outro. Esses traços comuns são os seguintes: a alma está encarnada em um indivíduo; ela é um duplo do indivíduo; ela é imaterial; é contemporânea do indivíduo, pelo menos enquanto ele estiver vivo; inúmeras religiões consideram-na imortal, seja porque ela sobrevive ao indivíduo, seja porque reencarna em outro indivíduo. Naturalmente, também é preciso explicar o fato de que o conceito de alma aparece, sob formas variadas, em todas as religiões: "Assim como não se conhece nenhuma sociedade sem religião, também não existe, por mais grosseira que seja sua organização, uma sociedade em que não se encontre todo um sistema de representações coletivas que se refira à alma, à sua origem e ao seu destino" (ibidem, p.343).

Por fim, Durkheim propõe a seguinte solução para o enigma da universalidade do conceito de alma: considerando-se as características geralmente associadas a esse conceito, a alma simboliza o quê? Resposta: a alma simboliza a dualidade do indivíduo: por um lado, ser singular, individualidade que obedece a motivações egoístas; por outro, membro de uma comunidade moral convidado a conter suas paixões, a perseguir valores e objetivos passíveis de serem aprovados pelos outros, mesmo que contrariem seus interesses. É pelo fato de exprimir a dualidade do indivíduo que a alma está intimamente ligada ao corpo. Durkheim não se refere aqui à glândula pineal de Descartes, embora lembre que o esforço para localizar a alma no corpo é uma constante:

> Considera-se que algumas regiões e alguns produtos do organismo têm uma afinidade especial com ela: o coração, a respiração, a placenta, o sangue, a silhueta, o fígado, a gordura do fígado, os rins etc. Esses diversos substratos materiais não são, para a alma, simples *habitat*; eles são a própria alma vista de fora. Quando o sangue se esvai, a alma vai junto com ele. A alma não está na respiração: ela é a respiração. (ibidem, p.347-8)

A teoria de Durkheim permite, assim, compreender os "traços característicos" (ibidem, p.356) do conceito de alma, como o fato de a alma ser comumente concebida como imortal, de ser sempre descrita como encarnada, de manter relações complexas com o corpo ou de ser concebida, simultaneamente, como o ser mesmo do indivíduo no que ele tem de mais profundo e como externa a ele: "Hoje, como outrora, a alma é, por um lado, o que existe de melhor e mais profundo em nós mesmos, a parte admirável do nosso ser; e, no entanto, ela também é um hóspede de passagem que nos chegou de fora, que vive em nós uma existência distinta da do corpo, e que deve retomar um dia sua independência completa" (ibidem, p.356).

Segundo Durkheim, a ideia da alma deve ser analisada de uma vez por todas como a tradução simbólica de uma realidade, a saber, a consciência moral do indivíduo: "[...] a consciência moral da qual o homem comum só se fez uma representação um pouco distinta com a ajuda dos símbolos religiosos" (ibidem, p.302).

No entanto, é preciso relativizar. A teoria da alma de Durkheim explica de maneira consistente que o conceito de alma tomou conta do mundo ocidental e que ele demonstra uma solidez particular diante das pesquisas, no sentido de que ele é o único a escapar da perda tendencial de credibilidade dos outros grandes conceitos religiosos como Deus, Diabo, Céu ou Inferno. Porém, é preciso concordar com Evans-Pritchard (1965) que Durkheim exagera ao defender que o conceito de alma está presente em todas as religiões, inclusive nas religiões primitivas. Em todo caso, nada permite afirmar, como ele o faz, que conceitos como o conceito melanésio do *mana* e o conceito iroquês da *orenda* tenham o mesmo significado que o conceito de alma. O conceito de *baraka* também sugere a ideia de um ser externo que habitaria o espírito do indivíduo, mas parece que ele tem um sentido diferente do conceito de alma. Nesse caso, portanto, Durkheim apresenta uma hipótese frágil. Porém, se aceitamos que sua análise oferece uma explicação do sentido do conceito de alma no Ocidente, sua teoria demonstra uma consistência exemplar.

Durkheim tornou sua hipótese ainda mais ousada quando a associou à ideia da dualidade do indivíduo – por um lado, ser biológico sujeito a suas paixões, suas necessidades e seus instintos; por outro, ser social possuído por valores que ele tem consciência de não ter criado – a noção de coerção por parte da "sociedade" sobre o indivíduo, até mesmo de veneração da sociedade por parte do indivíduo. Infelizmente, é essa fórmula grosseira que os manuais tendem a reter.

O ascetismo

Segundo Durkheim, o ascetismo e as práticas de jejum explicam-se da mesma maneira que o conceito de alma: trata-se, para o indivíduo, de demonstrar sua capacidade de se esquivar de suas necessidades biológicas e de ultrapassar suas motivações egoístas. De modo geral, aderir a proibições significa, para o indivíduo, reconhecer a dualidade do seu ser, uma hipótese confirmada pela sociologia da religião contemporânea (Luckmann, 1991, p.444-5):

> Perante esses fatos, é possível compreender o que é o ascetismo, que lugar ele ocupa na vida religiosa e de onde vêm as virtudes que lhe foram atribuídas de forma bastante regular. Na verdade, não existe proibição cuja observação não tenha, em algum grau, uma natureza ascética. Abster-se de uma coisa que pode ser útil ou de uma forma de atividade que, por ser costumeira, deve corresponder a uma necessidade humana é, obrigatoriamente, impor-se dificuldades e renúncias. Portanto, para que exista ascetismo propriamente dito, basta que essas práticas se desenvolvam de modo a se tornarem a base de um verdadeiro sistema de vida [...] As virtudes especiais que ele supostamente confere não passam de uma forma amplificada daquelas que confere, em menor grau, a prática de qualquer proibição.

Vemos transparecer, aqui também, os princípios metodológicos gerais de Durkheim: a privação faz sentido para o indivíduo; ela demonstra seu reconhecimento da existência de proibições, as quais expressam simbolicamente a dualidade de seu ser e seu pertencimento ao mundo sagrado, ao lado de seu pertencimento ao mundo profano. O indivíduo pratica o ascetismo porque tem razões para praticá-lo. Desse modo, a teoria de Durkheim permite compreender que toda religião contém proibições e que ela tem uma dimensão ascética. A variedade infinita de proibições concretas relatadas pela etnografia resulta do arbitrário que liga todo símbolo à realidade que ele expressa. Ela não deve nos fazer esquecer o caráter universal dessa realidade.

Por que a dualidade do indivíduo se exprime de forma simbólica? A resposta de Durkheim baseia-se na hipótese de que, quando determinadas realidades, por sua própria natureza, só podem ser percebidas de maneira confusa, elas normalmente se expressam de forma simbólica: "[...] as realidades a que ele [o pensamento religioso] corresponde só conseguem se expressar [...] religiosamente se a imaginação transfigurá-las" (ibidem, p.544).

Quanto aos símbolos em si, embora arbitrários, eles são tomados de empréstimo do contexto, uma condição necessária para que toquem o crente. Como diz Max Scheler (1955), "os deuses gregos lembram a imagem do ateniense culto, os deuses germânicos lembram os guerreiros francos e o deus do islã lembra o xeique guerreiro no deserto". Do mesmo modo, do ponto de vista de Durkheim o totemismo pega emprestado seus símbolos do contexto, e os símbolos estão incorporados numa teoria, no caso uma teoria que afirma a identidade do homem com o animal (ibidem, p.337).

Arte e religião

A existência de realidades dificilmente exprimíveis de forma conceitual também inspira a Durkheim textos importantes sobre a arte, cuja função, segundo ele, é justamente exprimir essas realidades. É por isso que ele faz da arte uma atividade oriunda diretamente da religião: na verdade, a arte tem a capacidade de exprimir realidades confusas que o pensamento discursivo é incapaz de exprimir. Trata-se de uma hipótese cuja importância para a sociologia da arte não pode ser exagerada. Por exemplo, retiramos dela o corolário que a música denominada significativamente "superior" é aquela que evoca realidades metafísicas ou religiosas: de fato, é aí que se encontra o traço comum, para além das diferenças, entre Bach, Beethoven, Mahler e outros nomes importantes da música. Shostakovitch e Messiaen parecem ter sido os últimos a ter alcançado até agora o estatuto de "clássicos" pelas mesmas razões: porque, por meio de suas invenções sonoras, um conseguiu evocar os sentimentos lúgubres despertados pela vida cinzenta nos regimes opressivos, o outro as emoções espirituais induzidas pelos ruídos e sons da natureza. Ao mesmo tempo, afirma ainda Durkheim, a expressão de ideias abstratas, complexas e que correspondem a realidades confusas sob a forma de "objetos simbólicos" facilita e até mesmo torna possível a comunicação.

Outro tema importante de Durkheim em *Formas elementares da vida religiosa* é que as filosofias tentam exprimir, de forma discursiva, realidades que as religiões descrevem de forma mítica e simbólica. Desse modo, a "razão prática" de Kant exprime a ideia de que não se pode considerar que o sujeito social seja movido exclusivamente por razões utilitárias, mas que ele também é guiado pela preocupação de demonstrar comportamentos que possam acarretar a aprovação ou a desaprovação do outro. Portanto, a "razão" kantiana nada mais faz que retraduzir o conceito religioso de alma na linguagem da filosofia. Tanto uma quanto outra exprimem uma realidade não ilusória. É por isso que a mesma realidade também pode ser descrita na linguagem científica, a da sociologia.

Nesse aspecto, Durkheim vai ainda mais longe que Tocqueville: "[...] a tarefa das religiões mais avançadas e da filosofia limitou-se mais ou menos a depurar [o conceito de alma], sem acrescentar nada de verdadeiramente fundamental" (ibidem, p.344).

Contudo, o aspecto essencial a ser ressaltado é, mais uma vez, que a alma é uma categoria que, como o tempo ou o espaço, exprime uma realidade, uma realidade impessoal da qual o indivíduo não pode deixar de participar.

Embora nossa consciência moral faça parte da nossa consciência, não nos sentimos no mesmo nível dela. Nessa voz, que só se faz ouvir para nos dar ordens e nos punir, não podemos reconhecer nossa voz; o próprio tom com que ela se dirige a nós nos adverte de que ela exprime em nós algo diverso de nós. Eis o que existe de objetivo na ideia de alma: é que as representações cuja trama constitui nossa vida interior são de duas espécies diferentes e irredutíveis uma à outra. Umas dizem respeito ao mundo exterior e material; as outras, a um mundo ideal ao qual atribuímos uma superioridade moral em relação ao primeiro. Portanto, somos realmente feitos de dois seres que são orientados em sentidos divergentes e quase opostos, e dos quais um exerce o verdadeiro predomínio. (ibidem, p.377)

O sagrado e o profano não devem ser concebidos como conceitos contrários ou contraditórios, como o branco e o preto ou o verdadeiro e o falso, mas como descrições de realidades distintas.

Em linguagem moderna, a alma é a tradução simbólica do "senso de valores", esses valores que fazem do indivíduo uma "pessoa". Pois uma pessoa é, para falar de maneira simples, um indivíduo provido de alma. É graças à intermediação do conceito de alma que os conceitos de pessoa e de personalidade foram introduzidos na esfera religiosa (ibidem, p.422-3).

Durkheim concorda, nesse aspecto, com a *Filosofia do dinheiro*, de Simmel (1900): os conceitos de alma e de pessoa são traduções simbólicas da afirmação da dignidade do indivíduo enquanto indivíduo, essa dignidade que resulta do fato de que cada indivíduo participa do reino dos valores.

É útil acrescentar aqui uma nota de rodapé: optei por apresentar o pensamento de Durkheim utilizando a palavra "valor" no sentido moral que se tornou familiar desde o período entreguerras, sob a influência do pensamento de Nietzsche. Durkheim certamente não teria compreendido essa palavra no sentido em que a tomamos normalmente, pois quando ela não era sinônimo de "coragem" ("Mas às pessoas bem nascidas / A coragem não espera a passagem dos anos"), tinha apenas, no seu tempo, um significado econômico. Entretanto, a utilização da palavra "valor" no sentido contemporâneo permite apresentar o pensamento de Durkheim mais claramente que seu linguajar, às vezes, inadequado.

A segunda visão confirmada

A teoria de Tocqueville-Durkheim é amplamente confirmada, podemos acrescentar, pelos dados das pesquisas contemporâneas mais confiáveis. Quando comparamos os sentimentos religiosos das gerações atuais, observamos as mesmas tendências em todos os países ocidentais: a imagem de Deus torna-se cada vez mais vaga e impessoal de uma geração a outra; muitos elementos do dogma cristão são tratados com um ceticismo cada vez maior, como a existência do Céu, do Inferno ou do Diabo; as pessoas sentem-se atraídas pelas religiões orientais, porque elas prometem a felicidade aqui na Terra em vez de na vida eterna, porque têm uma natureza mais moral que dogmática e porque atribuem um espaço limitado ao sobrenatural. Percebemos, por meio dessas pesquisas, a realização das previsões de Tocqueville. As crenças religiosas tendem a assumir o caráter de opiniões mais que de convicções; elas são compostas de elementos heterogêneos; são consideradas de natureza pessoal; temos a tendência de considerar que todas as grandes religiões são válidas; de reter, sobretudo, seus aspectos morais; de aceitar somente aquilo que a razão pode admitir: em todo caso, o que não pareça incompatível com os dados científicos.

O sucesso alcançado pelas versões evangélicas do cristianismo na África e na América do Sul também se explica a partir da teoria de Tocqueville. Robin Horton (1993), um grande autor, mostrou que o crescimento impressionante do cristianismo nos países da África negra anglófona explica-se pelo fato de que as religiões animistas já não dizem muito ao africano que deixa sua aldeia para emigrar rumo ao caos das grandes cidades. A doutrina cristã da salvação lhe parece muito mais convincente, pois ela se encontra bem mais distante de qualquer contexto local. O animismo só subsiste em sua mente sob a forma de receitas mágicas que permitem solucionar os mil e um problemas da vida diária, pois o cristianismo lhe parece de pouca valia nesses casos.

Quanto ao sucesso no Ocidente das manifestações midiáticas organizadas em torno do chefe da Igreja Romana – como as Jornadas Mundiais da Juventude (JMJ) cristã –, elas certamente ilustram a hipótese de Durkheim segundo a qual as cerimônias religiosas têm um papel integrador. Porém, ele não teria visto contradição com o fato de as igrejas do mundo ocidental estarem se esvaziando, pois os rituais tradicionais pressupõem uma adesão do crente a uma "teoria" religiosa articulada, enquanto as JMJ reúnem os crentes em torno de uma concepção vaga do cristianismo. Segundo os questionários das pesquisas, a prática religiosa continua mais observada nos Estados Unidos do que na Europa. De todo modo, algumas pesquisas de campo revelam que a prática real é muito inferior à prática declarada. Como na Europa, são sobretudo as cerimônias de natureza midiática que dão a impressão de um "retorno do religioso".

Por fim, a teoria esboçada por Tocqueville e explicitada por Durkheim a respeito da relação entre religião e modernidade revela-se mais correta em vista da pesquisa que as de Rousseau e de Comte. Ela explica de forma mais precisa as transformações tendenciais que ocorrem sob nossos olhos. Ao mesmo tempo, é forçoso constatar que ela teve menos influência sobre os políticos da Terceira República – se é que teve alguma. A segunda *Democracia na América*, em que Tocqueville desenvolve, entre outros temas, suas ideias acerca das transformações tendenciais que caracterizam as crenças religiosas sob o regime da modernidade, também não foi muito bem-sucedida, nem quando ele estava vivo nem mais tarde. A obra de Durkheim é considerada normalmente com um olhar condescendente ou indiferente exceto pelos sociólogos, mesmo assim nem todos e somente há algumas décadas. Em sua época, os textos de Durkheim sobre a história da educação tiveram certa influência sobre os políticos da Terceira República, mas parece que suas pesquisas em matéria de sociologia da religião não tiveram muita influência, exceto em agentes próximos dele como Ferdinand Buisson.

As teorias de Tocqueville e de Durkheim não são apenas corretas; elas explicam a evolução que constatamos hoje em matéria de laicidade em todos os países ocidentais. Pois, se a palavra laicidade não tem uma tradução precisa, por exemplo, em alemão ou em inglês, os conceitos de *secularisation*, em inglês, e *Sekularisation*, em alemão, abrangem amplamente o conceito francês de *laïcité* (laicidade). A história dos países ocidentais moldou sua concepção de laicidade. No caso da França, os historiadores ressaltam o papel desempenhado em relação a isso por Felipe, o Belo, depois pelo galicanismo, uma palavra que aparece pela primeira vez no dicionário de Littré para designar uma realidade que remontava a dois séculos antes.

Contudo, foram evidentemente a "filosofia" do século XVIII, as convulsões da Revolução Francesa e o positivismo que revestiram, antes de mais nada, a concepção francesa de laicidade. Como resultado de sua história, alguns países, como a Inglaterra hoje em dia ou a Suécia até um passado bem recente, reconhecem uma religião de Estado; outros não, como a França e os Estados Unidos. Em suma, existem diversas maneiras de pôr em prática os princípios de laicidade, e seu encaminhamento foi influenciado pelas contingências das histórias nacionais. Porém, esses princípios são idênticos em todos os países ocidentais. Do mesmo modo, há diversas maneiras de organizar a separação dos poderes. Essa organização não é a mesma na França, na Inglaterra, na Alemanha e nos Estados Unidos. Porém, por trás da diversidade de instituições, percebem-se os mesmos princípios.

De fato, todos os países ocidentais reconhecem o caráter imprescritível da separação entre os poderes espiritual e temporal. Desse ponto de vista, os Evangelhos foram pioneiros, já que recomendam "dar a César o que é de César, e a Deus o que é de Deus". Além disso, todos os países ocidentais, além de outros, sentem as transformações tendenciais que Tocqueville e Durkheim anteciparam. Em especial, constata-se muito bem, se não o "retorno do religioso" evocado com excessiva facilidade, ao menos uma resistência indiscutível das religiões tradicionais e uma tendência à imanentização das crenças religiosas.

A laicidade liberal

Tratando-se da evolução recente das concepções de laicidade, como consequência do individualismo cuja ascensão Tocqueville e Durkheim previram, realmente se constata na França um enfraquecimento da concepção de laicidade que podemos classificar de tradicional, a da Terceira República, em prol de uma concepção liberal que atribui uma primazia acentuada ao princípio da liberdade de consciência e de culto, bem como ao direito de poder praticar efetivamente o culto de sua preferência.

Essa concepção moderna de laicidade está de acordo com as análises de Tocqueville e Durkheim. Ela reconhece, juntamente com eles, o avanço irresistível do individualismo, do espírito de livre exame, da exigência de respeito pelas escolhas individuais em matéria de crença, da exigência de uma moderação a mais acentuada possível do controle que o Estado exerce sobre o indivíduo e, ao mesmo tempo, de uma exigência endereçada pelo indivíduo ao Estado para que este lhe dê os meios que lhe permitam praticar a religião de sua escolha.

O que ficou conhecido como "laicidade positiva" durante a presidência de Nicolas Sarkozy nada mais é que o outro nome da laicidade liberal. Essa denominação demonstra o reconhecimento da visão tocquevilliana ou durkheimiana segundo a qual toda religião deve ser respeitada e sua prática facilitada, não apenas como aplicação do princípio da tolerância, mas porque ela é portadora de verdades simbólicas. Também nesse aspecto, a sociologia renovou profundamente as análises filosóficas do Iluminismo.

Não há dúvida de que a substituição da laicidade tradicional pela laicidade liberal resulta, por um lado, das inúmeras convenções internacionais de proteção dos direitos humanos que foram assinadas, convenções às quais a França aderiu. A Convenção Europeia dos Direitos Humanos, a Convenção Internacional sobre a Eliminação de Todas as Formas de Discriminação, o Pacto das Nações Unidas Sobre os Direitos Civis e Políticos estimulam a afirmação da liberdade de consciência e da liberdade de culto. Essas convenções fazem com que a proscrição do religioso que caracterizava a laicidade tradicional seja substituída por uma forma liberal de laicidade, que tende a destacar a liberdade de consciência e a liberdade de culto. Como ressalta um jurista (Robert, 1993), o artigo 9-1 da Convenção Europeia dos Direitos Humanos ilustra perfeitamente essa evolução: "Toda pessoa tem direito à liberdade de pensamento, de consciência e de religião; esse direito inclui a liberdade de mudar de religião ou de convicção, bem como a liberdade de exteriorizar sua religião ou sua convicção individualmente ou coletivamente, em público ou privado, por meio do culto, do ensino, das práticas e da realização dos rituais".

Esse texto expressa apenas a evolução geral descrita por Tocqueville e Durkheim, registrando e legitimando uma exigência, mais do que a criando.

A verdade do simbólico

A visão liberal da laicidade é, afinal de contas, o resultado projetado no tempo do avanço científico proposto na França por Benjamin Constant e Tocqueville – e, posteriormente, de forma mais sistemática, por Émile Durkheim – e, na Alemanha, por Max Weber, sobre os fenômenos religiosos.

Finalmente, a grande lição a ser tirada do contraste evidente entre as duas visões do religioso – representadas na França de um lado por Rousseau e Comte e, de forma mais abrangente, pela filosofia do Iluminismo e, de outro, por Benjamin Constant, Tocqueville e, sobretudo, Durkheim – é que existe uma verdade do religioso no sentido de que os mitos e os símbolos transmitidos pelas tradições religiosas só ganham sentido na mente do crente se exprimirem uma realidade. No caso da origem e do significado do conceito de alma, a demonstração é conduzida por Durkheim de maneira particularmente convincente. Como ele sugere, o caráter simbólico que a expressão das verdades do religioso assume normalmente explica-se pelo fato de que elas não têm um caráter empírico, mas moral. Como deve se expressar no registro do simbólico, o religioso assume formas diversas, mas representa um fenômeno universal.

Adorno e Horkheimer (1947) sugeriram, sem perceber que com isso davam continuidade aos pressentimentos de Durkheim, uma explicação análoga da popularidade na Grécia antiga dos mitos transmitidos pela obra de Homero, confirmando assim, ao mesmo tempo, a universalidade do fenômeno da religiosidade e a diversidade de suas expressões. Desse modo, o mito de Ulisses e das sereias – segundo o qual Ulisses pediu para ser acorrentado ao mastro de seu navio para escutar o canto das sereias ao mesmo tempo que escapava de seu encanto, e tendo tomado a precaução de tampar os ouvidos de seus companheiros – seria portador de uma profunda verdade religiosa, a saber, que o destino do homem é escapar da influência dos deuses e assumir, assim, a dignidade do ser humano.

Essa referência permite enfatizar que o religioso designa uma categoria que ultrapassa o significado que lhe atribuímos no mundo de tradição judaica, cristã ou muçulmana. Ela também enfatiza que o cristianismo não é a única religião da saída da religião.

Por fim, as categorias sociológicas convidam-nos a definir a "fé" como algo baseado simultaneamente no reconhecimento da verdade do simbólico e na ausência de uma identificação clara pelo crente da modalidade do simbólico, pois a modalidade de uma convicção pertence a uma camada profunda da metaconsciência: ela só é percebida conscientemente como resultado da reflexão. No entanto, ela é percebida de forma mais ou menos vaga sob a forma de túneis da fé e de dúvidas que todo crente, sem exceção, demonstra.

A filosofia do Iluminismo representou um momento importante da história do pensamento, e é com razão que às vezes denominamos o século XVIII de "século de Voltaire". Porém, ao tratar os séculos precedentes como os séculos da superstição, ela tornou incompreensível a história das ideias. Esse *a priori* está presente em Comte, em todo caso em sua lei dos três estados e até mesmo em suas avaliações positivas da Idade Média. A sociologia clássica conseguiu eliminar essa dificuldade de maneira muito mais convincente que Hegel, Spencer e os evolucionistas do século XIX.

CAPÍTULO VI

O QUE SIGNIFICA DAR O PODER AO POVO?

A ideia da soberania popular numa democracia não tem nada de utópico. Portanto, não é o caso de procurar novas formas de democracia. Contudo, a sociologia também revela que as democracias representativas estão ameaçadas por um desvio oligárquico, embora de maneira desigual: a França está mais ameaçada que seus vizinhos.

O ceticismo com relação à soberania popular na democracia representativa

São as ciências sociais do tempo do Iluminismo e em seguida os sociólogos que criaram as ferramentas conceituais básicas que permitem compreender que, numa democracia representativa, a ideia de dar o poder ao povo, longe de ser utópica, apoia-se em fundamentos sólidos, e que essa ideia seja amplamente aceita.

Ela foi tão amplamente aceita que os regimes despóticos se sentem obrigados a se mostrar fiéis aos princípios da democracia representativa, realizam eleições, mesmo que falsifiquem seus resultados, e instalam parlamentos, mesmo que os privem de qualquer poder.

Se ainda fosse preciso, a revolta árabe da primavera de 2011 demonstra a universalidade do desejo de democracia, mesmo que ninguém consiga prever sua duração nem a extensão das transformações que ela foi levada a provocar. Segundo François Furet, o ciclo da Revolução Francesa durou pouco menos de um século, terminando com a derrota da Comuna e a implantação duradoura da democracia representativa. *L'Insurgé* (O insurgente), de Jules Vallès, um livro sociologicamente mais instrutivo que o célebre *A guerra civil na França*, de Karl Marx, demonstra, de fato, a presença constante de 1789, 1793 e 1848 na mente dos protagonistas da Comuna. É em nome mesmo dessas referências que eles se estraçalham uns aos outros. Quanto ao interlúdio de Vichy, ele deve ser atribuído à derrota de 1940 e à Ocupação, mais que aos hipotéticos genes culturais franceses que provocaram o sucesso de *L'Idéologie française* (A ideologia francesa), de Bernard-Henry Lévy.

De todo modo, a implantação da democracia representativa foi acompanhada de um ceticismo mais ou menos constante, ainda que sua intensidade tenha conhecido altos e baixos. A historiadora Françoise Mélonio lembrou esse fato em um brilhante comunicado apresentado perante a Academia de Ciências Morais e Políticas em 3 de maio de 2010. O historiador das ideias sociais e políticas Pierre Rosanvallon descreveu minuciosamente a lentidão e as hesitações com que a própria palavra "democracia" se estabeleceu. No passado recente, o marxismo opôs a "democracia real", que ainda deveria ser construída, à "democracia formal" – a democracia representativa –, cuja função oculta seria, segundo ele, legitimar o poder dos dominantes. A China contemporânea adaptou essa distinção aos direitos humanos: os direitos formais, "direitos de" ou direitos-liberdade, sobre os quais insistem as democracias ocidentais, deveriam estar subordinados aos direitos reais, "direitos a" ou direitos-crédito, como o direito de acesso aos meios de subsistência. O binarismo marxista na matéria era mais ou menos pertinente no tempo de Marx, porém deixou de sê-lo desde que os sistemas de seguridade social, que asseguram o exercício do direito a uma vida decente, se tornaram um elemento essencial das democracias.

Nas próprias democracias ocidentais, o ceticismo a respeito da democracia representativa vai de vento em popa atualmente, na França mais que em outros lugares. Alguns clamam que a democracia tende a se corromper, transformando-se numa "doxocracia" sob o efeito da utilização abusiva das pesquisas. Outros agem como engenheiros políticos improvisados e esboçam modelos de democracia supostamente superiores ao modelo representativo: o modelo deliberativo ou o modelo participativo. Os mais ingênuos veem na democracia representativa um meio para substituir a organização vertical das sociedades – sempre geradora de oposição entre dominantes e dominados – por uma organização horizontal que realizaria, por fim, a utopia de uma isocracia que substituiria uma democracia representativa destinada a permanecer formal.

O ceticismo a respeito da democracia representativa vem acompanhado do desconhecimento dos princípios em que ela se baseia. Parece que o legislador não percebe mais com clareza o limite de suas atribuições, como quando ele se arroga o direito de decidir acerca de verdades históricas ou quando não hesita em violar o princípio da liberdade de expressão. Diferentemente dos mais importantes pensadores políticos dos séculos XVIII e XIX, parece que não se percebem mais com clareza os fundamentos da democracia representativa, nem do lado dos agentes políticos, nem do lado das elites culturais. Será que a história das ideias teria ficado imóvel desde Montesquieu, que teve de renunciar à carreira diplomática que aspirava – e para a qual havia se preparado de forma diligente por meio de suas viagens através da Europa e pela teia de relações que havia tecido – porque seu interesse pela democracia representativa inglesa parecia altamente suspeito aos meios políticos franceses da época?

Procurarei retomar a questão do fundamento da democracia representativa apoiando-me em algumas ideias-força copiadas das ciências sociais clássicas e modernas e em alguns dados extraídos de pesquisas sociológicas. Eles sugerem que o conceito de soberania popular não é uma metáfora, mas um importante conceito de uma teoria bem articulada, em primeiro lugar porque ele está enraizado em um princípio moral sólido; em segundo lugar, porque se concretiza no poder de arbitragem decisivo que a democracia representativa confere à opinião pública.

Primeiro princípio:
o princípio da dignidade humana

Um simples relato de natureza antropológica demonstra a importância do princípio da dignidade humana: ele revela que o ser humano teve, em todas as épocas e em todas as sociedades, o senso de sua dignidade e o senso de seus interesses vitais, e que ele sempre teve a capacidade de avaliar em que medida as instituições em vigor os garantem. Émile Durkheim disse isso com mais clareza que qualquer outro no final do século XIX.

Perdoem-me por reproduzir novamente uma passagem fundamental para explicar não somente *Da divisão do trabalho social*, da qual ela foi tirada, mas toda a obra de Durkheim; uma citação que quase nunca ou nunca aparece nos comentários relativos ao grande sociólogo francês: "O individualismo", escreveu ele, "e o livre pensar não datam nem de nossos dias, nem de 1789, nem da Reforma, nem da escolástica, nem da queda do politeísmo greco-latino ou das teocracias orientais. É um fenômeno que não começa em lugar nenhum, mas que se desenvolve, sem interrupção, ao longo da história" (Durkheim, 1893, referência à reedição de 1967, p.146).

Em outras palavras, o ser humano teve, desde as origens e por toda parte, a preocupação com sua dignidade e com seus interesses vitais; nesse sentido, ele sempre foi "individualista". Ao mesmo tempo, esse individualismo era chamado a se aprofundar constantemente em consequência do "livre pensar", ou seja, da capacidade de julgamento que o ser humano tem.

Que fique bem entendido: Durkheim não afirma de maneira nenhuma que essa preocupação com a dignidade e essa capacidade de julgamento puderam e possam se exprimir tão facilmente em todas as épocas e em todas as sociedades. Ele afirma somente que elas caracterizam os seres humanos de todos os tempos e que elas revelam uma tendência a se realizar ao longo da história. Mas que mecanismo preside essa tendência?

Creio que dessa vez foi Max Weber, o outro grande nome fundador da sociologia, que deu a resposta mais profunda a essa pergunta.

Ele sugere que examinemos a história das ideias morais, sociais, políticas, econômicas e jurídicas no Ocidente como se fossem impelidas de forma latente por um processo de racionalização difusa (*Durchrationalisierung*), a exemplo da história das ideias científicas e técnicas. Esse processo caracteriza-se pelo fato de que as ideias novas foram introduzidas no mercado e selecionadas mais ou menos a longo prazo pela população, assim que esta teve a impressão de que elas tinham como resultado um respeito maior pela dignidade e pelos interesses vitais de cada um. Esse processo encontrou condições particularmente favoráveis no mundo ocidental, embora ele não tenha se desenvolvido de forma serena, mas em meio ao som e à fúria.

Esse processo manifesta-se no Ocidente no século I da nossa era, explica Weber, quando São Paulo introduz no mercado de ideias, em sua *Epístola aos gálatas*, o conceito de que todos têm a vocação para a cidadania (Weber, 1920). Nessa passagem, Paulo repreende Pedro porque este, ao ver que os judeus se aproximavam, pensou ser seu dever afastar-se do grupo de gentios com os quais compartilhava a mesa. Max Weber declara que devemos enxergar nessa passagem da prédica de Paulo um episódio capital da história do Ocidente. Ele "anuncia o momento do nascimento da cidadania no Ocidente", afirma ele. Nada menos. Na verdade, esse fato curioso transmite a ideia de que, sejam quais forem as diferenças entre eles, todos os homens devem ter o direito de mostrar que têm a mesma dignidade, sentando-se todos à mesma mesa.

Em outras palavras, Weber sugere que enxerguemos na transformação sociopolítica o resultado de um "programa" (Eisenstadt, 2002) cujo objetivo é fixar instituições e regras que respeitariam a dignidade e os interesses vitais de todos. O conceito de cidadania que Paulo evoca implicitamente introduziu esse programa no mercado de ideias a partir do século I.

Porém, devemos completar aqui a análise de Weber. O objetivo principal do cristão é alcançar a salvação eterna. Quanto à sua condição terrena, o cristianismo ordena que a aceite, já que ela resulta da vontade de Deus. É por isso que Paulo sugere que se eliminem as distinções entre judeus e cristãos, mas exorta os escravos a aceitar sua condição: "Cada um permaneça na vocação em que foi chamado"; "Foste chamado, sendo escravo? Não te preocupes com isso; mas, se ainda podes tornar-te livre, aproveita a oportunidade" (*Primeira epístola de Paulo aos coríntios*, 7, 20-21). Paulo demonstrava com isso, sem dúvida, a intenção de ter uma postura politicamente realista, mas também de fidelidade à doutrina. Como a doutrina afirmava que "o homem não foi feito da mulher, e sim a mulher, do homem", Paulo também deduziu que "o homem não foi criado por causa da mulher, e sim a mulher, por causa do homem" (*Primeira epístola de Paulo aos coríntios*, 11, 8-9). Portanto, depois de Paulo o cristianismo implantou certas ideias, dentre as quais algumas favoreciam e outras impediam a aplicação do princípio da dignidade de todos. De fato, a condenação da escravidão teve de esperar o enfraquecimento do cristianismo no século XVIII. Ela aparece especialmente numa passagem de *O espírito das leis* (livro XV, cap.V) em que Montesquieu ridiculariza os argumentos favoráveis à escravidão, embora com uma ironia tão fina que os ingênuos duvidaram de suas convicções na matéria (Versini, 2010). O reconhecimento de que os homens e as mulheres têm a mesma dignidade teve de esperar pacientemente mais tempo ainda. E continua esperando.

No entanto, será que devemos rejeitar a importância histórica que Weber atribui à *Epístola aos gálatas* (Pellicani, 2011)? Não creio. Pois, segundo Weber, a realização de um programa depende de "forças históricas", ou seja, de dados que podem favorecê-lo ou não. O cristianismo formulou o princípio da dignidade de todos, porém inscreveu-o num conjunto ideológico que teve, ao mesmo tempo, o efeito de frear seu desenvolvimento. Por outro lado, ele aparece num contexto em que a distinção entre cidadãos e não cidadãos é uma realidade social e política que um reformador não pode ignorar. No entanto, mesmo quando as forças históricas se opõem ao desenvolvimento de um programa, ele tende a continuar presente na mente das pessoas. É por isso que Weber, a quem as *Epístolas aos coríntios* eram tão familiares como a *Epístola aos gálatas*, pôde afirmar que a mensagem desta última estava destinada a atravessar os séculos. Sua vocação era dominar as forças contrárias resultantes, ao mesmo tempo, da doutrina e das circunstâncias.

Não devemos ver nisso nenhum determinismo histórico, mas a constatação do fato de que uma ideia compatível com o programa incluso no conceito de dignidade humana certamente sobreviverá na mente das pessoas contra ventos e tempestades. Em outras palavras, existe uma irreversibilidade das ideias novas, desde que elas pareçam atender à dignidade e aos interesses vitais de cada um. Uma aplicação dessa hipótese vem imediatamente à mente: as instituições democráticas sucumbiram no século XX ao ataque dos fascismos. Porém, o valor positivo da democracia continuou enraizado na mente das pessoas.

As análises de Durkheim e Weber podem ser encontradas, com palavras diferentes, em Tocqueville. Ele não hesita em atribuir a transformação das sociedades "aristocráticas" em sociedades "democráticas" à Providência, porque considerava inevitável que a dignidade humana acabasse sendo permitida a todos. Não há dúvida de que foi baseado nessa convicção que ele defendeu prioritariamente, enquanto deputado durante a monarquia de Julho, dois assuntos: a abolição da escravidão nas Antilhas francesas e a introdução do sufrágio universal.

O próprio conceito de "dignidade humana" só caiu em domínio público com Kant. Ainda hoje, filósofos minuciosos criticam-no por ser vago. De fato, ele é vago. Mas isso traduz o fato de que seu conteúdo estava destinado, nas palavras de Durkheim, a "aprofundar-se ao longo da história". Para caracterizar esses conceitos essencialmente vagos, porém significativos e determinantes, os sociólogos falam habitualmente de "programas".

Em todo caso, a convergência de autores importantes como Tocqueville, Durkheim e Weber demonstra o papel dinâmico desempenhado na implantação dos valores democráticos por meio do senso de que dispõe o ser humano de sua dignidade e de seus interesses vitais, e por meio de sua capacidade de avaliar as instituições por esse prisma.

Segundo princípio:
o princípio do espectador imparcial

Por que os pensadores políticos do tempo do Iluminismo e seus sucessores dos séculos seguintes consideram que o princípio fundamental da soberania popular é aplicável, não apenas em teoria, mas na prática, em um regime de democracia representativa?

Às vezes reduzimos a teoria liberal da democracia desenvolvida pelos pensadores iluministas à teoria de Montesquieu segundo a qual a "distribuição de poderes" – ou de "capacidades", como ele próprio dizia – ou a "separação de poderes", como nos habituamos a dizer, é uma defesa contra o risco de despotismo. Por mais fundamental que seja, essa teoria tem o inconveniente de definir a democracia de forma negativa. Por essa razão, é necessário ressaltar que as ciências sociais da época do Iluminismo também desenvolveram ideias portadoras de uma definição positiva da democracia representativa. Essa definição positiva baseia-se na ideia de que a democracia representativa confere à população um poder decisivo de julgamento.

Podemos evocar, especialmente, o conceito de "espectador imparcial" de Adam Smith. Ele é uma ferramenta indispensável para explicar uma grande quantidade de fenômenos políticos e sociais, como tentarei demonstrar por meio de alguns exemplos. Ele fornece, sobretudo, a explicação para a solidez da democracia representativa. A força intrínseca desse conceito decorre do fato de encontrarmos equivalentes a ele de forma recorrente, do século XVIII aos dias de hoje, em formas e apresentações variadas: em Hume, Rousseau e Kant, entre os autores clássicos; em John Rawls, Michael Walzer, Jürgen Habermas, Stein Ringen e outros, entre os autores contemporâneos. A meu ver, porém, é em Adam Smith que sua força aparece de maneira mais nítida.

Podemos desenvolver o conceito de espectador imparcial sob a forma de uma teoria simples: o espectador imparcial é o cidadão comum em relação ao qual podemos imaginar que, sobre esta ou aquela questão, não se deixa dominar por suas paixões e seus interesses. Ora, sobre muitos assuntos que ocupam a vida da Cidade, o cidadão comum preenche, de fato, a posição de espectador imparcial. Por outro lado, como muitos assuntos não pressupõem o domínio de conhecimentos específicos, podemos supor que, se consultarmos a população sobre esses assuntos, muito indivíduos tenderão a dar uma resposta inspirada pelo bom senso. A isso se soma o argumento de que, numa democracia representativa, o representante encontra-se sob o olhar da opinião pública e ameaçado pela sanção de que ela dispõe: tirá-lo do poder na eleição seguinte.

Concluímos que a democracia representativa é boa, em primeiro lugar porque as decisões ali tomadas têm a possibilidade de ser validadas pelo espectador imparcial; em segundo lugar porque ela transforma cada cidadão em fonte do direito, reconhecendo, assim, o valor do princípio da dignidade igual de todos. Boa em razão dos efeitos que tem a possibilidade de produzir, ela também o é do ponto de vista dos princípios sobre os quais se baseia. Para usar as palavras de Weber, ela é boa tanto do ponto de vista da racionalidade instrumental quanto do ponto de vista da racionalidade axiológica.

Falta deixar clara a natureza do bom senso que inspira o espectador imparcial. Baseado em que ele avalia que uma instituição é boa ou ruim no caso em que, hipoteticamente, ele não é impelido por suas paixões e seus interesses e em que se encontra suficientemente preparado para construir uma opinião? Resposta: sua convicção impõe-se a ele porque ela lhe parece baseada em um sistema de razões convincentes.

Em uma palavra: o conceito do espectador imparcial implica que, numa democracia representativa, o poder pertence ao povo, uma vez que nela a opinião pública tem, a médio e longo prazo, um papel crucial na seleção de ideias, de medidas e instituições novas que lhe são propostas e que, sobre vários assuntos, ela tem a capacidade de dar prova de bom senso. É preciso acrescentar que o espectador imparcial é, de fato, um espectador, não um agente, no sentido de que não é ele que cria o conjunto de argumentos favoráveis a determinada ideia ou a determinada decisão política. Contudo, ele pode escolher entre as ideias propostas pelos agentes políticos, especialmente pelos partidos políticos, bem como por outras categorias de agentes: especialistas ou intelectuais, por exemplo.

De todo modo, essa arbitragem da população só pode ganhar corpo se existir um mercado de ideias ativo e competitivo ou, passando da linguagem econômica para a linguagem política, se houver uma verdadeira separação de poderes: não somente dos três poderes mencionados por Montesquieu – Executivo, Legislativo e Judiciário –, mas de todos os poderes: o "poder social", que Tocqueville menciona o tempo todo na segunda *Democracia na América*; o poder burocrático, cujas engrenagens foram analisadas por Max Weber; mas também os poderes econômico, consultivo, intelectual e midiático, além de outros.

A partir do momento em que os detentores desses diferentes poderes usufruírem de uma verdadeira capacidade de expressar livremente suas sugestões e de serem ouvidos, a voz do espectador imparcial ficará mais forte. Portanto, os dois temas fundamentais da teoria política formulados, de um lado, por Montesquieu, e, do outro, por Adam Smith, fortalecem-se extremamente um ao outro.

As eleições como instrumentos de seleção dos programas políticos

Atualmente, a existência de partidos políticos é considerada uma coisa natural. Mas nem sempre foi assim, longe disso. É fácil nos convencermos disso quando nos lembramos da condenação emitida por Rousseau contra as "facções" ou a mistura de espanto e fascínio que Hume sente em relação àquilo que ele também chama, de forma negativa, de facções (Hume, 1741). Ele explica que existem três tipos de facções: as que se baseiam, respectivamente, no interesse, em um princípio e na simpatia. Ora, somente a primeira e a terceira categorias lhe parecem compreensíveis; a segunda lhe parece uma aberração. É compreensível que os interesses da nobreza e do povo não sejam os mesmos. É compreensível que nos sintamos mais próximos de nossos vizinhos ou de pessoas pertencentes à mesma categoria que a nossa do que de cidadãos mais distantes geograficamente, culturalmente ou socialmente. Porém, "as facções baseadas na diferença de princípios [...] não datam de muito tempo. Esse talvez seja *o fenômeno mais estranho e mais inexplicável que já se apresentou aos observadores da espécie humana*". Fiz questão de destacar em itálico o caráter exagerado dessa passagem, pois ele revela que uma instituição que atualmente nos parece não somente banal, mas indispensável, ainda parecia profundamente enigmática para Hume.

A despeito de sua genialidade, Hume não vislumbrou, de modo algum, a função dos partidos, que se implanta em sua época e que explica a generalização do fenômeno no mundo democrático: elaborar e introduzir no mercado de ideias programas de ação política destinados a serem confrontados no recinto do Parlamento sob o olhar tanto dos agentes da sociedade civil quanto do espectador imparcial. Pois a função do representante é justamente esta: apresentar ou defender um programa de ação que tenha a ambição de atender ao interesse geral de forma mais eficaz que o programa dos partidos concorrentes (Duran, 2009). Se essa função primordial da mediação eleitoral fosse mais bem compreendida, nem sequer discutiríamos, como ainda fazemos atualmente na França, a legitimidade do acúmulo de mandatos: será que o representante consegue atuar de forma eficaz em defesa do interesse geral se ele também tem de ficar de olho nos interesses particulares de seus mandantes?

Falta acrescentar que os próprios parlamentares tiram suas ideias da sociedade civil. Na verdade, eles elaboram suas ideias em matéria jurídica, econômica, moral ou filosófica sob o olhar dos agentes do mundo jurídico, do mundo dos economistas, do mundo dos intelectuais ou do mundo dos representantes dos diversos movimentos de pensamento. Portanto, a existência de um mercado de ideias ativo e competitivo é uma condição essencial para a boa qualidade da vida democrática. A afirmação sem concessão do direito à liberdade de expressão é uma condição indispensável para a existência do referido mercado. Portanto, só podemos lamentar os ataques desferidos regularmente pelo legislador contra esse princípio, nas democracias europeias, por influência dos *lobbies*.

Não se pode negar que o grande economista, sociólogo e estadista austríaco Joseph Schumpeter contrapôs uma séria objeção à teoria liberal da democracia esboçada pelos filósofos iluministas e desenvolvida por seus sucessores. Ele considerava, na verdade, que as sociedades deviam enfrentar questões cada vez mais complexas e temia uma incompetência crescente do cidadão a partir do momento em que uma questão se distanciasse mais da sua experiência imediata. A objeção, certamente, é fundamentada, e examinarei logo mais o alcance que devemos lhe conferir (Schumpeter, 1942).

Um exemplo didático

Um exemplo extraído do próprio Adam Smith (1793, cap.X) tem a vantagem de ilustrar de maneira explícita a importância da sua teoria do espectador imparcial. Ele se pergunta, em *A riqueza das nações*, por que em sua época se observa um inegável consenso sobre todos os tipos de assuntos de natureza moral. Por que, para pegar um exemplo concreto, os ingleses do final do século XVIII consideram uma evidência moral que os mineiros devam ser bem pagos, enquanto aceitam sem dificuldade que os soldados não o sejam? Ao fazer essa pergunta, reuni duas passagens do texto de Smith ligeiramente distantes uma da outra a fim de mostrar mais claramente a força do capítulo vigoroso em que ele examina a questão dos sentimentos de justiça ou de injustiça evocados pelo nível das remunerações vinculadas às profissões.

Esse capítulo deve sua importância específica – bem percebida pelo sociólogo norte-americano Talcott Parsons, que julgou oportuno retomá-lo nos dois volumes desiguais que ele coordenou, *Theories of Society* (Teorias da sociedade) – ao fato de que ele revela que os sentimentos de justiça e de injustiça experimentados pela população são consequência de razões percebidas por esta última como objetivamente válidas (Parsons et al., 1961). Mais ou menos como nós julgamos que 2 mais 2 igual a 4 baseados em motivos sólidos, os ingleses do século XVIII consideram normal que os mineiros sejam bem pagos e os soldados não o sejam baseados em motivos sólidos.

Podemos reconstruir a argumentação de Adam Smith da seguinte forma: como a maioria dos ingleses não é composta nem de mineiros nem de soldados, eles não são afetados diretamente pelo assunto. Portanto, eles se encontram na posição do espectador imparcial. Por outro lado, a questão de saber em que nível uns e outros devem ser remunerados não pressupõe uma competência especial. Portanto, a resposta de um inglês qualquer a essa pergunta baseia-se no bom senso, ou seja, em um sistema de razões que, por serem válidas, tendem a ser compartilhadas.

O sistema de razões é este: todo salário é a remuneração de um serviço prestado. Por um serviço equivalente, os salários devem ser equivalentes. Vários elementos entram na composição do valor de um serviço, especialmente o tempo da aprendizagem que ele supõe e os riscos aos quais ele expõe aquele que o presta. No caso do mineiro e do soldado, os tempos de aprendizagem são comparáveis e, nos dois casos, a vida do indivíduo está exposta a sérios riscos. Porém, se as duas atividades em questão se parecem por causa dessas características, outras as tornam diferentes. O soldado assegura a independência nacional, ao passo que o mineiro exerce uma atividade de produção de bens materiais que também podem ser importados. Além disso, a morte do mineiro é vista como um acidente, a do soldado como um sacrifício. É por isso que só este último está habilitado a receber as honrarias e os símbolos de reconhecimento devidos àquele que põe em jogo a vida em benefício da coletividade.

Conclusão: não podendo receber as mesmas marcas simbólicas de reconhecimento e realizando um trabalho igualmente penoso, igualmente arriscado e com um nível de qualificação comparável, o mineiro deve receber em moeda sonante as recompensas que não pode receber em honrarias e glória, se quisermos assegurar a igualdade entre contribuições e retribuições. Isso explica o forte consenso entre os ingleses do fim do século XVII a respeito da ideia de que o mineiro deve ser mais bem pago que o soldado.

É também em consequência de razões sólidas que a opinião pública não fica chocada, explica ainda Adam Smith, quando o carrasco recebe um bom salário: sua qualificação é mínima e, graças a Deus, ele é extremamente subutilizado, mas exerce "a mais repugnante de todas as profissões".

A vontade geral

Por sua vez, vários autores clássicos desenvolveram, cada um utilizando suas próprias palavras, ideias análogas às de Adam Smith. Sobre esse ponto, vou me limitar a mencionar rapidamente dois outros nomes importantes. Em primeiro lugar, o de Rousseau. Sua tese de que a vontade geral é sempre racional diz o mesmo que o conceito do espectador imparcial: de fato, ela pressupõe que, quanto aos assuntos que não põem em jogo as paixões e os interesses do indivíduo, ele tem a tendência de julgar uma instituição, uma medida ou um estado de coisas como bom ou ruim se existirem motivos válidos para julgá-los assim.

Dito isso, na prática as paixões e os interesses das diferentes pessoas interferem em seu bom senso, de modo que a vontade expressa pelos cidadãos de carne e osso, a "vontade de todos", pode se distanciar da "vontade geral", dois conceitos que Rousseau faz questão de diferenciar. A vontade de todos é, na verdade, a opinião mista que, sobre um determinado assunto, resulta da soma dos julgamentos daqueles a quem o assunto afeta pessoalmente e que reagem a ele à luz de suas paixões e de seus interesses, com os julgamentos daqueles a quem o assunto não afeta pessoalmente e que reagem com a ajuda do bom senso.

Pode-se ressaltar, de passagem, que o conceito de vontade geral foi extremamente maltratado pela posteridade. Essa perseguição começa com Benjamin Constant, que considera Rousseau um inspirador maior da Revolução de 1789 que, como bom liberal, ele detesta. Ele enxerga, injustamente, na vontade geral segundo Rousseau, um instrumento de legitimação do controle das massas. Rousseau repudia, certamente, a democracia representativa à inglesa, porque a representação sem mandato imperativo assemelha-se, para ele, ao confisco do poder do cidadão. Por outro lado, ele admite que a democracia direta só pode ser aplicada em Estados pequenos, avaliando, por esse motivo, que a monarquia é o regime normal dos grandes Estados. Ele não defende, porém, em nenhum lugar, que os grandes Estados devam se submeter ao controle das massas. O contexto em que foi recebida a teoria política de Rousseau contribuiu bastante para ocultar o significado do seu conceito de vontade geral e da sua diferenciação entre vontade geral e vontade de todos, além de desconhecer a convergência entre a teoria da vontade geral e a teoria do espectador imparcial.

Infelizmente, o contrassenso de Benjamin Constant foi retomado por muitos autores posteriores a ele, ao ponto de transformar Rousseau em um teórico do totalitarismo. Jacob Talmon (1952), autor do conceito de "democracia totalitária", é, sem dúvida, o autor moderno mais influente a esse respeito.

A invenção do "véu de ignorância" desenvolvida pelo norte-americano John Rawls (1971) – certamente o mais importante teórico político da segunda metade do século XX – reproduz, ela também, mais ou menos literalmente, o conceito do espectador imparcial. De fato, ela põe em cena um cidadão situado sob um véu de ignorância, isto é, supostamente ignorante de suas paixões e de seus interesses, a quem se pede que avalie as instituições da Cidade, o que permite julgar a validade delas.

O espectador imparcial: um modelo realista?

Será que o modelo do espectador imparcial é realista? Podemos basear a resposta positiva a essa pergunta em uma prova pelo absurdo. De fato, se devêssemos considerá-lo puramente especulativo, seria preciso concluir que a democracia representativa é desprovida de fundamento sólido e teríamos dificuldade para entender sua difusão e seu sucesso. Por outro lado, deveríamos renunciar a explicar os incontáveis fenômenos de consenso que se desenvolveram ao longo do tempo sobre muitos assuntos nas sociedades democráticas, bem como os fenômenos tendenciais que se observam em matéria moral, política e social. Não tenho condições de me estender aqui sobre esse ponto, mas todos os grandes nomes da sociologia – quer se trate de Tocqueville, Durkheim ou Max Weber – têm em comum o fato de ter demonstrado que esses fenômenos são incompreensíveis se fizermos abstração do papel desempenhado pelo agente político anônimo que é a opinião pública.

Contudo, podemos mencionar dados mais próximos de nós para defender e ilustrar o modelo do espectador imparcial. Alguns exemplos permitem sugerir que ele é indispensável para compreender a vida política atual, tanto em seus aspectos anedóticos quanto em seus aspectos mais sérios.

Um *fait divers*

De fato, inúmeros exemplos revelam que esse modelo é indispensável para interpretar tanto as reações espontâneas do público diante de *faits divers* quanto suas opiniões sobre os mais variados temas políticos, tal como se expressam especialmente por meio das respostas às pesquisas de opinião. Para ilustrar esse ponto, vou limitar-me a três exemplos entre muitos outros possíveis. Reproduzi-os da vida política diária, inclusive em seus aspectos superficiais, para sugerir que a sociologia fornece grades de leitura eficazes que permitem que o observador e o agente social ou político assumam uma posição de distanciamento em relação ao turbilhão do presente.

O primeiro diz respeito à reação do público frente a um *fait divers*. Recentemente, um célebre cineasta foi detido pela polícia suíça porque deveria responder por um antigo crime perante a justiça norte-americana. Na ocasião, diversos artistas, intelectuais e políticos franceses protestaram energicamente contra a prisão, argumentando que o crime tinha ocorrido havia várias décadas, que não se prende um artista de renome internacional e que a vítima tinha retirado a queixa. Numa entrevista transmitida por uma emissora de rádio nacional (France-Inter, em 28 de novembro de 2009), depois que as autoridades suíças decidiram pôr o cineasta em prisão domiciliar, o mais midiático dos intelectuais franceses declarou que a prisão do cineasta representava um "escândalo moral".

Como as pesquisas revelam, a população desaprovou enfaticamente esses argumentos. Pois, diferentemente dos representantes dos meios culturais, o cidadão comum encontrava-se na posição do espectador imparcial: aquilo não lhe dizia respeito pessoalmente. Ora, os motivos que os defensores do cineasta usaram como pretexto lhe pareceram indefensáveis, pois era fácil contrapor-lhes motivos evidentemente mais importantes, tais como: não é porque alguém é famoso que não tem de responder por um crime; nem a Suíça nem os Estados Unidos são Estados policiais; sim, a vítima tinha retirado a queixa, mas isso não apaga o crime; o crime era antigo – certamente, mas é o país onde o crime foi cometido que decide a respeito das condições de sua prescrição.

Evidentemente, não estou interessado, de maneira nenhuma, em esmiuçar profundamente os dois pontos de vista aos quais esse caso complexo, cheio de desdobramentos e não desprovido de zonas obscuras deu origem, mas unicamente em destacar o contraste entre o ponto de vista particularista de parte dos meios culturais e políticos e o ponto de vista universalista da opinião pública.

Parece-me que esse episódio ilustra bem o modelo do espectador imparcial. Além do mais, ele ressalta acidentalmente uma questão delicada da sociologia comparativa: se dermos crédito à imprensa estrangeira, os meios culturais e políticos não reagiram, de modo algum, da mesma forma nas democracias vizinhas. Ora, a nacionalidade franco-polonesa do cineasta em questão não basta para explicar essa diferença. Parece que devemos enxergar nessa reação mais uma demonstração da influência sobre os meios políticos franceses de uma ínfima elite midiático-cultural que, aparentemente, não tem um equivalente exato nas democracias vizinhas. Por quê? Retomarei logo mais essa questão fundamental de sociologia comparativa.

Um processo clamoroso

Meu segundo exemplo diz respeito ao episódio do processo do sangue contaminado. Embora antigo, ele oferece uma ilustração eloquente do modelo do espectador imparcial.

Ao longo desse processo, que ocorreu no início de 1999, foi examinada a responsabilidade penal de três ministros socialistas, suspeitos de não ter impedido a tempo a utilização de bolsas de sangue contaminado em transfusões de sangue. O processo deles tramitou perante a Corte de Justiça da República, um tribunal especial encarregado de julgar os delitos cometidos pelos governantes no exercício de suas funções. Esse tribunal é composto por magistrados profissionais e parlamentares, e não admite a presença das partes civis durante os debates. Nesse caso, as vítimas do sangue contaminado não tiveram acesso ao julgamento.

As pesquisas realizadas à época revelaram três pontos. Em primeiro lugar, que as dúvidas da população em relação à Corte de Justiça da República, à sua legitimidade e à sua suposta imparcialidade eram amplamente majoritárias. Em segundo lugar, que essas dúvidas apareciam entre os simpatizantes de todos os partidos, da extrema direita à extrema esquerda. Em terceiro lugar, que a reação da população se mostrou independente das inclinações políticas, certamente porque ela se baseava em motivos sólidos. Na verdade, por que o político deveria ser tratado de forma diferente do médico ou do dirigente empresarial, visto que ele é suspeito de ter cometido, no exercício de suas funções, uma falta cujas consequências são da esfera do direito comum? Por que a Corte deveria ser composta por alguns dos colegas das pessoas investigadas? Por que as partes civis deveriam estar ausentes dos debates?

Uma sondagem realizada à época do processo, antes do anúncio do veredicto, revela na verdade que, considerando-se todos os tipos de inclinação política, uma maioria significativa de participantes declarou não confiar no julgamento da Corte de Justiça da República. No entanto, as razões do espectador imparcial foram afetadas pelas suposições do agente parcial que também estavam presentes entre os participantes. De fato, embora o julgamento de desconfiança em relação a essa jurisdição de exceção tenha se mostrado majoritário em todos os tipos de inclinação política, ele foi menos frequente entre os simpatizantes socialistas, mais frequente entre os simpatizantes da Frente Nacional (FN) e em nível intermediário entre os gaullistas do RPR e os centristas da UDF. Em outras palavras, os simpatizantes socialistas tenderam a ser mais indulgentes que os eleitores de direita em razão de considerações de natureza partidária. De forma simétrica, a severidade dos simpatizantes dos partidos de direita também lhes foi ditada em parte por considerações de natureza partidária.

Na verdade, já se sabia desde a época da realização da sondagem que a acusação tinha a intenção de requerer a inocência dos ministros, e que eles tinham todas as possibilidades de serem tratados com clemência e até mesmo inocentados. Influenciados pelo efeito de identificação partidária, essa saída provável ajudou a tornar os simpatizantes socialistas menos severos em relação à Corte e, simetricamente, os partidários da Frente Nacional, mais severos. Não confiamos muito na objetividade da Corte, mas relutamos mais em exprimir nossas dúvidas quando os ministros incriminados pertencem à mesma tendência política a que pertencemos. Influenciados pelo mesmo tipo de efeito, mas com sinal trocado, os simpatizantes da Frente Nacional mostraram-se particularmente severos em relação à Corte: ela se preparava para inocentar ministros que pertenciam a um partido muito distante da FN no tabuleiro político.

Porém, a lição mais importante da sondagem é que os participantes se deixaram guiar muito mais pelo espectador imparcial do que pelo agente parcial que também existia neles, como revela o quadro a seguir: com exceção dos simpatizantes do PS, em que uma minoria extremamente significativa proclama, de todo modo, sua desconfiança em relação à Corte, em todos os outros a desconfiança mostra-se amplamente majoritária.

Você confia que a Corte de Justiça da República, composta de representantes eleitos e de altos magistrados, vai julgar com imparcialidade os três ex-ministros, L. Fabius, G. Dufoix e E. Hervé? A: confia ou tende a confiar; B: não confia ou tende a não confiar; C: sem opinião

Quadro 42 – Confiança na Corte de Justiça da República

	Total	PC	PS	Ecologistas	UDF-DL	RPR	FN	Nenhum
A	38	45	53	37	34	37	12	30
B	57	55	44	63	63	62	88	58
C	5	–	3	–	3	1	–	12

Fonte: sondagem BVA, 18 fev. 1999

Também podemos tirar uma conclusão política desse estudo: para a população, o exercício do poder político numa democracia consolidada é uma função como outra qualquer, não implicando, por si só, em nenhum privilégio, sobretudo se autoconcedido.

Como meu objetivo principal é de natureza metodológica, mencionei de propósito um exemplo político um pouco antigo. Na verdade, o exemplo em questão tem a vantagem de oferecer uma imagem muito eloquente do modelo do espectador imparcial, e de chamar a atenção para o fato de que, em determinadas situações, o agente parcial e o espectador imparcial compõem uma dupla. Contudo, poderíamos ilustrar facilmente a vantagem do modelo do espectador imparcial por meio de exemplos mais recentes. Desse modo, as pesquisas mostram que a população é muito cética quanto à ideia de que se deva suspender a aplicação do direito comum aos atos do chefe de Estado francês durante o exercício do mandato. Elas também mostram que a população é cética quanto à ideia, específica da França, de que se possa representar ao mesmo tempo a nação e exercer cargos de responsabilidade numa grande cidade.

Equidade e igualdade

Meu terceiro exemplo refere-se às exigências da população em matéria de igualdade, como se pode observar à luz de inúmeras pesquisas que tratam da questão. Esse exemplo também ilustra bem a vantagem do modelo do espectador imparcial.

Um clichê favorito dos comentaristas e dos políticos afirma que a população francesa é obcecada pelo culto da igualdade. Ora, quando consultamos as pesquisas sobre esse tema, constatamos que, longe de demonstrar um igualitarismo irrepreensível, os franceses não confundem mais do que seus vizinhos igualdade com equidade. Pelo contrário, eles só consideram injustos alguns tipos bem específicos de desigualdade. Além disso, essas pesquisas deixam claro que os sentimentos de justiça ou de injustiça que eles experimentam perante esta ou aquela forma de desigualdade lhes são inspirados por razões cujas possibilidades de serem avalizados pelo espectador imparcial são boas.

Desse modo, a população francesa não considera injustas as desigualdades que refletem diferenças de mérito. As pesquisas também não indicam que os salários astronômicos da cantora famosa, do jogador de futebol ou do roqueiro que alcançaram sucesso mundial despertam um sentimento de injustiça na população. Seus salários lhe parecem extravagantes mais do que injustos, provavelmente porque ela não considera injustas as desigualdades que resultam, em última análise, da livre escolha dos indivíduos.

A população também não considera injustas as desigualdades que correspondem a contribuições incomensuráveis: por exemplo, é mais fácil comparar a contribuição do soldado e do mineiro do que a do comerciante e a do oficial de justiça.

A população também não considera injustas as desigualdades cujo grau de justificativa não pode ser determinado. Ora, a distribuição global dos rendimentos mistura desigualdades de origem diversa em proporções desconhecidas. É por isso que se observa que as desigualdades globais são objeto de denúncias recorrentes mais da parte de grupos de pressão intelectuais, midiáticos e políticos do que da parte da população, salvo quando elas são excessivamente gritantes para poderem ser consideradas, de maneira plausível, justificadas, ou quando elas resultam, claramente, de condições inaceitáveis.

Em compensação, a população considera injustas todas as desigualdades nas quais ela enxerga a existência de privilégios, como os guarda-chuvas dourados concedidos a dirigentes que deixaram suas empresas à beira do abismo, os privilégios em matéria de aposentadoria de determinadas categorias sociais ou alguns mimos pequenos ou não tão pequenos que certos dirigentes concedem a si próprios, sem que se consiga identificar facilmente a contrapartida do ponto de vista do interesse geral.

Portanto, o clichê segundo o qual a justiça social se confundiria na cabeça da população com o igualitarismo e seria um traço dominante das sociedades modernas e, particularmente, da sociedade francesa não corresponde, de maneira nenhuma, à realidade: trata-se, no caso, de um verdadeiro mito que demonstra a influência da corrente de pensamento culturalista, mas de um mito que exerce uma influência profunda na vida política francesa.

Um único exemplo para reforçar este último ponto. Como explicar que a França seja a única democracia que conserva um imposto sobre a fortuna? Como explicar que um governo acreditasse que tinha o dever de neutralizar os efeitos perversos dele construindo, como se diz, o mecanismo extravagante do "escudo fiscal", que deveria, sobretudo, oferecer à oposição uma crítica de que os ricos estavam sendo favorecidos, crítica essa repetida de forma ininterrupta e tão insistente que o governo teve de renunciar finalmente a ela? Essa prudência contraproducente dos dirigentes políticos franceses pode ser explicada pelo fato de que eles não compreenderam que o clamor que havia acompanhado a supressão desse imposto por um governo anterior não resultava de um suposto igualitarismo dos franceses. Ele traduzia muito mais uma reação de determinados grupos de pressão midiáticos, intelectuais e políticos do que uma exigência do espectador imparcial. Na verdade, não há dúvida de que a opinião pública teria admitido facilmente que é absurdo conservar um imposto cuja função é, seguramente, mais ideológica e simbólica do que econômica.

Esse caso tem a vantagem de retomar uma questão sociológica essencial já levantada por mim: por que os meios políticos franceses confundem com tanta facilidade a opinião dos grupos de pressão com a opinião pública, e por que eles dão mais atenção aos primeiros?

Quando a vontade de todos não é a vontade geral

Antes de responder, examinarei a objeção de Schumpeter segundo a qual a teoria do espectador imparcial produziria uma visão excessivamente otimista da vida democrática. Pois existem, certamente, muitos casos em que a vontade geral e a vontade de todos não coincidem: em outras palavras, em que é pouco provável que a opinião pública seja constituída majoritariamente de espectadores imparciais. Recorrerei a dois exemplos para ilustrar esse outro ponto e tentar avaliar o peso que se deve atribuir à objeção de Schumpeter.

Meu primeiro exemplo refere-se à lei que, no governo Jospin, impôs a limitação da jornada de trabalho legal na França a 35 horas por semana. As primeiras sondagens mostraram-se favoráveis à lei, porque a maioria das pessoas enxergava nela vantagens imediatas. Elas encontravam-se, portanto, não na posição do espectador imparcial, mas na do agente parcial. Sua interpretação da lei foi que ela lhes permitiria trabalhar menos ganhando o mesmo salário. A maioria dos trabalhadores não passou disso, pois, para assumir uma postura mais distanciada, eles precisariam ter uma competência que não tinham. Eles não perceberam, por exemplo, que as empresas reagiriam à lei buscando aumentar a produtividade por meio da diminuição dos salários ou reduzindo o tempo do intervalo do café. Temos aqui uma bela ilustração do efeito Schumpeter. Contudo, é importante observar que, depois de certo tempo, as sondagens indicaram que a população percebia claramente os inconvenientes da lei, certamente sob o duplo efeito da observação e dos ensinamentos extraídos do debate público.

Meu segundo exemplo foi tirado das respostas recolhidas por meio de uma grande pesquisa internacional feita há duas décadas, única no gênero por sua dimensão internacional, e que nos permite considerar a questão do efeito Schumpeter com certo distanciamento. Várias perguntas da pesquisa abordavam temas de política econômica. As respostas a uma dessas perguntas mostram que muitas pessoas ainda acreditavam à época que a diminuição da idade de aposentadoria constitui uma medida eficaz na luta contra o desemprego. Indagadas sobre a questão de saber se "Quando o emprego escasseia, as pessoas deveriam ser obrigadas a se aposentar cedo?", 50% dos franceses declararam-se à época de acordo (Inglehart et al., 1998). Sua resposta havia-lhes sido inspirada pela ideia de que, se privamos alguns convidados do bolo do emprego, outros convidados podem se servir. Eles não perceberam que o tamanho do tal bolo não é invariável e que, em razão de suas diferenças de competência, os indivíduos não são intercambiáveis. Portanto, sua resposta foi influenciada por motivos duvidosos: mais uma ilustração do efeito Schumpeter.

No entanto, a mesma pesquisa mostrou, sobretudo, que o conhecimento que a população tinha da complexidade dos mecanismos econômico variava muito conforme o país. Cinquenta por cento dos franceses, como eu disse, e 50% dos alemães declararam concordar em lutar contra o desemprego reduzindo a idade da aposentadoria. Por outro lado, só 16% dos norte-americanos e 9% dos suecos deram a resposta errada. Além disso, constatou-se que em todos os países as respostas erradas diminuíam de frequência à medida que aumentava o nível de instrução.

De onde se conclui que, mesmo quando um tema é complexo, os efeitos temidos por Schumpeter tenderiam a se atenuar graças à elevação geral do nível de instrução, à natureza pedagógica do debate público, ao desenvolvimento das técnicas de informação e de comunicação e, *last but not least*, ao aperfeiçoamento dos ensinamentos relativos aos fenômenos econômicos e sociais. Talvez esses ensinamentos fossem melhores na Suécia ou nos Estados Unidos do que na França ou na Alemanha.

Em suma, a vontade de todos pode, certamente, distanciar-se da vontade geral, mas esses diferentes fatores tendem, sem dúvida, a tornar o efeito Schumpeter menos temível hoje que na sua época.

A tirania da maioria

Reexamino agora a questão sociológica crucial levantada por vários exemplos que mencionei: por que o mundo político parece muitas vezes dar mais atenção às opiniões e aos desejos dos grupos de pressão do que à opinião pública? Por que essa tendência oligárquica que se observa em toda democracia parece mais acentuada na democracia francesa? Essa observação leva-nos a examinar a célebre teoria tocquevilliana da tirania da maioria. Ela costuma ser retomada hoje em novos termos. Assim, um editorialista conhecido proclamou recentemente que a democracia moderna tendia a se transformar numa "doxocracia", querendo dizer com isso que a vida política francesa lhe parece hoje profundamente corrompida pela influência das pesquisas.

Quanto a isso, é preciso recordar que as democracias modernas se preocuparam desde os primórdios em conhecer os humores da opinião pública nos intervalos entre as eleições. Essa preocupação está na origem das "prévias" (*straw votes*) introduzidas no século XIX pelos partidos políticos norte-americanos. Elas foram substituídas no século XX pelas pesquisas, implantadas na França a partir de 1938 por Jean Stoetzel, e a importância que elas assumiram nas democracias contemporâneas é do conhecimento de todos.

Não há dúvida de que as pesquisas têm má reputação. Esta, porém, não resulta nem de uma falta de validade nem da influência supostamente perniciosa que elas exerceriam na vida democrática. Na verdade, ela se deve muito mais aos usuários do que aos produtores das pesquisas e decorre, sobretudo, do fato de que o nível de midiatização das pesquisas depende de seus resultados. Daí a impressão de que elas escondem uma tentativa de manipulação da opinião pública pelo universo político-midiático. Porém, contrariamente ao preconceito que os mercadores da "comunicação" gostariam de impor, a opinião pública não se deixa manipular facilmente.

A tirania das minorias atuantes

Na verdade, o que ameaça as democracias – e a democracia francesa mais do que as outras – é a tirania das minorias antes que a tirania da maioria. Por quê? Parece-me que, também neste caso, as ciências sociais apresentaram uma resposta bem fundamentada a essa pergunta.

Os sociólogos sempre estiveram atentos à existência de grupos de pressão; porém, longe de ver neles uma ameaça, eles às vezes lhes atribuíram um papel principalmente positivo. Tocqueville via nas associações um corretivo à ameaça de tirania da maioria. Para ele, elas representavam o equivalente nas sociedades democráticas dos corpos intermediários das sociedades aristocráticas. Quanto a Durkheim, ele avaliava que, em razão do caráter contraditório de seus interesses, os grupos de pressão estão condenados ao compromisso. Ele concluiu disso que o universo dos grupos de pressão merecia ser representado enquanto tal, mencionando, em um célebre prefácio à segunda edição de *Da divisão do trabalho social*, a criação de órgãos representativos dos interesses corporativos que contrabalançariam a representação parlamentar. Essas ideias exerceram uma grande influência na Europa no início do século XX. Elas esboçaram uma resposta à crítica marxista segundo a qual a democracia representativa seria, pela natureza das coisas, mais formal que real. Elas provocaram a criação, em vários lugares, de instituições representativas do universo dos grupos de pressão. O

Conselho Econômico e Social francês, hoje rebatizado como Conselho Econômico, Social e Ambiental, tem origem nessa ideia.

Em termos mais gerais: consideramos, a justo título, natural que o político deva levar em conta os interesses e as ideias dos grupos de pressão. Quanto a isso, a teoria política contemporânea chegou até mesmo a adotar uma categoria nova: a da democracia deliberativa. Porém, não mais que a democracia participativa, a democracia deliberativa não seria considerada seriamente uma forma superior de democracia. A ideia de que o político tenha de levar em conta os interesses e as ideias dos grupos de pressão também deu origem ao direito consentido às associações de se constituir como parte civil. Ao agir assim, o legislador lhes atribuiu um poder considerável.

Por que a visão positiva do papel dos grupos de pressão merece ser revista? A razão está em um fato para o qual um aluno de Max Weber, Roberto Michels (1911), justificadamente chamou a atenção: o papel negativo que os grupos de pressão podem desempenhar nas democracias, ao lado de seu papel positivo. Ele batizou de "lei implacável da oligarquia" a tendência dos governos dos países democráticos de escutar a opinião dos grupos de pressão em vez de escutar a opinião pública, confirmando a existência desse fenômeno por meio de um conjunto de observações inspiradas nos cenários alemão e italiano das primeiras décadas do século XX. Ele os conhecia bem, não apenas por tê-los frequentado, mas por ter exercido neles cargos de responsabilidade. Contudo, os cientistas políticos demonstrariam mais tarde que as observações de Roberto Michels tinham um alcance geral. A despeito de todos os esforços, ele não conseguiu explicar de maneira realmente satisfatória as razões de ser de sua lei.

É a um grande economista e sociólogo norte-americano da nossa época, Mancur Olson (1965), que caberia identificar o mecanismo fundamental responsável por essa lei. Ele demonstrou que, quando um grupo pequeno organizado tenta impor seus interesses ou suas ideias a um grupo grande não organizado, ele tem boas possibilidades de ser bem-sucedido, pois os membros do grupo grande, não sendo organizados, tendem então a esperar que se encontrarão candidatos desejosos de organizar a resistência ao grupo pequeno organizado e dispostos a assumir os custos que isso implica. Em outras palavras, cada um espera se beneficiar de uma ação coletiva com a qual ele se engaja solenemente, mas cujos custos reluta em assumir. Como em muitos casos a maioria tem a tendência de seguir o mesmo raciocínio, pode acontecer que o pequeno grupo organizado quase não encontre resistência e que, consequentemente, se encontre na posição de impor seus interesses e suas ideias ao grande grupo não organizado – em outras palavras, à população. A consequência disso é um efeito que Olson chamou, brincando, de "efeito da exploração do grande pelo pequeno" e que podemos chamar simplesmente de "efeito Olson", em homenagem à memória de seu criador.

Como se pode imaginar, esse teorema provocou protestos gerais. Ignorou-se ou desconheceu-se que ele expunha uma possibilidade, não uma fatalidade, e não se quis ver que ele oferecia um instrumento que permitia compreender as demonstrações de apatia da população, mais que as metáforas duvidosas que evocavam supostas variações no nível da consciência coletiva. Do diálogo não desprovido de segundas intenções que Hirschmann (1970, 1982) manteve *mezza voce* com Olson guardamos unicamente o modelo simples proposto pelo primeiro: que, quando temos interesses comuns com os membros de um grupo ou quando sentimos simpatia por ele podemos apoiá-lo; mas também, se contestamos suas ações, votar com os pés (*exit*) ou, ainda, protestar (*voice*), o que depende de diversos fatores. Porém, contrariamente ao que Hirschmann deu a entender, esse modelo acrescentou uma peça à teoria da mobilização social, em vez de significar uma contestação do teorema da possibilidade de Olson.

Na verdade, a sociologia espontânea detectou há muito tempo, senão as engrenagens, ao menos a existência do mecanismo sociológico destacado por Olson e criou um conceito metafórico para defini-lo: o da "maioria silenciosa". Esse mecanismo explica que muitos governos se mostrem sensíveis às exigências dos grupos de pressão e imponham à população, em muitos casos, visões que ela não compartilha. Ele explica a lei implacável da oligarquia que atinge as democracias: em outras palavras, explica o poder dos *lobbies* na vida democrática. Não há dúvida de que as ideias e os interesses desses grupos podem, segundo o caso e a conjuntura, convergir com o interesse geral. Mas também podem divergir dele. Ora, a lei implacável da oligarquia tende a conferir poder indistintamente a todos os *lobbies*, quer seus interesses e suas ideias convirjam ou não com o interesse geral.

Efeito Olson e democracia oligárquica

Porém, o que importa ressaltar, sobretudo, é que o mecanismo em questão se encontra dotado de um aumento formidável de influência em um país centralizado no qual o Executivo dispõe de um poder preponderante, como na democracia francesa. Pois, nesse tipo de configuração, a vida política tende a ser marcada, especialmente, por um confronto entre o Executivo e os grupos de pressão. Desse modo, o efeito Olson permite explicar outra teoria célebre de Tocqueville, neste caso, irrecusável: a teoria segundo a qual um poder democrático concentrado é forte na aparência, mas obrigatoriamente fraco na realidade. Ao que se pode acrescentar, reciprocamente, que um poder concentrado só pode ser forte se não for democrático, como parecem ter percebido os dirigentes da China contemporânea e de outros regimes autoritários da nossa época.

Em razão da concentração do poder político que a caracteriza e que resulta de sua história, a França está, portanto, mais exposta que as democracias vizinhas ao efeito Olson. Reciprocamente, esse efeito é, em certa medida, neutralizado quando o poder político é mais compartilhado, especialmente entre o Executivo e o Legislativo. Reencontramos aqui um resultado já enunciado, a saber, que a separação dos poderes reforça o papel do espectador imparcial, tendendo, assim, a devolver o poder ao povo. Mais uma vez, Montesquieu e Adam Smith se dão as mãos.

A importância que o mecanismo identificado por Olson assumiu na França explica todo tipo de fatos. Explica, por exemplo, o caráter sagrado do conceito de "diálogo social", um desses conceitos que o sociólogo percebe facilmente que, traduzido literalmente para as línguas vizinhas – para o inglês ou o alemão, por exemplo – não diz quase nada a um anglófono ou germanófono. Na Alemanha, o diálogo social faz parte do patrimônio institucional do país. Na França, esse conceito tem uma função encantatória.

O efeito Olson também explica as deficiências crônicas de algumas políticas públicas, como as políticas educacionais. Elas se devem ao fato de que as políticas foram elaboradas há muitas décadas, a partir de compromissos passados entre o poder político e diferentes grupos de pressão, dos sindicatos de professores e de alunos aos especialistas em ciências da educação, passando pelas associações de pais de alunos. Não é difícil perceber que estes últimos buscam o interesse de seus queridos pimpolhos, não o interesse geral. Percebe-se também que toda organização corporativa, como é o caso dos sindicatos de professores e de alunos, está normalmente interessada em defender seus interesses particulares. Em poucas palavras, esses grupos de pressão contam com uma grande proporção de agentes parciais. Creio que a mesma análise poderia ser feita a propósito de muitos outros aspectos da vida política francesa.

A exceção francesa do "poder da rua" – outra expressão cuja tradução literal para o inglês ou o alemão não significa nada para um anglófono ou um germanófono – também se explica em razão de a estrutura do poder político na França ser mais dominada pela dupla formada entre o Executivo e os grupos de pressão do que nos países vizinhos. Segundo a Constituição não escrita a que aderem os partidários do poder da rua, uma participação em uma manifestação de rua da ordem de 10% deveria ser considerada como a expressão da vontade do povo.

O mecanismo identificado por Olson também dá conta de dados pertencentes à esfera da ideologia, como o fato de o marxismo ter exercido na França uma influência nitidamente mais duradoura que em outros lugares e, em termos gerais, que *lobbies* poderosos sejam capazes de definir ali o que é política, moral e até mesmo historicamente correto. Todos esses dados se explicam porque a influência de grupos de agentes parciais tende a dominar a influência do espectador imparcial – em outras palavras, a influência da opinião pública.

É preciso deixar claro que existem tipos diferentes de *lobby*. Em uma extremidade do espectro, os portuários de Marselha estão, por exemplo, tão bem protegidos pelo efeito Olson que podem exigir, sem serem incomodados, a manutenção de salários confortáveis em razão de seu trabalho apresentar uma dificuldade particular. Ora, a era dos contêineres e dos guindastes reduziu enormemente essa dificuldade. Pouco importa: o direito ao descanso e ao salário elevado está garantido. Para defender esse direito, justifica-se até ameaçar o lugar invejável que o porto de Marselha ocupa entre os grandes portos do Mediterrâneo. Aparentemente, nesse caso o poder político encontra-se impotente. Embora não desprovido de efeitos negativos em escala nacional, o efeito Olson revela-se aqui de uma intensidade particular, em razão da natureza local do problema.

Na outra extremidade do espectro dos grupos de pressão encontram-se os grupos de conivência. Embora não sejam organizados no sentido próprio do termo, eles se caracterizam por aquilo que Robert Merton chamou de "homofilia de valores" (*value homophily*). Assim, muitos jornalistas das redes culturais compartilham amplamente pontos de vista comuns sobre o política ou culturalmente correto. É esse critério que influencia suas escolhas, talvez mais, parece, que a preocupação de informar o público. Nesse outro caso, o efeito Olson também atua a pleno vapor.

Da mesma forma, o efeito Olson explica, para mencionar fatos curiosos, porém significativos, por que no passado a França levou tanto tempo para descobrir autores considerados clássicos atualmente, como Karl Popper ou John Rawls. É que esses autores rigorosos foram considerados politicamente incorretos. O primeiro porque era o apóstolo do racionalismo crítico em matéria de conhecimento e opunha-se ao relativismo reinante. O segundo porque, dando seguimento à grande tradição da filosofia política, defendeu a ideia de que as escolhas políticas podiam ser racionais. Eles contrariaram o culturalmente correto segundo o qual a ideia do conhecimento objetivo e a ideia da racionalidade da política são ilusões. Nesse caso, aplicando o teorema de Olson, mais vale uma bela alma insípida do que um pensador rigoroso, mas política ou culturalmente incorreto. Menciono esses episódios intelectuais menores para sugerir que o historiador da vida intelectual poderia renovar profundamente seu campo de pesquisa se tivesse em mente o teorema de Olson. Ele lhe permitiria explicar a vida intelectual e não simplesmente descrevê-la como se fosse feita de caprichos e de modas, que brilham rapidamente e depois desaparecem.

Porém, contra o preconceito que tende a atribuir o politicamente correto à tirania da maioria, o que é preciso ressaltar acima de tudo é que, na verdade, esse preconceito é mais uma consequência da tirania das minorias. Isso pode ser constatado no fato de que, em muitos assuntos, o politicamente correto vai contra a opinião pública, pois ele é mais característico de minorias atuantes e de grupos de pressão do que da própria opinião pública.

No futuro, a internet deverá confirmar o papel que ela já exerce de obstáculo e enfraquecimento dos diferentes tipos de *lobby*, políticos, morais, econômicos ou culturais, organizados ou não. Esse benefício é, inegavelmente, muito superior ao custo representado pela *junk communication* também veiculada na rede.

O futuro da democracia representativa

Não há motivo, portanto, para concluir que se deva procurar substituir a democracia representativa por formas de democracia supostamente superiores – "democracia deliberativa" ou "democracia participativa" – e renunciar ao princípio da soberania popular. Não é apenas em teoria, mas na prática, que a opinião pública desempenha um papel fundamental e amplamente positivo na vida política. Todas as irreversibilidades que observamos em matéria institucional e moral nas sociedades democráticas representam uma coprodução do político e do espectador imparcial: do político e da opinião pública.

Também podemos acompanhar Rousseau quando ele defende que a democracia direta só é eficaz quando se trata de Estados pequenos. No que diz respeito aos Estados médios e grandes, pode ser útil introduzir elementos de democracia direta em nível local, como na Alemanha ou nos Estados Unidos, explicitando os assuntos que podem ser tratados dessa forma. Porém, é importante perceber que mesmo na Suíça a democracia direta não funciona de maneira autônoma, mas em ligação orgânica com a democracia representativa. Em todo caso, a democracia direta não poderia ser concebida como um substituto da democracia representativa, contrariamente à metáfora segundo a qual a primeira seria horizontal e igualitária, e a segunda, vertical e portadora socialmente de clivagem social.

Contudo, se não há motivo para buscar uma forma de democracia superior à democracia representativa, podemos tentar melhorá-la. O remédio mais eficaz contra a tirania dos grupos de pressão é a aplicação rigorosa dos princípios fundamentais do liberalismo político: especialmente o princípio da separação de poderes. Em especial, somente quando o cidadão tem a sensação de que o Parlamento é importante é que este pode reduzir a influência das minorias ativas. Um belo estudo comparativo do cientista político anglo-norueguês Stein Ringen (2007) atribui à França uma nota inferior à de vários de seus vizinhos numa escala de aperfeiçoamento democrático. De forma mais dura, o prestigioso semanário alemão *Der Spiegel* chegou até a declarar recentemente (4 de julho de 2011) que a distância entre as elites e a população é mais acentuada na França do que em todas as outras grandes democracias ocidentais. Isso deve ser relacionado ao fato de que o *Bundestag*, os *Communes* ou o *Storting* são objeto de um respeito real por parte do cidadão, respeito esse que se deve a uma divisão equilibrada do poder entre o Legislativo e o Executivo e não, como se acredita com bastante frequência, à ação de elementos culturais. Ao dizer isso, penso particularmente no clichê de inspiração culturalista, que a mídia repete sem parar, segundo o qual é preciso nos conformarmos em aceitar as diferenças entre a democracia francesa e seus vizinhos, sob o pretexto de que elas seriam consequência do passado católico da França. Existe outro clichê que atinge o nível mais baixo do culturalismo: ele pretende que o povo francês é ingovernável por natureza, precisando, consequentemente, de um poder fortemente centralizado.

Outros fatores podem contribuir, no futuro, para diminuir a concorrência entre os interesses particulares das minorias atuantes e o interesse geral. Assim, graças à internet, o indivíduo que se sente oprimido pelo politicamente correto pode facilmente, pelo menos do ponto de vista técnico, exercer seu direito fundamental de expressão. Geralmente, em razão de sua influência deflacionista sobre os custos de organização da ação coletiva, a internet pode atenuar a incidência do efeito Olson. Constatamos que a quantidade de referendos locais de iniciativa popular experimentou, na Alemanha, uma verdadeira explosão ao longo de uma década, certamente como resultado das possibilidades oferecidas pela internet.

Também podemos esperar – embora, neste caso, eu tenha consciência de que se trata de um gesto de fé da minha parte – que a evolução a longo prazo da construção europeia aproximará a União Europeia do modelo da democracia representativa e revigorará esse modelo em cada um de seus Estados-membros.

Em todo caso, só reduziremos o ceticismo latente da população e, especialmente, dos jovens franceses com relação à política – demonstrado pelas pesquisas (Galland, 2002) – se recuperarmos os parâmetros intelectuais representados pelos princípios fundamentais da teoria liberal da democracia, tal como foram identificados pelos personagens mais ilustres: Montesquieu, Adam Smith, Tocqueville e os outros.

Infelizmente, outra exceção francesa, o poder atribuído pelo mundo político francês à "comunicação", sacramenta uma incoerência grave ao corroer a distinção clássica entre "persuadir" e "convencer". Esse conceito – a "comunicação" – também não possui um equivalente real em inglês ou alemão. Ele revela a pouca consideração que o mundo político francês atribui ao espectador imparcial, já que ele transmite uma imagem do cidadão – tão arrogante quanto equivocada – segundo a qual ele poderia ser manipulado à vontade.

CAPÍTULO VII

A INSUBMERSÍVEL TEORIA DO HOMEM-MÁQUINA

Uma tentação permanente das ciências sociais é procurar atribuir os fenômenos de sua alçada a causas "materiais", a exemplo das ciências da natureza. Em suas dimensões científicas, a sociologia renunciou a essa falsa boa ideia.

O desencantamento do mundo na origem do naturalismo

As ciências da natureza alcançaram o estatuto de ciência a partir do momento em que conseguiram reduzir os fenômenos da natureza pertencentes à sua alçada a causas materiais, em lugar da vontade dos espíritos e dos deuses. Todas elas são filhas do desencantamento do mundo. O caso do darwinismo é uma ilustração canônica desse processo de ruptura, uma ruptura que foi lenta e conflituosa, mas irreversível.

Tal evidência histórica levou muitos pensadores, e depois deles muito pesquisadores, a pensar que as ciências sociais só poderiam ser ciências no sentido pleno com uma condição: conseguir fazer do homem um elemento da natureza, presumindo, por exemplo, que seu comportamento seria condicionado por forças psíquicas, socioculturais ou biológicas. Por que não tentar na esfera do ser humano uma revolução análoga à que Darwin tinha realizado na esfera dos seres vivos? Podemos classificar essa posição como naturalista. Como ela se concretizou? Que triunfos ela pode citar? Devemos adotá-la? Será que as ciências sociais devem realmente se tornar naturalistas para serem científicas? Essas são as perguntas que eu gostaria de fazer aqui.

Dois programas essenciais e suas variantes

Essas perguntas surgem a partir de uma simples análise superficial da história das ciências sociais. Na verdade, essa análise revela imediatamente que elas foram constantemente inspiradas por dois grandes programas: o naturalista e o racional, ambos se apresentando em diversas variantes.

O programa naturalista define-se principalmente pela hipótese de que o comportamento humano deve ser atribuído àquilo que podemos chamar, na falta de algo melhor, de causas "materiais". Tomando alguma liberdade em relação à venerável tradição aristotélica, quero deixar claro que entendo por "causas materiais" as eficientes que excluem qualquer intervenção consciente da mente humana. Para fixar os conceitos, podemos considerar que a obra de Claude Lévi-Strauss é emblemática desse programa.

O programa racional define-se principalmente pela hipótese de que o comportamento humano deve ser atribuído a motivações e razões, ou, como ainda se pode dizer, a razões pessoais e impessoais. Para fixar os conceitos, podemos considerar que a obra de Max Weber é emblemática desse programa.

O programa naturalista deu origem a diversas variantes, das quais as principais atualmente são as variantes biológica, sociobiológica, estruturalista e memética, às quais podemos acrescentar uma variante que eu normalmente chamaria de mágica.

Quanto ao programa racional, ele possui duas variantes principais: a utilitarista e a cognitiva.

O que é fascinante do ponto de vista da história das ideias é que esses seis subprogramas – ou melhor, esses seis subprogramas e meio, se levarmos em conta a variante mágica do programa naturalista – reaparecem de forma recorrente desde o século XVII até os dias de hoje, sob embalagens variadas.

O programa naturalista

As quatro variantes do programa naturalistas que eu me proponho a examinar aqui têm em comum o fato de procurar atribuir o comportamento humano a causas materiais, isto é, excluindo qualquer intervenção da mente humana. Essas variantes parecem-me importantes, umas em razão de seu poder de explicação, outras em razão de sua popularidade nos meios das ciências sociais e, também, junto aos filósofos e biólogos seduzidos por uma visão materialista do mundo. Elas não esgotam o universo de variantes do programa naturalista, que também comporta variantes mais difusas ou mais heterogêneas.

Variantes biológicas

Em um passado recente, dando continuidade a um movimento de pensamento originário de Cabanis e Gall, Lombroso e os positivistas italianos afirmaram que era possível perceber com clareza uma predisposição ao comportamento criminoso em determinadas particularidades físicas do indivíduo. Essa tradição foi profundamente renovada, assumindo uma forma científica especialmente com o desenvolvimento das neurociências. Elas demonstraram que podiam contribuir de maneira eficaz para o conhecimento e, particularmente, para a explicação de fenômenos que diziam respeito às ciências sociais.

Exemplo: um indivíduo examinado pelo grande especialista em matéria de neurociência, Antonio Damasio (1994), só enxerga o lado bom da vida, preservando-se de qualquer emoção negativa. Ele desconhece sentimentos como o medo ou a raiva. A causa disso é revelada pela tomografia, que detectou no indivíduo um fenômeno de calcificação na região da amígdala cerebral.

Outro exemplo: segundo pesquisadores de Zurique, as reações ao "jogo do ultimato" são modificadas quando uma parte do cérebro, o córtex dorsolateral, é neutralizada por um estímulo magnético transcraniano. As regras do jogo conhecido como ultimato determinam que o jogador A pode propor a divisão de uma quantia, digamos, de 100 €, entre ele e o jogador B, o qual só pode aceitar ou recusar a proposta de A. Em caso de recusa de B, os 100 € continuam no bolso do experimentador. Caso ele aceite, a divisão é feita de acordo com a proposta de A. Em condições normais, um indivíduo B a quem é feita uma proposta injusta demais – como quando seu parceiro A lhe propõe "80 € para mim e 20 € para você" – rejeita a proposta, mesmo que sua recusa o condene, segundo as regras do jogo, a não receber nada. Ora, quando o córtex dorsolateral é neutralizado, o indivíduo B, embora continue considerando a mesma proposta injusta, a aceita.

Essa experiência implica uma consequência importante: o indivíduo só procura maximizar suas vantagens quando uma parte bem específica de seu cérebro é neutralizada, desde que a busca de seu interesse entre em conflito com seus sentimentos de justiça. Em outras palavras, nas condições normais de funcionamento do seu cérebro, ele preocupa-se com seu interesse, mas recusa um ganho que lhe parece ilegítimo do ponto de vista da equidade. Evidentemente, as ciências sociais não podem se desinteressar de um resultado como esse, pois ele revela os limites do modelo do *Homo economicus*.

Mais um exemplo: ao lado das neurociências, a biologia inspirou, por outros de seus aspectos, pesquisas que procuram, elas também, explicar certos tipos de comportamento social a partir de causas materiais inscritas no organismo. Assim, um criminologista mostrou que a violência dos prisioneiros diminui a partir do momento em que eles desfrutam de um regime alimentar melhor. Suas pesquisas iniciais levaram a um programa experimental que está sendo executado. Ele consiste em modificar o regime de mil prisioneiros em três prisões britânicas e em observar, durante três anos, os efeitos dessa modificação em um conjunto de dados químicos e biológicos nos mecanismos cognitivos e, finalmente, nos comportamentos violentos dos prisioneiros. O programa tem como objetivo determinar os mecanismos intermediários que explicam a correlação observada entre regime alimentar e violência (Bohannon, 2009).

Essas variantes biológicas do programa naturalista trazem, sem dúvida nenhuma, conhecimentos importantes para as ciências sociais. A parábola de Pascal sobre o grão de areia na bexiga de Cromwell[1] já indicava que a análise de fenômenos políticos pode ter de levar em conta causas materiais que escapam à mente dos agentes ou, como às vezes se diz atualmente, causas infraindividuais. A ideia foi retomada por meio de uma versão popular: "esses doentes que nos governam".

Compreende-se que a grande exigência de explicação para comportamentos difíceis de explicar, como os comportamentos inéditos de violência urbana – por exemplo, as pessoas que atacam médicos e bombeiros –, sugiram a algumas pessoas a ideia de que as variantes biológicas do programa naturalista tenham a vocação de superar outros tipos de explicações dos comportamentos sociais. É por essa razão que a ideia em questão reaparece regularmente nos artigos da imprensa geral e da imprensa especializada que apresentam essas aplicações da biologia aos fenômenos sociais.

As esperanças postas nas variantes biológicas do programa naturalista também provêm do fato de que a todo comportamento correspondem, sem sombra de dúvida, processos neuronais, químicos e fisiológicos.

Disso não resulta, porém, que mesmo num futuro distante, possamos avançar muito na explicação das escolhas, das trajetórias de vida, dos comportamentos e, menos ainda, dos fenômenos sociais a partir de variantes biológicas do programa naturalista. Está excluído, *a fortiori*, que esses processos sejam os únicos a ter um verdadeiro valor explicativo. Quando evoco em minha mente a confiança na veracidade do

---

1 Referência à passagem de uma obra de Pascal em que ele afirma que não fora um pequenino grão de areia que, ao introduzir-se na uretra de Cromwell, provocara sua morte, ele teria destruído toda a cristandade, a família real e ameaçado até o domínio de Roma. (N. T.)

enunciado "2 mais 2 igual a 4", certamente correspondem a essa evocação processos neuronais, químicos, elétricos e fisiológicos. Contudo, minha confiança no enunciado explica-se, antes de mais nada, porque tenho motivos para acreditar que 2 mais 2 é, sim, igual a 4.

Resumindo: inúmeros fenômenos sociais são explicados pelo modelo do "homem racional", outros pelo modelo do "homem neuronal" ou, de forma mais geral, do "homem biológico". A explicação não é menos científica em um caso que em outro. Esta última observação exige que se deixe claro o conceito de explicação científica, uma questão que retomarei mais adiante.

Enquanto isso, é preciso observar um ponto fundamental, a saber, que as causas evocadas pelas variantes biológicas do programa naturalista apresentam sempre a característica de serem observáveis, ao menos potencialmente. A calcificação da amígdala cerebral do indivíduo mencionado por Damasio é observável e foi efetivamente observada, e, sem dúvida alguma, ela é a causa de sua incapacidade de experimentar sentimentos negativos. Quanto ao encadeamento que vai da causa ao efeito hipotético, temos motivos para acreditar que o progresso das neurociências permitirá especificar sua natureza. Podemos fazer as mesmas observações a propósito da relação constatada pela criminologia entre alimentação e violência. A causa é observável, e o programa em curso tem todas as possibilidades de especificar os mecanismos intermediários entre a causa e o efeito.

De modo geral, não existe nenhum motivo para duvidar da existência das causas evocadas pela variante biológica do programa naturalista.

Variantes sociobiológicas

O mesmo não acontece com as variantes sociobiológicas do mesmo programa. Alguns exemplos poderão confirmá-lo. Em primeiro lugar, o da teoria de inspiração sociobiológica sobre a origem dos sentimentos morais proposta por J. Q. Wilson (1993).

Essa teoria baseia-se na hipótese de que determinados dispositivos morais correntes, como o senso de equidade e o senso de dever, o sentimento de simpatia ou a valorização positiva do autocontrole, tenham sido aceitos em razão de seu valor adaptativo. Como um grupo em que prevalece a equidade é mais harmonioso, ele tem mais possibilidades de sobreviver aos enfrentamentos com outros grupos. Consequentemente, seus membros têm mais possibilidade de se reproduzir. Desse modo, deveríamos buscar a origem do senso moral junto aos processos infraindividuais que teriam se desenvolvido no ser humano enquanto ser biológico. Nesse caso, as causas da existência do senso de dever na maioria dos seres humanos estariam, realmente, nas causas materiais: é a evolução que teria dado origem a uma estrutura cerebral responsável pela existência, no ser humano, do senso de equidade, do senso de dever, do sentimento de simpatia e da valorização positiva do autocontrole.

Wilson desenvolveu essa teoria neodarwiniana da origem dos sentimentos morais, como ele próprio revela, em reação à teoria neolamarckiana e neomarxista que lhe parece predominar na sociologia: a teoria que afirma que os sentimentos morais são resultado de uma interiorização pelo indivíduo dos elementos da cultura ambiente. Essa teoria sociológica corrente afirma que o ambiente social tem a capacidade de condicionar o indivíduo. Contudo, Wilson retruca que, se é possível condicionar um indivíduo à ideia de que 7 vezes 8 é igual a 56 fazendo-o repetir a tabuada de multiplicação, ou à ideia de que as serpentes venenosas são perigosas, nenhuma tentativa de condicionamento, por mais insistente que seja, conseguiria fazê-lo acreditar na periculosidade dos binóculos de teatro. Em outras palavras, a socialização não tem a capacidade de fazer com que o indivíduo confunda durante muito tempo uma bexiga com um lampião.

A hipótese neodarwiniana de Wilson tem, segundo ele, a vantagem de explicar certo número de fenômenos universais: não somente a existência de um senso de dever e de um sentimento de equidade, de sentimentos de simpatia e da valorização do autocontrole em qualquer sociedade conhecida, mas também o fato de que o crime continua sendo algo raro, de que os indivíduos se comportam geralmente de maneira imparcial no jogo do ultimato, segundo os estudos interculturais de que dispomos, ou de que ferir intencionalmente alguém é considerado em todas as culturas muito mais grave do que ferir acidentalmente.

Essa linha de pesquisa está muito enraizada hoje no cenário internacional. Assim, Samuel Bowles (2007), o célebre sociólogo e economista alternativo norte-americano, construiu um modelo de simulação com a ajuda do qual procurou demonstrar que, nas condições da Idade da Pedra, caracterizadas pela proximidade de pequenos grupos de caçadores, um grupo só tem possibilidades de sobreviver se os indivíduos desenvolverem simultaneamente um sentimento de hostilidade em relação aos outros grupos e um sentimento de solidariedade com os membros de seu próprio grupo (Choi; Bowles, 2007). Essa experiência sugere que o sentimento de solidariedade é um efeito inconsciente dos sentimentos de medo, de ameaça e de hostilidade inspirados pelos membros dos outros grupos. Sentimentos de hostilidade em relação ao outro e de solidariedade em relação aos seus seriam produtos conjugados e automáticos da evolução. Eles se explicariam pelo jogo de mecanismos infraindividuais.

Será que esses mecanismos evolutivos permitem explicar os fenômenos de violência entre gangues rivais que constatamos hoje nos subúrbios das grandes cidades? É uma questão em aberto. Seja como for, assim como no caso dos exemplos inspirados pela biologia, esses trabalhos de inspiração sociobiológica são objeto de análises regulares tanto na imprensa especializada de alto nível quanto na imprensa generalista.

As causas evocadas pela variante sociobiológica do programa naturalista são, certamente, causas materiais no sentido em que emprego esse termo: elas não devem nada à atividade da mente humana. São de natureza infraindividual. Contudo, diferentemente das causas evocas pelas variantes biológicas do programa, elas têm uma natureza indefinida. Talvez essa natureza indefinida seja definitiva, embora não seja impossível imaginar que as causas evocadas possam ser testadas de forma mais ou menos indireta. No caso da experiência de Choi e Bowles, o teste consiste em um modelo de simulação. Nesse caso, continuamos no contexto das regras que definem o espírito científico. Porém, devemos renunciar à solidez das variantes biológicas do programa naturalista que se mostram capazes de demonstrar, sem nenhuma sombra de dúvida, a existência das causas que elas evocam.

Variantes estruturalistas

A variante estruturalista do programa naturalista aparece pela primeira vez no contexto da linguística; sua história tem início com a obra de Ferdinand de Saussure. Sua importância deve-se ao fato de que seu autor propôs que se compreendesse um fenômeno humano por excelência, a linguagem, como um fenômeno natural.

Essa ideia seria realizada de maneira convincente na fonologia. A fonologia estrutural dispunha-se a analisar os sons elementares das línguas – os fonemas – como sistemas de som ao mesmo tempo suficientemente diferenciados uns dos outros para permitir uma transmissão confiável de qualquer mensagem falada e compostos de um número de fonemas o mais econômico possível. Os fonemas do russo, do alemão, do chinês ou do francês são soluções específicas para esse problema geral. O programa da fonologia estrutural foi considerado, com razão, um avanço científico, pois, sobre esse assunto, qualquer explicação de natureza genética está excluída, por falta de traços disponíveis. A abordagem estrutural foi vista então como uma alternativa à abordagem genética, impraticável no caso da formação dos sistemas fonéticos. Os trabalhos de Roman Jakobson e de alguns outros firmaram a credibilidade da fonologia estrutural. Mais tarde, Noam Chomsky aplicaria o programa naturalista de Saussure à sintaxe.

Portanto, a sedução intelectual que a fonologia estrutural exerceu no conjunto das ciências humanas nos anos 1960-1980 deve-se, em primeiro lugar, ao fato de que ela havia conseguido contornar o impasse decorrente da falta de dados sobre a origem dos sistemas de fonemas que caracterizam as línguas naturais. Em segundo lugar, ela havia conseguido abordar um fenômeno humano, a linguagem, tratando-o de forma naturalista, como as ciências da natureza.

Por motivos fáceis de compreender, a fonologia estrutural despertou o interesse dos pesquisadores das ciências humanas, os quais também se veem na situação de ser obrigados a intervir na ausência de qualquer traço histórico. Assim, Claude Lévi-Strauss sugeriu que se tratassem as estruturas de parentesco e os mitos das sociedades sem escrita como Jakobson havia tratado os sistemas de fonemas. Também nesse caso, a abordagem estrutural parecia ser capaz de substituir uma análise genética impraticável.

O êxito do método que começou a ser chamado de estrutural ou estruturalista, aplicado à fonologia e depois à antropologia, deu origem, em seguida, à ideia de que o estruturalismo apresentava um programa cuja vocação era ser aplicado ao conjunto das ciências humanas.

Foi assim que Michel Foucault tentou demonstrar em *As palavras e as coisas* que o pensamento humano é dominado por estruturas mentais inconscientes. A era da razão teria ignorado o tempo. Na mente de Foucault, o *Discurso sobre a história universal* de Bossuet representava, sem dúvida, a exceção que confirma a regra. A era seguinte teria, com relação ao tempo, o olhar de Ximena.[2] A partir do modelo da fonologia estrutural, que havia destacado a estrutura dos sistemas de fonemas característicos a diversas línguas, Foucault tentou definir a estrutura dos sistemas de ideias característicos de cada período, batizou de "epistema" essa estrutura, anunciou o surgimento de uma nova disciplina, a "arqueologia do saber", e deu a entender que se podia ignorar a subjetividade dos seres humanos, ou seja, tratá-la como o centro de ilusões produzidas pelas estruturas.

A sociologia estruturalista adotou os mesmos pontos de vista e atribuiu às estruturas sociais a capacidade de explicar, indistintamente, todos os comportamentos sociais.

Contudo, o movimento estruturalista acabou tropeçando em dois obstáculos imprevistos. Aos poucos, os trabalhos da antropologia estrutural revelaram-se muito menos convincentes que os da fonologia estrutural. No caso da análise das estruturas de parentesco, seu balanço foi feito por F. Héran (2009) que, em poucas palavras, concluiu pela natureza extremamente hipotética de seus resultados. Segundo ele, o ideal teria sido explicar as regras que definem os

---

2 Referência ao olhar aflito que Ximena, ao ver seu pai aproximar-se, endereça a Dom Rodrigo, seu marido. Rodrigo Díaz de Vivar, também conhecido como Cid, o Campeador – título de uma saga a seu respeito – foi um nobre guerreiro castelhano que viveu no século XI, quando a Hispânia estava dividida entre os reinos rivais de cristãos e muçulmanos (mouros). (N. T.)

sistemas de parentesco do mesmo modo que explicamos qualquer outra regra, tornando-as, à maneira de Max Weber, o resultado de um processo de racionalização. Ele não explicita – sou eu que o faço – que a ausência de traços históricos só torna esse ideal realizável, no máximo, de maneira bastante incompleta. Resumindo: sobre determinados assuntos, é preciso saber conter nossa *libido sciendi* e admitir que estamos mais ou menos condenados a ignorá-los totalmente, no máximo a levantar hipóteses frágeis.

O estruturalismo tropeçou em outro obstáculo imprevisto. O método estrutural justificava-se na fonologia ou na antropologia pela ausência de traços históricos, ou seja, por razões de natureza metodológica. Com Foucault, com a sociologia e com a crítica literária estruturais, passou-se de um estruturalismo metodológico a um estruturalismo metafísico. A análise dos mitos ou das regras de casamento nas sociedades sem escrita não podia trilhar um caminho histórico. Esse não é o caso da análise das ideias. Tampouco é o caso dos textos literários ou dos comportamentos sociais. Resumindo: o estruturalismo pretendeu contrapor à história das ideias, à sociologia ou à crítica literária – tal como essas disciplinas haviam se desenvolvido antes do seu aparecimento – uma abordagem nova, mais sólida. A ilusão prosperou por algum tempo, até que se percebesse que o rei estava nu.

Em todo caso, as causas evocadas pelas variantes estruturalistas do programa naturalista têm, certamente, uma natureza material: elas não devem nada à intervenção da mente humana. Assim como as causas postas em relevo pela variante sociobiológica, elas são não apenas hipotéticas, mas também de natureza oculta.

Variantes meméticas

A "memética" é certamente a variante do programa naturalista mais popular hoje, em nível internacional, nos círculos das ciências sociais. Ela deve sua reputação ao talento de seus defensores, mas também, sem dúvida, à perspectiva naturalista à qual suas pesquisas tentaram dar uma legitimidade e uma materialidade.

Darwin havia sugerido, em *A descendência do homem* (1871), mais de dez anos depois de seu livro sobre *A origem das espécies* (1859), que a adoção de palavras novas talvez resultasse de um processo de seleção análogo àquele que ele transformara no núcleo de sua teoria da evolução. Depois de permanecer adormecida durante muito tempo, essa ideia foi retomada, desenvolvida e apresentada de maneira sistemática nas últimas décadas, especialmente por Richard Dawkins (1976) e depois por Gary Runciman (2000, 2009). Ela procura reproduzir os princípios do darwinismo e aplicá-los aos fenômenos culturais. As pesquisas de Dan Sperber (1996), embora revelem uma originalidade incontestável, têm uma grande afinidade com as pesquisas de Dawkins, na medida em que atribuem uma importância decisiva ao fenômeno do contágio das ideias. Observem que o termo "contágio" foi tomado de empréstimo das ciências da vida.

Voltando à teoria de Dawkins, do mesmo modo que os genes se reproduzem por meio dos indivíduos, estão sujeitos a mutações e são selecionados em razão de sua *fitness* – de sua capacidade de adaptação –, existiriam "memes", ou seja, partículas elementares de natureza cultural, que seriam capazes de se transferir de um indivíduo a outro por meio do mecanismo da imitação. Eles estão sujeitos a mutações, por exemplo, quando um indivíduo aperfeiçoa uma ferramenta, e são selecionados em função de sua *fitness*, por exemplo, quando a nova ferramenta se mostra mais eficaz que a antiga. Graças a essa analogia entre genes e memes, os memeticistas tentam reduzir os fenômenos culturais a mecanismos que fazem uma abstração completa do conteúdo das ideias e do seu tratamento na mente dos indivíduos.

Contudo, como ressalta D. Guillo (2009), somente nos casos-limite é que podemos pressupor que um "meme" se espalhe por meio de um simples efeito de imitação. De fato, um meme tão banal quanto um trocadilho só se dissemina se o indivíduo que o divulga tiver bons motivos para esperar que ele seja compreendido e apreciado por seu interlocutor. Por outro lado, o critério da *fitness*, por exemplo, dificilmente se aplica a uma nova moda de roupa; é mais apropriado observar que ela é aceita por ser portadora de uma ideia ou de um valor estético ou moral. Os *jeans* pré-lavados e rasgados cujo processo de fabricação acaba com os pulmões dos operários turcos vendem bem nos países ocidentais não tanto porque um "meme" se espalharia de um cérebro a outro sob o efeito da imitação, e sim porque eles simbolizam a compaixão do jovem burguês não conformista diante da miséria do mundo. Embora esse significado certamente seja experimentado pelo jovem de forma metaconsciente, ele está mais ou menos presente em sua mente. A moda das roupas civis inspiradas nos uniformes militares só conseguiu se implantar porque simboliza a postura negativa em relação aos conflitos armados que caracteriza a sensibilidade moral contemporânea e porque aquele que as veste percebe, de forma mais ou menos confusa, seu significado. O "pente africano" tornou-se raro no período em que os imigrantes africanos e seus descendentes procuravam se integrar nos países ocidentais de acolhida. Ele reapareceu no mercado há alguns anos, indicando que, para seu utilizador, a adaptação ao país de acolhida não exclui a preservação das tradições do país de origem.

Resumindo: a popularidade atual da memética nas ciências sociais decorre sobretudo, sem dúvida – como a do estruturalismo de um passado recente –, do fato de satisfazer, ao menos na aparência, às exigências do programa naturalista, mais que de sua capacidade de produzir teorias que explicariam fenômenos obscuros de forma satisfatória.

A natureza metafísica das motivações de Dawkins, criador e defensor da memética, talvez seja confirmada indiretamente pelo fato de ele ter se transformado nos últimos anos em um militante fanático da luta contra os movimentos religiosos um pouco heréticos que se desenvolvem, especialmente nos Estados Unidos, em torno do conceito de *intelligent design*.

Variante mágica

Uma última variante da perspectiva naturalista pretende renovar a teoria do homem-máquina posta no mercado no século XVIII por La Mettrie, acoplando à visão "neuronal" do ser humano a visão que transforma o *Homo sociologicus* num produto absoluto do seu ambiente social. Na verdade, no que diz respeito aos defensores da visão neuronal do ser humano, eles ficariam felizes em demonstrar que ela explica algo diferente dos comportamentos elementares. Quanto às ciências sociais, algumas ficariam encantadas em detectar no cérebro o traço do condicionamento social. Como Gérald Bronner (2010) sugere em termos velados, essa variante mágica inspirou uma sopa conceitual um pouco indigesta.

É curioso que a teoria do homem-máquina continue a fazer sonhar numa época em que a pesquisa etológica relegou definitivamente ao esquecimento a teoria do animal-máquina. De fato, será que se imagina realmente que é possível explicar um fenômeno social a partir de mecanismos infraindividuais? Será que se acredita ser possível recuperar o percurso social de um indivíduo percorrendo por seu cérebro como por entre as engrenagens de um moinho? Será que se acredita ser possível, inspecionando o cérebro, reconstituir o universo cambiante dos parâmetros que lhe abriram uma sequência de universos de possibilidades que ele próprio modificou por suas decisões sucessivas? O grande pianista Arthur Schnabel explicou que durante muito tempo ele considerou que seu futuro seria compor, até o momento em que constatou que só comporia peças como as de Schubert. É preciso ter a mente bastante impregnada de cientificismo para esperar detectar esse percurso no cérebro.

Na realidade, a variante mágica do programa naturalista tem interesse sobretudo do ponto de vista da história das ideias, que é o interesse de demonstrar a resiliência do cientificismo. Se ele está morto e enterrado enquanto movimento de pensamento global, tende a reaparecer localmente, sobretudo nas áreas mais frágeis do conhecimento. No dia 14 de junho de 2011, como um sintoma do retorno da teoria insubmersível do homem-máquina, a British Academy julgou oportuno organizar uma sessão sobre o tema Neuroscience and Neuromania (Neurociência e Neuromania), definindo a neuromania como o desvio "baseado na crença de que a atividade cerebral não é apenas uma condição necessária, mas uma condição suficiente da consciência humana e que, consequentemente, nosso comportamento cotidiano pode ser inteiramente compreendido em termos neuronais" [*founded on the belief that brain activity is not merely a necessary but a sufficient condition for human consciousness and that consequently our behaviour in every day life can be entirely understood in neural terms].*

Espinosa ou Leibniz?

Atualmente, tratando-se da explicação do comportamento humano, em vários círculos de pensamento a moda é o monismo. Essa é também uma das razões pelas quais se pretende, a qualquer custo, buscar essa explicação em um nível infraindividual. A moda em questão procura às vezes atribuir-se títulos de nobreza invocando para si o monismo de Espinosa (Damasio, 2003).

No entanto, o dualismo de Leibniz é portador de uma verdade muito mais convincente. Caso se pudesse, como ele convida, percorrer o cérebro como se estivéssemos entre as engrenagens de um moinho, não teríamos nenhuma possibilidade de detectar ali os mecanismos que explicam, como ele diz, nem a percepção nem tampouco o percurso de Arthur Schnabel, nem o fato de que os participantes do jogo do ultimato preferem perder 20 € a perder sua alma:

> Aliás, somos obrigados a confessar que a percepção, e o que depende dela, é inexplicável por razões mecânicas, isto é, pelas ilustrações e pelos movimentos. E supondo que exista uma máquina cuja estrutura faça pensar, sentir, perceber, poderíamos imaginá-la aumentada, mantendo as mesmas proporções, de sorte que pudéssemos penetrar nela como em um moinho. E, admitindo-se isso, só encontraríamos ao visitá-la por dentro peças que impelem umas às outras, e jamais algo que explicasse uma percepção. (Leibniz, 1714, reedição de 1881, p.13)

Por fim, a variante mágica do modelo naturalista ignora uma das conquistas mais sólidas da reflexão sobre as ciências, a saber, que todo conhecimento se baseia na aplicação de um paradigma, isto é, de um conjunto de princípios. Esse dado é ignorado por todos aqueles que sonham em abolir a descontinuidade entre a dimensão infraindividual e a dimensão racional do ser humano. Eles não veem que a biologia deve suas conquistas ao fato de se apoiar em um paradigma, o paradigma naturalista; que a sociologia deve suas conquistas ao fato de se apoiar em outro paradigma, o paradigma racional; e que esses paradigmas são incomensuráveis.

No entanto, a descontinuidade entre biologia e sociologia surge, à luz de uma experiência secular, como um fato irrecusável. Todas as tentativas das ciências humanas de adotar um programa naturalista – quer se trate da psicanálise, do estruturalismo, das formas vulgares de marxismo, da memética e de outros projetos do gênero – conduziram, na melhor das hipóteses, a meios fracassos. Isso não significa que essas tentativas estejam condenadas a desaparecer. Elas são preservadas do desaparecimento especialmente por representar a fonte de remunerações sociais para um grande número de pesquisadores e por atender à demanda de uma multidão de usuários.

Um programa que vem de longe

Seria interessante escrever uma história detalhada do programa naturalista. Ele vem de longe. Quando as ciências da natureza se constituem, na segunda metade do século XVIII, coloca-se para diversas pessoas a questão de saber o que diferencia a ciência da especulação filosófica. Em se tratando daquilo que ainda não é conhecido como "ciências humanas", mas como "ciências morais" na França e "ciências do espírito" na Alemanha, existe a convicção de que elas também podem sofrer uma revolução. E o critério que tende a se estabelecer para diferenciar as teorias especulativas das teorias científicas na matéria é o da recusa do inatismo.

Essa recusa tinha surgido no século XVII na pena de John Locke. Na segunda metade do século seguinte, procura-se aplicar ao estudo dos fenômenos humanos o modelo inverso, das características adquiridas. Condillac desenvolve então o conceito de que as ideias devem ser analisadas como resultado das sensações. Destutt de Tracy cria um termo novo, "ideologia", para designar a ciência que visa explicar a formação das ideias e marcar bem o contraste entre a nova ciência e a psicologia tradicional. Pode-se avaliar a importância que assume à época a oposição entre o inato e o adquirido pelo fato de Lamarck e Lavoisier julgarem oportuno homenagear Condillac nos prefácios de suas obras (Lefranc, 1998). Isso porque eles veem nele o fundador de uma nova disciplina científica, que trata dos fenômenos humanos. E mais: como tendo realizado nesse campo, ao atribuir às ideias uma causa material, uma ruptura análoga às que haviam permitido à física, à química e às ciências da vida passar do estado especulativo para o estado científico.

A recusa do inatismo reaparece no marxismo. Embora não aconteça o mesmo com outras formas contemporâneas de naturalismo, percebe-se sempre por trás de todas essas formas uma preocupação mais ou menos consciente de separar a abordagem científica da abordagem especulativa dos fenômenos e de buscar um critério simples que permita identificar essa diferenciação. A oposição entre o inato e o adquirido não tem mais a importância que teve, sob formas variáveis, do século XVIII ao XX. Ela foi substituída hoje pela oposição entre o infraindividual e o racional.

A história das ideias é fascinante pelas trocas abruptas de assunto de que ela é testemunha. No final do século XVIII, o apriorismo de Kant é bastante mal aceito na França e passa por nebuloso, pois é visto como uma variação de um inatismo considerado desqualificado e pertencente ao passado. O purgatório francês de Kant, contudo, durou pouco: grande parte da filosofia do século XIX e até mesmo do século XX apresenta-se como um comentário interminável ao kantismo, tanto na Alemanha quanto na França.

Essa história nos deixa duas impressões. A primeira é que, desde a institucionalização das ciências da natureza, a questão da diferenciação entre a ciência e a especulação filosófica foi colocada de maneira obcecante com relação às ciências humanas. A atração persistente do naturalismo decorre do fato de ele oferecer uma resposta simples a essa questão: sempre atribuir os fenômenos que se pretende explicar a causas "materiais". A segunda é que o kantismo ofereceu, sob a forma da especulação filosófica, um programa alternativo que a sociologia pôs em prática com êxito: o programa racional. Desse ponto de vista,

Durkheim é emblemático: ele apresenta com total lucidez suas análises das *Formas elementares da vida religiosa* como uma teoria inspirada na filosofia kantiana, mas que apresenta um caráter científico.

O programa racional

O segundo grande programa que inspira as ciências sociais, o programa racional, parte de uma visão de conjunto, de um paradigma, definido classicamente como "individualismo metodológico". Hoje essa expressão é substituída frequentemente por "sociologia explicativa" (*erklärende Soziologie*) ou "sociologia analítica" (*analytical sociology*) (Manzo, 2010; Demeulenaere, 2011). Em um passado recente, falava-se mais nos Estados Unidos, acompanhando Robert Merton, de "teoria da gama média" (*middle range theory*). Pawson (2009) deixou claro o parentesco, para não dizer a identidade, entre o individualismo metodológico e a *middle range theory*. Essas diferentes expressões designam os mesmos sistema de postulados. Elas têm a vantagem de prestar-se menos à confusão e à polêmica que a expressão "individualismo metodológico", porém, com exceção da expressão "sociologia explicativa", apresentam o inconveniente de ser menos evocadoras.

O individualismo metodológico define-se por três postulados. O primeiro pressupõe que todo fenômeno social resulta de comportamentos individuais. É o postulado do "individualismo". A decorrência disso é que o momento fundamental de qualquer análise consiste em compreender a causa dos comportamentos individuais responsáveis pelo fenômeno social que se procura explicar. De acordo com o segundo postulado, compreender o comportamento de um indivíduo é reconstruir as razões que o levaram a adotá-lo, partindo-se do pressuposto de que em princípio essa operação sempre é possível desde que se disponha de informações apropriadas. É o postulado da "compreensão". O terceiro postulado estabelece que o indivíduo adota um comportamento porque ele tem razões pessoais e/ou impessoais para fazê-lo. É o postulado da "racionalidade". Portanto, esse postulado pressupõe que a causa do comportamento do indivíduo está baseada em razões. Ele não implica que o indivíduo tenha consciência clara delas. Porém, ao fazer das razões a causa do comportamento, pressupõe que este último resulta de causas não materiais: de causas que traduzem uma atividade da mente humana e que são dotadas de uma existência subjetiva, ao menos em nível metaconsciente. Por outro lado, ele reconhece que as razões do indivíduo são parametrizadas pelos dados impostos a ele, como seus recursos cognitivos e sociais ou as características do seu meio.

As ciências sociais utilizam diversas variantes do individualismo metodológico. Vamos ficar apenas com as duas mais importantes: inúmeros autores limitam-se aos três postulados fundamentais do individualismo, da compreensão e da racionalidade. Eles se apegam à ideia de que os indivíduos fazem o que fazem porque têm razões para fazê-lo; o problema é reconstruir essas razões. Eles admitem que essas razões podem ser pessoais ou impessoais. Ou, para empregar uma terminologia mais atual, que o comportamento se explica por motivações e por razões. Podemos concordar em denominar essa versão do individualismo metodológico como "cognitiva". É ela que encontramos aplicada, geralmente de maneira implícita, em inúmeras pesquisas da sociologia clássica e moderna.

Outra versão do programa racional acrescenta postulados suplementares a esses postulados. Ela admite que, para o indivíduo, o sentido de sua ação reside sempre nos efeitos ou, como nos habituamos a dizer, nas consequências da dita ação tal como ele as percebe. É o postulado do "consequencialismo". Além disso, ela pressupõe que, entre as consequências de sua ação, interessam prioritariamente ao indivíduo as que lhe dizem respeito pessoalmente. É o postulado do "egoísmo". Podemos denominar essa versão do individualismo metodológico de "utilitarista". Geralmente a definimos hoje pela expressão "teoria da escolha racional". Ela também desempenha um papel fundamental nas ciências sociais e desfruta de grande prestígio internacional.

Os seis programas aos quais acabamos de ser apresentados atravessam os séculos. No caso da teoria da escolha racional, ela foi, antes da nossa época, a teoria favorita dos moralistas franceses, tanto de La Rochefoucauld – que atribui um papel primordial ao "amor-próprio" na explicação do comportamento humano – quanto de Pascal: "Todos os homens procuram ser felizes; sem exceção [...]. É o motivo de todas as ações de todos os homens, mesmo daqueles que vão se enforcar" (Pensamento n.425 na edição Brunschvicg). Gambetta (2005) e Brym e Hamlin (2009) mostraram que esse pensamento de Pascal se aplica perfeitamente aos atentados suicidas.

As variantes utilitarista e cognitiva do programa racional são as que as ciências sociais utilizam com mais frequência. Elas devem sua importância – do ponto de vista da questão que nos interessa aqui, a do naturalismo – ao fato de demonstrarem, por exemplo, que uma explicação pode satisfazer plenamente os critérios de cientificidade e escapar das dificuldades encontradas pelos programas tratando o ser humano segundo o método naturalista.

Variantes utilitaristas

Encontramos inúmeros exemplos de teorias relacionadas à variante utilitarista do programa racional. Vamos nos limitar a mencionar alguns.

Primeiramente, um exemplo antigo: segundo Hobbes, "todo mal infligido sem qualquer intenção ou possibilidade de preparar o delinquente ou, por meio do seu exemplo, outros homens a obedecer à lei, não é um castigo, mas um gesto de hostilidade". Portanto, a repressão justifica-se por seu efeito dissuasivo. Porém, só pode haver dissuasão efetiva se o preço eventual que o delinquente pode esperar pagar for superior às vantagens que ele pode esperar obter de seus atos: "É da natureza da punição ter por finalidade preparar os homens para obedecer à lei; ora, se a punição é menor que a vantagem da transgressão, longe de atender a essa finalidade, ela agiria em sentido contrário" (Hobbes, 1651, p.133, referência à tradução francesa de 1999). Contudo, a sociologia criminal contemporânea deixaria claro que o criminoso tende a ser mais sensível à probabilidade que uma pena lhe seja efetivamente aplicada do que ao tamanho dela (Cusson, 1983).

Do lado dos autores modernos, Hayek (1973-1979) enxerga a origem dos sentimentos morais na troca. Dois indivíduos constatam que tanto um quanto outro ganha com uma troca. Sob a ação desse mecanismo, o respeito pela palavra dada instalou-se como um valor positivo. A valorização positiva da liberdade individual ou da propriedade privada se imporia da mesma maneira, a partir da constatação de seus efeitos positivos. Para Harsanyi (1955), a teoria da escolha racional basta para explicar o conjunto dos sentimentos morais: eles são, para ele, um efeito indireto do interesse bem concebido. As pesquisas de Piaget (1932) sobre o julgamento moral, embora de natureza diferente, ilustram a mesma ideia. A partir de um certo estágio de sua evolução, as crianças compreendem que a trapaça acaba com o interesse do jogo e a condenam.

Contrariamente àquilo em que se acredita geralmente, a teoria da escolha racional foi aplicada com êxito, não apenas em temas econômicos, mas em questões morais, sociais e políticas fundamentais. Ela registrou, em sua lista de realizações, feitos espetaculares no âmbito de temas fora da economia. Um único exemplo basta para nos convencer disso: ela permite explicar a "lei implacável da oligarquia", de Roberto Michels, segundo a qual um partido, um sindicato ou um governo, ainda que seja profundamente democrático, tem a tendência de se comportar de maneira oligárquica.

Essa lei explica-se pelo modelo pertencente à teoria da escolha racional proposto por Olson (1965): quando um grupo pequeno organizado procura impor seus interesses a um grupo grande não organizado, ele tem possibilidade de encontrar pouca resistência, pois os membros do grupo grande tendem a se comportar como passageiros clandestinos, isto é, a contar que os outros façam pressão para se opor ao grupo pequeno. Em outras palavras, cada um espera poder tirar vantagem de uma resistência coletiva que ele almeja, sem estar disposto, no entanto, a assumir seu custo, pois sabe que tirará vantagens da resistência mesmo que não participe dela. A consequência disso é que é possível que não ocorra uma ação coletiva do grupo grande contra o grupo pequeno.

Esse mecanismo explica que os dirigentes de um partido ou de um sindicato tenham o poder de impor a seus simpatizantes uma política contrária a seus desejos, mas também que um governo possa dar mais atenção às exigências das corporações e, em termos gerais, dos grupos de pressão do que às expectativas da população. Ou ainda que os movimentos de rua estejam mais desenvolvidos nas democracias em que o poder Executivo é insuficientemente contrabalançado por um poder Legislativo respeitado pela população, fazendo com que as corporações e os grupos de pressão possam, então, atacar um alvo identificável e visível sem precisar temer a oposição da população.

O efeito Olson também explica fenômenos de natureza ideológica. Algumas ideias foram lançadas por grupos de pressão ou redes de conivência e de afinidade. Pensamos, por exemplo, no pedagogismo ou na imposição do método "global" de leitura. Só uma fração da população adere a ele. Porém, em virtude do efeito Olson, o conjunto da população não tem vontade de se opor a ele. É por isso que assistimos ao surgimento do fenômeno do "pensamento único", sobretudo nos países de tradição centralizadora como a França.

Em suma, inúmeros fenômenos relativos aos movimentos sociais, à criminalidade, à opinião pública, ao poder político, à ideologia e praticamente a todos os assuntos pertencentes às ciências sociais foram explicados de maneira eficaz a partir da teoria da escolha racional.

Variantes cognitivas

A versão cognitiva do programa racional é a herdeira moderna de outro programa importante. Como os outros, ele é antigo. Para além de suas diferenças, David Hume, Adam Smith (1793) ou Jean-Jacques Rousseau, entre os clássicos, e Michael Walzer, John Rawls ou Jürgen Habermas, entre os modernos, têm em comum a postura de atribuir os sentimentos de legitimidade ou de ilegitimidade suscitados por determinadas instituições, determinados comportamentos, determinadas ações sociais ou determinados estados de coisas ao fato de que os indivíduos os percebam, de maneira mais ou menos confusa, como baseados em razões aceitáveis ou não por todos. Mais precisamente: como aceitáveis por quem quer que esteja em posição de não levar em conta suas paixões e seus interesses.

Essa ideia fundamental não somente reaparece de forma insistente nas ciências sociais clássicas e modernas, mas também foi concretizada por meio de metáforas na maioria das vezes célebres: é o "espectador judicioso" de Hume, o "espectador imparcial" de Adam Smith, a "vontade geral" de Rousseau, que ele define como sendo sempre correta, ou o "véu da ignorância" de Rawls. Contudo, por baixo dessas diferentes roupagens, é uma mesma ideia que transparece, a de que uma instituição, uma ação social ou um estado de coisas são vistos como aceitáveis ou legítimos a partir do momento em que um indivíduo qualquer que se encontre em posição de escapar de suas paixões e de seus interesses – em outras palavras, de razões pessoais – o julgue assim a partir de razões impessoais. A reaparição regular dessas ideias, do século XVIII aos dias de hoje, é uma prova indireta de sua força intrínseca.

A versão cognitiva do programa racional também pode levar em conta o fato de que a racionalidade do comportamento humano inclui sempre uma dimensão cognitiva mais ou menos explícita, mesmo nas situações em que o sujeito social procura maximizar seu interesse.

De fato, como mostra o exemplo das pesquisas de Axelrod (1992) sobre o jogo do dilema do prisioneiro repetitivo, o próprio programa utilitarista não pode ignorar a dimensão cognitiva do comportamento. Segundo Axelrod, quando os indivíduos percebem que têm interesse a curto prazo em trair a palavra dada, mas que isso produz a longo prazo efeitos desfavoráveis a eles, eles tendem a respeitá-la. Os indivíduos compreendem, com efeito, que existe uma contradição entre seus interesses de curto e de longo prazo, e decidem entre os dois baseando-se em hipóteses prováveis a propósito do comportamento de seu companheiro. Concluem então que é de seu interesse cooperar em vez de ceder à tentação das vantagens de curto prazo da traição.

Como mostrou Durkheim (1912), as próprias crenças religiosas podem ser explicadas com a ajuda da versão cognitiva do programa racional. Podemos nos referir especialmente à sua explicação da prática de rituais da chuva pelos aborígenes da Austrália, à sua explicação da universalidade do conceito de alma, à sua análise da proliferação de milagres no Oriente Médio na época de Jesus ou, ainda, à sua explicação da imposição por todas as religiões de práticas ascéticas a seus seguidores. A célebre Ética protestante de Weber também deve seu interesse ao fato de utilizar a versão cognitiva do programa racional: os puritanos dedicam-se à busca do sucesso porque têm razões para fazê-lo a partir do momento em que aceitam os princípios do calvinismo. Temos aqui uma ilustração do postulado geral que preside toda a obra de Weber: "Não são os interesses, são as ideias que controlam diretamente a ação humana" (*Interessen nicht: Ideen beherrschen unmittelbar das Handeln des Menschen*) (Weber, 1920a, p.252).

As pesquisas sociológicas utilizam geralmente, segundo seu tema, uma ou outra das duas versões do programa racional. Desse modo, Lankford e Hakim (2011) mostraram que os autores de massacres coletivos, sejam eles camicases ou assassinos como o do colégio de Columbine, nos Estados Unidos, possuem características comuns: infância problemática, baixa autoestima, ambiente opressivo, sentimento de crise pessoal, desejo de reconhecimento e de glória. Em razão dessa parametrização contextual, o indivíduo estabelece o objetivo de ser famoso de modo a alcançar a autoestima que lhe foi recusada, utilizando os recursos ao seu alcance que lhe permitam chegar ao seu objetivo. Essa explicação recorre somente a dados factuais e a leis psicológicas incontestáveis como: "tendemos a buscar a autoestima"; "quando somos sistematicamente rejeitados, tendemos a perder a autoestima"; "chamar a atenção do outro é uma forma de reforçar a autoestima"; "recuperar a autoestima pode ser tão importante, que aceitamos alcançar esse objetivo pagando um preço alto" etc. A parametrização contextual permite compreender as razões que inspiram o comportamento do indivíduo. Nenhuma causa oculta aqui. Os parâmetros contextuais são dados reais; eles não têm a natureza de causas eficientes. Quanto às leis psicológicas, elas têm uma natureza probabilista. Isso explica que possamos invocá-las *a posteriori*, com o objetivo de explicar algo, mas não *a priori*, para prever o comportamento de um indivíduo específico. Segundo Pascal, mesmo "aqueles que querem se enforcar" buscam a felicidade. Porém, eles se encontram numa situação em que geralmente não conseguem pensar em outra solução que não seja o suicídio. Na França, Jean Baechler (1975) ilustrou e desenvolveu essa ideia de maneira brilhante.

Nas duas versões principais, o programa racional apresenta a característica dupla de impedir que se reduza o comportamento a causas materiais que excluam a intervenção da mente humana, ao mesmo tempo que produz explicações que obedecem aos princípios da cientificidade, uma vez que elas só recorrem a dados factuais e a leis psicológicas que ninguém contesta.

Como constatamos logo à primeira vista ao nos referirmos à lista dos postulados que regem as versões utilitarista e cognitiva do programa racional, esta última engloba a primeira como um caso particular. Pois os indivíduos só obedecem a razões exclusivamente consequencialistas e egoístas em determinadas situações. Em termos gerais, como indica o conceito weberiano de "ação social", eles agem sob o olhar do outro. Portanto, eles têm de levar em conta – e, consequentemente, incluir – as razões impessoais nas determinantes de seu comportamento.

A explicação científica

Como escreveu um comentarista da obra coletiva sobre a "sociologia analítica" coordenada por Pierre Demeulenaere (2011), a sociologia analítica nada mais é que a "boa sociologia". A "boa" sociologia às vezes é também chamada, com justiça, de "explicativa" (*erklärende Soziologie*): ela pretende, antes de mais nada, tornar transparentes fenômenos obscuros, como toda ciência digna desse nome. Surge então a questão dos critérios que permitem identificar a boa sociologia. É uma questão complexa, e a melhor maneira de respondê-la é, sem dúvida, analisando a fundo as grandes obras, até chegar aos princípios dos quais elas retiram sua força.

Em se tratando das ciências humanas e, particularmente, das ciências sociais, a explicação científica não consiste em só admitir numa explicação as causas materiais, sob o pretexto de que essa restrição tem uma correlação íntima com o acesso ao estatuto científico das ciências da natureza. Insisti suficientemente sobre a natureza inaceitável dessa definição quando se trata das ciências sociais; por isso, não é o caso de retomá-la. A explicação científica tampouco consiste em estabelecer leis: uma lei é um dado que pode ser utilizado numa explicação, mas que não é, ela mesma, uma explicação. Como definir então o conceito de explicação científica? Resposta: uma explicação de qualquer fenômeno, seja qual for sua natureza, consiste em um sistema de proposições compatíveis entre si e todas aceitáveis, de onde se deduz a existência do fenômeno que se procura explicar. Como cada uma das proposições é aceitável, o mistério do fenômeno é eliminado: ele é, então, "explicado". Algumas dessas proposições podem evocar dados reais; outras, leis. Essa definição aplica-se tanto às ciências da natureza quanto às ciências humanas e, particularmente, às ciências sociais.

Certamente existem casos em que vários sistemas de proposições entram em competição. No entanto, o progresso científico consiste, por princípio, em imaginar um sistema superior ao de seus concorrentes. Para evocar exemplos canônicos: é o que fizeram Torricelli e Pascal ao criar um concorrente da teoria aristotélica do fenômeno que daria origem ao barômetro; foi o que fez Lavoisier ao contrapor seu oxigênio ao flogístico de Priestley; é o que fez Durkheim ao contrapor sua teoria dos rituais mágicos à teoria de Lévy-Bruhl, ou sua teoria dos milagres à teoria de Voltaire em seu *Ensaio sobre os costumes*. A teoria dos rituais mágicos de Durkheim é superior às outras porque as proposições que a compõem evocam ou dados factuais tirados da observação (como: o "homem primitivo" não aceita mais que o homem moderno uma contradição entre a teoria na qual ele crê e a realidade) ou leis (como: "antes de rejeitar uma teoria que explica muitas coisas, preferimos tentar melhorá-la para conciliá-la com os dados que a contradizem").

Se aceitarmos essa definição da explicação científica, ela é, de fato, idêntica nas ciências da natureza e nas ciências sociais. Os procedimentos da explicação são rigorosamente idênticos nos dois casos. A diferença entre as ciências sociais e as ciências da natureza é que não podemos ignorar, sem faltar com o realismo, que os seres humanos são capazes de construir em sua mente intenções e razões para fazer o que fazem ou para crer no que creem. Os objetos da explicação são ontologicamente diferentes no caso das ciências da natureza e no caso das ciências sociais. Mas os procedimentos da explicação que caracterizam as duas categorias de disciplina são idênticos.

O desconhecimento da semelhança dos procedimentos da explicação no caso das ciências sociais e das ciências da natureza levantou dúvidas sobre a capacidade das ciências sociais de alcançar o estatuto de ciência. Essa dúvida foi alimentada pelo fato de que, em determinados casos, as ciências sociais se atribuem como objeto fenômenos mal delimitados, cuja explicação *stricto sensu* não se pode, consequentemente, buscar, mas da qual é possível sugerir diversas interpretações.

Desse modo, como ressaltou Simmel (1907) em um grande livro, certos assuntos – como a biografia de um importante agente histórico ou a história de um acontecimento que teve uma influência duradoura no tempo e no espaço, como a Revolução Francesa – obrigam o analista a privilegiar determinados dados, entre a imensa quantidade de que dispõe, e a hierarquizá-los. Ora, a sensibilidade da época e a sensibilidade do analista normalmente influenciam essa operação. É por isso que as biografias de Napoleão, de Stálin ou de Hitler e as interpretações da Revolução Francesa são estimuladas a se renovar continuamente, mesmo na ausência de fatos novos, sem conseguir chegar a uma interpretação que se imponha definitivamente em relação às outras. Por outro lado, a explicação de um fenômeno particular, como a diferença entre os níveis de religiosidade dos americanos e dos europeus – "a exceção religiosa americana" –, provocou explicações que se completam umas às outras e se combinam facilmente, compondo finalmente uma teoria única que acaba se impondo e não é passível senão de aperfeiçoamentos secundários.

Não há dúvida de que "explicação" e "interpretação" podem estar ligadas uma à outra numa mesma análise. É importante, porém, diferenciá-las conceitualmente, senão não compreenderemos, em especial, o próprio projeto que deu origem à sociologia. Tanto Durkheim quanto Weber veem a distinção entre a sociologia e a história como a diferença entre uma disciplina que procura explicar fenômenos singulares segundo as regras válidas para todas as ciências e uma disciplina cuja vocação é, antes, a interpretação de fenômenos sem limites.

Se não ficarmos atentos a essas diferenciações, caímos nas rixas metodológicas que inspiraram a alguns a falsa ideia de uma ruptura profunda entre as ciências sociais e as ciências da natureza, e a outros a falsa ideia de que, para ser tão sólidas como as ciências da natureza, as ciências sociais deviam se limitar a pôr em evidência as causas materiais.

As referências, neste caso, seriam infindáveis. Seria preciso mencionar Dilthey, Windelband, Rickert, Husserl ou Habermas e seus sucessores francófonos ou anglófonos. Entre esses protagonistas, Max Weber, Popper, Mises e Hayek esboçaram uma resposta precisa a essas questões: os fenômenos sociais são passíveis de explicação científica desde que sejam bem definidos. Suas causas são as ações sociais de indivíduos dotados de recursos mentais e materiais parametrizados pelo contexto, em cujo ambiente eles fixam seus objetivos e conservam os meios que lhes parecem passíveis de atingi-los. Portanto, essas ações individuais possuem causas que têm a característica de razões ou motivações, em outras palavras, de razões impessoais ou pessoais que podem ser reconstituídas a partir do momento em que se disponha de informações suficientes.

Se o materialismo se associa ao realismo no caso das ciências da natureza, ele se choca de frente com o muro do irrealismo no caso das ciências sociais. Cada vez que a sociologia se apresentou como materialista a fim de alcançar, ela acreditava, a solidez das ciências da natureza, ela sempre chegou a situações de impasse. A crença segundo a qual as verdadeiras causas do comportamento humano seriam obrigatoriamente de natureza material produziu efeitos às vezes inquietantes do ponto de vista político. Basta ver os efeitos de gravidade incalculável da ideia segundo a qual o ser humano seria condicionado por sua cultura ou por seu pertencimento a uma classe social.

O naturalismo ganhou novamente respeito hoje devido aos progressos espetaculares da biologia. A partir desses progressos, Henri Atlan (2011) hoje conclui que o livre-arbítrio não existe. As proteínas e os neurônios não pensam, mas suas combinações complexas e os impactos que eles recebem do exterior produzem o movimento e o pensamento. Minha sensação de erguer o braço porque quero erguer o braço só intervém um instante após se instalarem os mecanismos cerebrais que me levam a erguer o braço. Extrapolando para além da biologia, Atlan afirma que os fenômenos sociais obedecem ao determinismo. Como Damasio, ele mostra que a biologia contemporânea confirma os pressentimentos de Espinosa e até mesmo de Diderot ou de La Mettrie, contra os pressentimentos de Descartes e Leibniz. O livre-arbítrio não passaria de uma ilusão.

Durkheim, Weber e a "boa" sociologia deram razão a Descartes e Leibniz. Acreditamos que 2 mais 2 são 4 porque temos razões para acreditar nisso. As causas dessa crença certamente não são materiais, mas elas não têm nada de imaginário. Isso não nos leva, de modo algum, a negar – o que seria absurdo – que à evocação dessa verdade na mente correspondem fenômenos físico-químicos no cérebro.

Se existe um aspecto irrefutável da teoria do conhecimento, esse é o "trilema de Münchhausen" (Albert, 1987, 1991). Os primeiros elos de toda cadeia argumentativa, entre os quais aquela em que se baseia a teoria científica mais sólida, têm a característica de princípios. Ora, como o nome indica, um princípio só pode ser demonstrado se deixar de ser um princípio. Se procurarmos demonstrá-lo, passamos a girar inevitavelmente em círculos, seja por recorrermos a princípios superiores, entrando, assim, em um movimento sem fim, seja por nos apoiarmos em consequências do princípio que tentamos demonstrar. Resumindo: querer demonstrar um princípio é querer, como o barão de Münchhausen, sair de um lago puxando os próprios cabelos. Portanto, é preciso consentir em admitir um princípio sem demonstrá-lo. Esse teorema é inabalável. A ideia de que não existe conhecimento que não esteja baseado em princípios também o é. Porém, temos dificuldade de imaginar que, apesar disso, o conhecimento possa alcançar a objetividade.

Dito de outra forma: a reflexão sobre as ciências mostrou que toda disciplina científica põe em jogo "paradigmas". Esse termo, introduzido no mercado por Kuhn, teve inúmeros predecessores e sucessores, o que sugere que ele transmite uma ideia importante. Os "*a priori*" de Kant, os "pontos de vista" de Simmel, os "pressupostos" (*Voraussetzungen*) que, segundo Weber, estão presentes tanto na base da teoria física ou biológica mais inabalável quanto nas teorias propostas pelas ciências humanas ou, ainda, os "programas" de Lakatos são conceitos praticamente intercambiáveis que podem ser traduzidos pela palavra "paradigma". A variante utilitarista do programa racional condizente com a teoria instrumental da racionalidade é um exemplo de paradigma. A variante cognitiva do programa racional condizente com a teoria ordinária da racionalidade é outro. Embora os dois se baseiem em princípios *stricto sensu* indemonstráveis, eles revelaram amplamente sua capacidade de inspirar teorias que não ficam devendo nada em rigor às de outras ciências, como os inúmeros exemplos mencionados neste livro sugerem. A variante utilitarista é herdeira da tradição benthamiana; a variante cognitiva, da tradição kantiana.

Acima de tudo, porém, o que eu sugeriria que conservássemos das observações precedentes é que, com exceção das variantes biológicas do programa naturalista, as outras parecem bastante frágeis. A sociobiologia parece condenada a continuar especulativa. O estruturalismo não se recuperou do fato de haver tropeçado em dois obstáculos imprevistos. Os estruturalistas acusaram o golpe, já que, depois de ter agitado a bandeira da Ciência com "C" maiúsculo, transformaram-se, em sua maioria, em literatos na segunda parte da carreira. A popularidade atual da memética deve enfrentar objeções que aparentemente podem levar a melhor sobre ela. Por outro lado, o programa racional está na origem de inúmeros êxitos científicos desde as origens das ciências sociais.

A atração persistente e a multiplicação das metamorfoses da teoria do homem-máquina, a despeito das objeções com as quais ela se depara, talvez também se devam ao fato de que, ao negar qualquer evidência à autonomia e ao livre-arbítrio do ser humano, ela desenvolve uma versão laica, adaptada à nossa época, do tema da predestinação. Em sua versão laica, não é mais a vontade de Deus que se mostra insondável e irrecusável, mas a ação de forças impessoais ocultas, de natureza psíquica, sociobiológica ou sociocultural.

CAPÍTULO VIII

A SOCIOLOGIA COMO CIÊNCIA

Desde sempre, dois tipos de sociologia exercem uma influência profunda, mas desigual, sobre as ideias que circulam na sociedade. O primeiro consegue dar explicações esclarecedoras dos fenômenos sociais porque se baseia em três princípios sólidos. Contudo, por motivos fáceis de explicar, o segundo é mais influente.

As duas grandes linhas da sociologia

Como todas as ciências humanas, a sociologia sempre foi uma disciplina bastante diversificada. No entanto, é possível identificar uma tensão permanente entre duas concepções: a que alimenta a ambição de compreender a sociedade como um todo e a que procura, em vez disso, explicar fatos sociais singulares.

Desse modo, Émile Durkheim, aquele que todos os manuais consideram, juntamente com Max Weber, o pai da sociologia, levanta, no ensaio *O suicídio*, uma série de questões que tratam de fenômenos singulares: por que, de acordo com as estatísticas disponíveis na passagem do século XIX para o século XX, os índices de suicídio das mulheres são, de forma bastante sistemática, mais baixos que os dos homens? Por que os índices de suicídio dos protestantes são mais elevados que os dos católicos? Por que os dos solteiros são mais elevados que os das pessoas que têm família?

Explicar um fenômeno social singular equivale a recorrer a uma teoria, isto é, a um conjunto de proposições compatíveis entre si e aceitáveis por razões empíricas ou por razões psicológicas plausíveis. Em seguida, podemos nos perguntar, como faz Durkheim, se vários fenômenos singulares podem ser explicados por meio de uma única teoria. A definição do conceito de explicação é a mesma no caso das ciências da natureza; a diferença, evidentemente, é que nesse caso as proposições psicológicas não têm nenhuma função.

Max Weber segue o mesmo raciocínio. Assim, ele se pergunta, em *Judaísmo antigo*, por que os fariseus acreditavam na imortalidade da alma e por que os saduceus não acreditavam nela. Em outra passagem, ele se pergunta sobre a razão de ser da exceção religiosa norte-americana: por que os norte-americanos continuam muito mais religiosos que os ingleses, os franceses ou os alemães? Ainda em outra passagem, ele se pergunta por que o "primitivo" considera o gesto do fazedor de fogo tão mágico quanto o gesto do fazedor de chuva. A acumulação de explicações que ele propõe de fenômenos singulares como esses lhe permite esboçar uma teoria geral dos fenômenos religiosos.

Foi o grande economista austríaco Ludwig von Mises quem criou o conceito de "singularidade metodológica", para identificar o procedimento cujo objeto é explicar fenômenos singulares e diferenciá-lo daquele que procura abarcar objetos amplos com um olhar global. Para von Mises, a singularidade metodológica é uma condição necessária de qualquer explicação científica. O ponto de vista que podemos denominar, por simetria, de "holismo metodológico", pode conduzir a interpretações interessantes, mas não a explicações no sentido estrito do termo.

Se insisto, desde o início, no conceito de singularidade metodológica é porque ele não se aplica apenas à sociologia, mas a todas as ciências humanas. Todas deram origem a tradições de pensamento que seguem o princípio da singularidade metodológica ou seu contrário. Infelizmente, von Mises não percebeu que a sociologia não tem apenas uma dimensão holística (Leroux, 2009). Por esse motivo, ele é parcialmente responsável pela ruptura que se instalou entre a sociologia e a economia.

A esta altura, é indispensável fazer uma observação de natureza histórica. Não é obra do acaso que o conceito de singularidade metodológica tenha sido criado por von Mises, um economista austríaco (Hülsmann, 2007). No final do século XIX e início do século XX, os economistas alemães e austríacos parecem pertencer a dois universos mentais diferentes. Do lado dos primeiros, predomina a corrente de pensamento chamada de escola histórica, cujo maior exemplo é Gustav Schmoller. Simplificando, ele afirma que o objetivo principal da economia é compreender a evolução das instituições econômicas. Os economistas alemães olham com desprezo os jovens economistas austríacos que, como os marginalistas, desenvolvem modelos que procuram explicar fenômenos econômicos singulares. Seu antagonismo deu origem a uma disputa metodológica (*Methodenstreit*) que ficou famosa na história das ideias econômicas.

A história tumultuada da célebre Escola de Sociologia de Frankfurt também é um exemplo do mesmo conflito metodológico. Limito-me a extrair dele um fato curioso. Fugindo da ascensão do nacional-socialismo na Alemanha, vários representantes da Escola de Frankfurt foram acolhidos nos Estados Unidos nos anos 1930. Mark Horkheimer, figura central da Escola, dispõe-se a desenvolver ali um projeto que se inscreve na linhagem de Karl Marx e que visa desenvolver uma Teoria da sociedade que ele insiste em apresentar com "T" maiúsculo, algo comum em alemão mas estranho em inglês. Tendo um pouco de dificuldade para compreender o projeto de Horkheimer, seus interlocutores americanos recusam-se a estimulá-lo. Num primeiro momento, Paul Lazarsfeld, sociólogo de origem austríaca que se tornaria célebre, mas que ainda é pouco conhecido, lhe dá seu apoio. Porém, assim que Horkheimer e Lazarsfeld conseguem criar raízes sólidas no universo universitário norte-americano, eles começam a se hostilizar (Wiggershaus, 1993). O motivo principal é que, a exemplo dos economistas alemães e austríacos, eles tinham se situado em lados opostos da ruptura da singularidade.

Quanto a Horkheimer, ele se inspiraria nas visões totalizantes de Hegel e Marx. Seu plano era renová-las, a fim de adaptá-las às sociedades do entreguerras.

A singularidade metodológica

Ao defender o princípio da singularidade metodológica, os pais fundadores da sociologia procuravam explicar fenômenos sociais enigmáticos com a ajuda de procedimentos comuns a todas as ciências. Assim, em sua pesquisa cotidiana, o biólogo se debruça sobre as causas de fenômenos singulares, como a ação deste ou daquele vírus. Ele não se desinteressa, certamente, do problema da essência e da origem da vida, mas o empurra para suas pesquisas futuras. Para ele, as páginas de um Bergson sobre o "elã vital" ou de um Teilhard de Chardin sobre a "noosfera" representariam apenas uma *bed time reading* (leitura antes de dormir).

Max Weber segue os mesmos princípios que os do biólogo quando explica, por exemplo, por que os fariseus acreditavam na imortalidade da alma, enquanto os saduceus não acreditavam nela. Isso resulta, explica ele, do fato de que os primeiros eram majoritariamente comerciantes, e os segundos constituíam o viveiro de onde eram extraídas as elites políticas judaicas. Para aqueles, a equidade das trocas representava um valor crucial. Portanto, eles se alegravam ao saber que a alma é imortal, pois isso lhes permitia esperar que os méritos e deméritos que não tinham recebido sua justa recompensa aqui em baixo seriam objeto de uma revisão no além. A ideia da imortalidade da alma prometia-lhes, de forma simbólica, a certeza de que sua preocupação com a imparcialidade seria satisfeita. Portanto, ela fazia sentido para eles. Quanto aos saduceus, eles não tinham de modo algum os mesmos motivos para aderir a uma ideia vinda de fora, certamente da Índia, e que lhes parecia estranha.

Tocqueville e Benjamin Constant, antecipando-se nesse caso a Max Weber, tinham preconizado que se explicasse a crença hinduísta na metempsicose da mesma maneira. Segundo esses autores, a sequência de reencarnações de um mesmo ser traduz de forma simbólica a

preocupação do crente de que lhe seja feita justiça numa espécie de julgamento final, ao término do seu ciclo de reencarnações.

Outro exemplo de singularidade metodológica: a explicação proposta por Durkheim dos motivos pelos quais o conceito de milagre é
facilmente evocado durante séculos e depois gradualmente desconside-
rado. É que o conceito de milagre, explica ele, só podia ser desacreditado
a partir do momento em que o desenvolvimento das ciências tivesse
implantado solidamente o conceito de lei da natureza e imposto a ideia
do determinismo. Antes, nada impedia que muitos acontecimentos fossem percebidos como resultado de práticas que, desde a modernidade,
passaram a ser qualificadas como mágicas. Para empregar a terminologia de Weber, antes do desencantamento do mundo era normal que a
noção de milagre fosse algo evidente, ao menos para aqueles que com-
partilhavam as crenças cristãs. Depois, era compreensível que ela fosse
desacreditada. Também é compreensível que a Igreja Católica a man-
tenha da boca para fora. Se não, ela teria de admitir que Deus perdeu
todo o controle do mundo e perder-se, assim, na heresia espinosista do
Deus sive natura.

Quis insistir, para começar, no contraste entre a sociologia que visa
a explicação científica de fatos singulares enigmáticos e a sociologia que
procura compreender as sociedades como totalidades porque esse contraste é permanente.

Em um passado recente, o sociólogo Gustave Le Bon pretendeu
perceber o surgimento de um fenômeno inédito, o fenômeno das multidões. Gabriel Tarde, que havia criado obras-primas científicas pertencentes ao registro singularista na esfera da sociologia judicial (Boudon,
2010a), apresentou-se como generalista e descreveu o mundo social
como impelido por um instinto de imitação que bastaria para explicar
não somente os fenômenos da moda, mas todos os fenômenos sociais.
Isso tornou-o famoso nas altas rodas sociais.

Hoje, o sociólogo alemão Ulrich Beck deve sua popularidade ao
fato de ter descrito as sociedades contemporâneas como "sociedades de risco" (*Risikogesellschaft*). Quanto ao sociólogo anglo-polo-
nês Zygmunt Bauman, ele deve sua influência ao fato de considerá-las
"líquidas" (*liquid societies*): privados doravante de qualquer ponto de

referência, os valores e as instituições teriam perdido toda a solidez. O sociólogo norte-americano Howard Becker sugeriu revogar a estética em proveito da sociologia da arte: segundo ele, nada, a não ser sua afinidade com a moda do momento e o apoio de seus contatos, explicaria o acesso dos grandes artistas à condição de clássicos. Segundo o sociólogo francês Michel Maffesoli, teríamos voltado a uma era das tribos em que não existiria mais moral, mas somente costumes variáveis de uma comunidade para outra.

Essas poucas figuras da sociologia atual certamente não têm, todas, a mesma profundidade de visão. Eu os menciono quase ao acaso a título de exemplo, com o objetivo único de ressaltar que elas devem a atenção que lhes damos ao fato de terem introduzido no mercado de ideias *sweeping views* (opiniões ligeiras) que, a meu ver, ilustram, em graus variados, o comentário que inspiraram a Montaigne as mentes especulativas do seu tempo: "Temo que tenhamos os olhos maiores que a barriga e mais curiosidade que capacidade: abraçamos tudo, mas só estreitamos o vento" (Montaigne, 1595, reedição de 2007, p.208).

Era indispensável voltar a atenção rapidamente para a sociologia de natureza holística, pois ela é, desde sempre, a mais visível. Porém, gostaria de me voltar agora para a sociologia de aspiração científica, aquela para a qual a sociologia tem a vocação de seguir os procedimentos e os princípios seguidos por todas as ciências. A singularidade metodológica representa um desses princípios, mas existem outros.

Na verdade, essa aspiração científica assumiu diversas formas e deu origem a várias tradições de pensamento. Tentarei delimitá-las de forma sucinta, procurando evitar o risco da simplificação.

Sociologia descritiva

Uma dessas tradições de pensamento enfatizou outro princípio metodológico: assegurar que os dados recolhidos pelo sociólogo sejam bem objetivos. É o princípio da neutralidade da observação, geralmente denominado, conforme Max Weber, princípio da "neutralidade axiológica" (*Wertfreiheit*). Chamarei de descritiva essa manifestação da aspiração científica da sociologia: descrever os fatos sociais de maneira a evitar o mais possível o subjetivismo do observador.

Esse tipo de sociologia é exemplificado na França por pesquisas que coincidem, no século XIX, com um período de visibilidade particular da Academia de Ciências Morais e Políticas. Penso especialmente nas pesquisas de Louis Villermé. Eleito para a Academia de Medicina em 1823, ele é eleito para a Academia de Ciências Morais e Políticas em 1832, vindo a presidi-la em 1849. Entre junho de 1835 e agosto de 1837, a Academia o encarrega de visitar os departamentos franceses que abrigam indústrias têxteis, onde ele verifica as condições de trabalho, de alojamento, de alimentação e de salário dos operários. Essas pesquisas minuciosas permitem a publicação, em 1840, do *Tableau de l'état physique et moral des ouvriers employés dans les manufactures de coton, de laine e de soie* (Quadro do estado físico e moral dos operários empregados nas fábricas de algodão, lã e seda). Ele está na origem da lei de 1841 sobre o trabalho infantil nas fábricas que limita a oito anos a idade mínima de admissão nas empresas com mais de vinte empregados e, em 1850, da lei que proíbe o aluguel de alojamentos insalubres. Suas diversas pesquisas sociográficas foram reeditadas em 1986.

É preciso mencionar também, neste capítulo da sociologia descritiva ou sociografia, as pesquisas de Frédéric Le Play publicadas com o título de *Ouvriers européens. Études sur les travaux, la vie domestique et la condition morale des populations ouvrières de l'Europe, précédée d'un exposé de la méthode d'observation* (Operários europeus. Estudos sobre os trabalhos, a vida doméstica e a condição moral das populações operárias da Europa, precedido de uma exposição do método de observação). Como Villermé, Le Play tem o cuidado de produzir informações o menos contaminadas possível pela subjetividade do observador. Para isso, distribui às famílias operárias analisadas pequenos cadernos nos quais elas deveriam anotar minuciosamente suas atividades diárias, de acordo com um protocolo rigoroso.

Nos Estados Unidos, a sociologia descritiva é particularmente característica das pesquisas da Escola de Chicago no período do entreguerras. Destacaram-se ali grandes sociólogos como Robert Park, William Thomas e Florian Znaniecki. Ainda hoje lemos com grande proveito a extensa obra dos dois últimos autores sobre os imigrantes poloneses: ela reúne observações minuciosas sobre os rumos e os modos pelos quais os imigrantes poloneses se inseriram gradualmente na sociedade norte-americana, esclarecendo, de maneira eficaz, os mecanismos da integração.

A questão dos procedimentos de observação também preocupava bastante os sociólogos da prestigiosa Universidade de Colúmbia, de Nova York. Paul Lazarsfeld ficou famoso especialmente por um artigo que se tornou clássico sobre "The Art of Asking Why" (A arte de perguntar por quê) (Lazarsfeld, 1935). Antes de mais nada, ele explicou por que pequenas variações na formulação das perguntas por ocasião de uma entrevista ou em um questionário podem provocar variações consideráveis nas respostas.

Consequentemente, Lazarsfeld desempenharia um papel importante na implantação de pesquisas por meio de questionários padronizados nos Estados Unidos e depois em todo o mundo desenvolvido.

Essas pesquisas apresentaram problemas metodológicos inéditos e frequentemente espinhosos: problemas de amostragem e, sobretudo, de análise de dados, já que as pesquisas que utilizam questionários produzem uma quantidade considerável de informação que a intuição não consegue administrar. O sociólogo, naturalmente, recorre ao estatístico para resolver esse problema. Este, porém, tende a responder sugerindo ao sociólogo métodos de natureza mecânica, que permitem resumir a informação contida nas respostas em vez de extrair o significado delas. De fato, este só pode surgir se o sociólogo conseguir submeter seus dados à prova de hipóteses precisas.

Sociologia quantitativa

A bem da verdade, os sociólogos já enfrentavam esses problemas ao procurar extrair o conteúdo sociológico de estatísticas de origem administrativa, como aconteceu com Durkheim no ensaio *O suicídio*.

Diversos autores, como o próprio Durkheim, seguido de Paul Lazarsfeld e muitos outros, implantaram finalmente uma tradição sociológica muito importante para o conhecimento das sociedades: a sociologia quantitativa. Geralmente damos esse nome às pesquisas sociológicas que se baseiam em dados estatísticos de origem administrativa, ou seja, dados recolhidos a partir de pesquisas feitas por meio de questionário.

Existe, certamente, uma sociologia qualitativa que também pode ser igualmente rigorosa. Os exemplos de Max Weber, Durkheim ou Tocqueville que mencionei no início sobre as razões de ser da crença nos milagres, na imortalidade da alma ou na reencarnação pertencem à esfera da sociologia qualitativa. Ora, as explicações que esses autores oferecem desses fenômenos enigmáticos podem ser consideradas robustas, na medida em que estão totalmente de acordo com o conjunto de análises disponíveis e pelo fato de que ninguém conseguiu produzir, até o momento, explicações mais convincentes. Baseado em observações como essas é que creio poder demonstrar a existência de uma sociologia como ciência.

No entanto, como este livro apresenta inúmeros exemplos pertencentes à esfera da sociologia qualitativa, em vez disso gostaria de insistir – baseando-me em exemplos – na utilidade da sociologia quantitativa e, mais especificamente, das pesquisas quantitativas feitas com questionário para o conhecimento das sociedades.

Meu primeiro exemplo vem de Paul Lazarsfeld. Preocupado em saber se a mídia realmente tem a influência que lhe atribuímos sobre as opiniões e as decisões, a partir dos anos 1930 ele multiplica as pesquisas sobre a influência do rádio, relatando seu resultado vinte anos depois em um livro que se tornou um clássico da sociologia (Katz; Lazarsfeld, 1955). Para resumir seus ensinamentos, ele demonstra que, contrariamente a uma ideia amplamente aceita, a influência da mídia não tem nem a importância nem o caráter automático que lhe atribuímos.

Ele mostra, mais precisamente, que o ouvinte tende a receber as mensagens publicitárias transmitidas pelas mídias como informações que prendem sua atenção apenas se os bens e serviços que ela ostenta vão ao encontro dos seus interesses. Nesse caso, ele procura, na medida do possível, testar a confiabilidade da mensagem junto a fontes acessíveis dignas de confiança. Por exemplo, se a mensagem exibe de forma exagerada uma marca de café, se sou amante de café e se sei que meu amigo também o é, procurarei saber, antes de me decidir, se ele utiliza a marca em questão e, em caso positivo, o que ele acha dela.

Por mais prosaico que seja, esse exemplo permite compreender fenômenos conhecidos e, no entanto, enigmáticos, como o fato de que o boca a boca conduz às vezes à consagração de um filme ou de um livro massacrado ou ignorado pela crítica. Ele também permite que se compreenda melhor um fenômeno essencial para analisar a vida política francesa, a saber, que em muitos temas, as sondagens revelam uma opinião pública totalmente contrária à opinião da mídia. Ele também permite explicar por que a confiança que o público deposita na mídia se revela, sempre de acordo com as pesquisas, muito frágil. Pois a opinião dos agentes do sistema midiático é afetada por manifestações de conivência que os estimulam a fazer uma seleção diferenciada dos assuntos e das ideias que põem em evidência. Eles percebem muito bem que não podem se afastar, exceto de forma marginal, das normas do política e culturalmente correto sem se arriscar. Em comparação, a opinião da população é essencialmente o resultado de decisões individuais mais ou menos isoladas e mais ou menos conscientes. Em razão da centralização da vida política, cultural e midiática francesa, esses fenômenos de cumplicidade são visivelmente mais marcantes na França do que nas democracias vizinhas.

O estudo de Lazarsfeld permite ainda explicar um fenômeno curioso, a saber, que as inovações tendem a se deslocar no tempo seguindo uma curva que assume a forma de um S estendido, característico da função que os matemáticos chamam de logística. Pois, num primeiro momento, aqueles que se perguntam se devem adotar uma novidade raramente têm a possibilidade de encontrar adeptos daquela novidade. Em seguida, a curva sofre uma aceleração, pois fica cada vez mais fácil ao neófito consultar um adepto. Em seguida, no meio do caminho ela sofre uma desaceleração cada vez mais acentuada, pois a quantidade de potenciais recrutas é cada vez menor.

A análise de Lazarsfeld mostra, assim, que a forma matemática que todo processo de difusão de uma inovação tende a assumir resulta simplesmente do fato de que os indivíduos afetados pela inovação se comportam de maneira precavida. As inovações tendem a se desenvolver de acordo com a mesma lei matemática das epidemias, mas por outros motivos. Todos esses resultados foram confirmados posteriormente por inúmeras pesquisas inspiradas no livro pioneiro de Lazarsfeld.

Esse livro traz também uma consequência fundamental do ponto de vista da vida política. De fato, ele lança uma dúvida legítima sobre a ideia amplamente aceita segundo a qual a população seria facilmente manipulável. Ora, esse ensinamento nem sempre é levado em conta. Ao contrário, as mentiras engenhosas que certos políticos contam sem pestanejar diante das câmaras de TV denunciam uma confiança ingênua nos poderes da "comunicação". E é fácil perceber que o controle quase total que o presidente do conselho italiano, Silvio Berlusconi, exercia sobre a mídia não impediu que ele levasse uma surra histórica por ocasião do referendo de 2011. Em outras palavras, a obra de Lazarsfeld pode ser lida hoje como uma crítica poderosa das ilusões atuais sobre os poderes efetivos da "comunicação" e, de maneira geral, da mídia. De fato, o mesmo autor mostrou em outros livros, baseados também em diversas pesquisas, que a influência da comunicação política na população obedece aos mesmos mecanismos da comunicação comercial. Outro livro seu, em coautoria, *Voting* (Lazarsfeld et al., 1954), contribuiu, por sua influência, a tornar de excelente nível as análises de sociologia eleitoral, especialmente na França.

Essas análises sociológicas clássicas ilustram outro princípio importante da sociologia como ciência, a saber, que os fenômenos sociais resultam de ações individuais cujas causas devem ser buscadas nas razões que as inspiram na mente dos indivíduos. Por causa de Max Weber e Joseph Schumpeter, esse princípio é chamado de "individualismo metodológico". Para Weber (1922b, p.415), "a sociologia compreensiva, no sentido que lhe atribuímos, trata o indivíduo e sua ação como sua unidade suprema, como seu 'átomo'" (*die verstehende Soziologie (in unserem Sinne) das Einzelindividuum und sein Handeln als unterste Einheit, als ihr "Atom" behandelt*). A despeito desse patrocínio ilustre, as falhas na transmissão do saber em matéria de sociologia fizeram com que a expressão tenha sido objeto de um contrassenso tenaz, com muitas pessoas esquecendo totalmente o qualificativo "metodológico" e pretendendo enxergar nela uma concepção individualista da sociedade:

uma concepção que ignoraria – *horresco referens* – as estruturas e as classes sociais. Cansados de brigar, os sociólogos contemporâneos que falavam em nome do individualismo metodológico sugeriram, nos últimos anos, que se denominasse "sociologia analítica" a sociologia cujo núcleo é constituído por esse princípio (Hedström, 2005; Manzo, 2010).

A expressão "no sentido que lhe atribuímos", que aparece entre parênteses na citação de Weber, é fundamental. Ela visava claramente, em sua mente, diferenciar a sociologia individualista preconizada por ele da sociologia holística que também se denominava – e que continua se denominando frequentemente hoje – "compreensiva": aquela que tem como objetivo, por exemplo, definir as características de uma época. Wilhelm Dilthey, ontem, e Ulrich Beck, hoje, ilustram essa concepção compreensiva holística da sociologia.

A expansão da sociologia quantitativa

Em razão de seu interesse do ponto de vista do conhecimento dos processos sociais, as pesquisas quantitativas com uso de questionário proliferaram bastante em todo o mundo. Na França, a exploração das pesquisas administrativas floresceu a partir de Durkheim. É preciso observar, contudo, que as medidas tomadas na França pelo legislador para proibir a coleta de informações consideradas passíveis de atentar contra a dignidade dos grupos minoritários são consideradas frequentemente pelos sociólogos como geradoras de um sério obstáculo à pesquisa.

Jean Stoetzel foi pioneiro na implantação das pesquisas quantitativas na França, inicialmente dentro do Instituto Francês de Opinião Pública (IFOP), criado por ele em 1938, depois em outros contextos. Na última etapa de sua carreira, ele contribui bastante para a aplicação de pesquisas sobre valores em escala europeia. Hoje, esse tipo de pesquisa estendeu-se em escala mundial, revestindo-se de uma importância especial e representando atualmente um dos pontos fortes da sociologia francesa.

Na Alemanha, as pesquisas quantitativas constituem a principal atividade do departamento de sociologia da Universidade Mannheim.

Ora, podemos constatar que esse departamento é regularmente classificado nos primeiros lugares nas avaliações que os alemães fazem de
suas universidades.

Nos Estados Unidos, esse tipo de análise desempenha um papel
muito importante em diversas universidades, especialmente em
Colúmbia, bem como nas universidades de Michigan e Chicago. Todavia, é preciso reconhecer que, em razão do custo das pesquisas e também dos recursos incomparáveis de que dispõem as universidades
norte-americanas em relação às europeias, elas estão mais desenvolvidas nos Estados Unidos que na Europa. Isso leva, certamente, a um nível
de conhecimento da sociedade norte-americana sobre ela mesma superior ao nível europeu.

A pesquisa sobre os valores mundiais

A fim de demonstrar o interesse das pesquisas quantitativas para a
compreensão dos fenômenos sociais, permito-me mencionar, de forma
sucinta, a análise que eu mesmo propus dos dados extraídos de uma das
pesquisas mais ambiciosas já realizadas: a pesquisa coordenada pela
Universidade de Michigan sobre *Os valores do mundo*. Coletados entre
1990 e 1993, os dados eram provenientes de um questionário aplicado
em 43 países. Ele continha cerca de quatrocentas perguntas sobre os
valores. Levei em conta as seguintes nacionalidades: alemã (ocidental),
norte-americana, inglesa, canadense, francesa, italiana e sueca. Como a
amostragem populacional ia de 16 a 50 anos e mais, a pesquisa, embora
simultânea, conserva os sinais das mudanças nos valores ao longo de
quatro décadas.

Os dados extraídos da pesquisa caracterizam-se por um alto grau de
convergência nas respostas e nas variações das respostas em função da
idade e do nível de instrução. Em outras palavras, constatam-se na pesquisa fenômenos tendenciais similares no conjunto dos países.

Portanto, procurei explicar essas convergências como o efeito de
um processo de "racionalização difusa", no sentido que Weber atribui à
expressão (*Durchrationalisierung*). Em sua mente, esse conceito traduzia

a hipótese de que não somente as ideias científicas, mas também as políticas, morais, sociais, jurídicas e religiosas, tendem a estar sujeitas a um processo de dois tempos: um de inovação individual, seguido de outro de seleção coletiva durante o qual as ideias que se mostram melhores sob determinados aspectos tendem a desalojar as ideias mais antigas. Weber explica que esse processo se manifesta em diversos horizontes culturais. Ele está latente em todos os lugares, mas não é, de maneira nenhuma, obrigatório. O que acontece é que, por razões que podemos identificar, esse processo foi facilitado por circunstâncias excepcionalmente favoráveis na Europa. Isso contribui bastante para explicar o fato de a civilização europeia ter dominado o mundo durante vários séculos.

Voltando aos dados da pesquisa de Michigan, pude demonstrar, em poucas palavras, que, de acordo com o prognóstico de Max Weber, os mais jovens e os mais instruídos demonstram uma visão mais racional da moral, da religião, da autoridade e de vários outros temas que os mais velhos e os menos instruídos.

Na maioria dos casos, o efeito estatístico da idade surge como causado, numa dimensão não desprezível, pelo aumento do nível médio de instrução durante o período que separa o momento em que os indivíduos mais velhos e os mais jovens realizaram seus estudos. Isso indica que os sistemas educacionais, embora não sejam tão eficazes como gostaríamos, são vetores importantes do processo de racionalização difusa cuja existência os dados em questão confirmam amplamente.

Mais precisamente, quando comparamos os dois grupos de idade e de nível de instrução, percebemos claramente nos dados, tratando-se de questões relativas à política, uma tendência geral de os mais jovens e os mais instruídos quererem colocá-la mais a serviço do cidadão, quererem aprofundar as instituições democráticas de modo que o poder político os respeite mais, definir novos direitos-liberdades e, numa dimensão menor, novos direitos-créditos, reconhecer a complexidade dos processos políticos e descartar as ideologias simplistas de direita e de esquerda, desejar a reforma e rejeitar a revolução.

As respostas às perguntas relativas à autoridade também servem de ilustração para um processo de racionalização difusa. Os mais jovens e os mais instruídos aceitam a autoridade, mas querem, com maior frequência, que ela se justifique: aceitam a autoridade racional, mas rejeitam a autoridade tradicional e a autoridade carismática, para utilizar categorias que também devemos a Max Weber.

As questões relativas à moral revelam o mesmo processo de racionalização. De fato, os mais jovens e os mais instruídos defendem, com maior frequência, uma moral baseada no princípio exclusivo de que tudo que não prejudica o outro deve ser permitido. Em outras palavras, eles tendem a tratar como tabu as normas que lhes parecem baseadas unicamente na tradição. Acreditam na diferença entre o bem e o mal, mas consideram, com menos frequência que os mais velhos e os menos instruídos, que ela resulte da aplicação automática de princípios. Eles querem ter o poder de determinar as razões que permitem caracterizar um estado de coisas ou um comportamento como bom ou ruim.

Quando se trata do respeito devido ao outro, os participantes da pesquisa obedecem a três critérios hierarquizados de importância decrescente: o comportamento do outro contraria certos valores fundamentais como o autocontrole? Se sim, ele resulta ou não de uma escolha? Se sim, ele provoca consequências negativas em terceiros? Esse sistema de critérios explica muito bem a distribuição estatística das respostas do participante do questionário relativas à aceitação dele em relação ao drogado, ao instável emocional, ao estrangeiro e a outras categorias introduzidas no questionário. As respostas relativas ao aborto, longe de ser binárias, também refletem a existência de um sistema hierarquizado de razões na mente dos participantes (Boudon, 2007, cap.VI).

Em poucas palavras, constatamos que, em todos esses assuntos, estamos muito longe da "crise de valores" de que estamos cansados de ouvir falar e que teria explodido violentamente em 1968.

Os dados relativos à religião revelaram-se particularmente interessantes. Eles também confirmam claramente a hipótese de que existe um processo de racionalização difusa.

Observamos, nesse caso, que as respostas céticas em relação às religiões são mais frequentes entre os mais jovens e os mais instruídos, e por razões históricas o grau de ceticismo varia muito conforme o país. Os italianos e os norte-americanos continuam sendo claramente mais religiosos que os franceses e os alemães que, por sua vez, continuam sendo mais religiosos que os suecos. Contudo, o apego tanto de uns quanto de outros às religiões tradicionais diminui de uma geração para outra, especialmente entre os mais instruídos.

Portanto, os dados não confirmam nem o *slogan* do "retorno ao religioso" nem a evanescência do religioso. O declínio da fidelidade às religiões e da importância que lhes é atribuída pode ser observado por toda parte, mas esse declínio é moderado quando se trata de temas religiosos mais gerais como a existência de Deus. Por outro lado, os mais jovens e os mais instruídos tendem a rejeitar conceitos como do Diabo, do Inferno ou do Céu, cujo simbolismo não significa mais nada para eles.

Em outras palavras, esses dados permitem vislumbrar uma tendência à secularização do religioso: os crentes tendem a conservar apenas o essencial dos ensinamentos religiosos, a adaptá-los aos dados do mundo atual, a rejeitar os símbolos que consideram obsoletos e a criar para si uma religião à *la carte*.

Um único conceito originário da tradição religiosa demonstra uma resistência acentuada: o da alma. Durkheim já havia explicado a razão disso, a saber, que o conceito de alma traduz de forma simbólica o fato de que em toda sociedade o indivíduo acredita em determinados valores que ele percebe, de maneira mais ou menos confusa, fazerem parte da sua identidade e, ao mesmo tempo, dos quais ele não é o autor: que eles são ao mesmo tempo intimamente ligados a seu ser e, no entanto, externos a ele. Daí o sentimento de dualidade do ser humano, que o conceito de alma exprime simbolicamente: "Hoje como outrora", escreve Durkheim (1912, reedição de 1979, p.356), "a alma é, por um lado, o que existe de melhor e de mais profundo em nós mesmos, a parte essencial do nosso ser; e, no entanto, ela também é um hóspede de passagem que nos chegou de fora [...]". Portanto, o conceito de alma traduz, de forma simbólica, uma realidade cuja existência é reconhecida em toda a sociedade. Explicamos assim outro fato singular primordial, a saber, que esse sentimento de dualidade tem uma natureza universal.

A pesquisa sobre os valores revela de maneira clara outra tendência, a saber, que hoje o valor sagrado por excelência é o da dignidade humana. Ele aparece implícito em todos os dados da pesquisa.

Confirma a tendência à secularização do religioso. Tende até a se afirmar de forma autoritária, dando lugar doravante a uma verdadeira religião, a religião dos Direitos Humanos que, como toda religião, tem seus crentes sinceros. Desde o início do século XX Durkheim havia constatado seu surgimento.

Com poucas exceções, os dados da pesquisa demonstram um alto grau de convergência, que confirma que um processo de racionalização conduz efetivamente as transformações conceituais que ocorreram nas mentes de uma geração a outra em matéria de autoridade, de moral, de religião, de trabalho e de política. As posteriores reproduções parciais da pesquisa de 1998 revelam, sobretudo, pequenas oscilações em torno das tendências importantes que ela põe em destaque.

Vemos, por meio desse exemplo, que munida de uma grade de leitura teórica adequada e armada com dados confiáveis, a sociologia pode modificar profundamente nosso olhar sobre temas fundamentais e desacreditar muitas ideias consagradas.

A sociologia hoje na França

Que quadro podemos traçar para pôr um ponto final na situação da sociologia na França hoje? Em primeiro lugar, não podemos deixar de ressaltar que, ao longo das últimas décadas, essa disciplina foi profundamente marcada pela influência do marxismo e do estruturalismo.

A influência do marxismo e do estruturalismo

Como a influência do marxismo e, mais precisamente, da vulgata marxista sobre os intelectuais franceses foi analisada por inúmeros autores, entre os quais Raymond Aron (1955, 2001), podemos nos dispensar de voltar a ela. Destacarei apenas que de 1945 até hoje, com uma intensidade variável conforme a conjuntura, o marxismo encontrou na França uma acolhida privilegiada entre setores das ciências sociais e do segmento de seu público para quem o "liberalismo" é um palavrão.

Pois, contrariamente ao que se possa acreditar, não é somente o liberalismo econômico – que, certamente, pode assumir, infelizmente, uma forma doutrinária – que é condenado pela tradição marxista, mas também o liberalismo político e filosófico. Ela considera a liberdade econômica como a liberdade da raposa dentro do galinheiro; a liberdade política como um engodo posto em prática pelos partidários da democracia "formal"; e a liberdade filosófica como portadora da ilusão segundo a qual o ser humano seria dotado de livre-arbítrio. A conjuntura social, política e econômica dos anos 1945, 1968 e 2008 deram origem a episódios de ressurgimento do marxismo de intensidade decrescente, sob roupagens variadas e formas cada vez mais diluídas. Uma análise da produção bibliográfica revelaria facilmente a existência dessas oscilações.

Quanto ao estruturalismo, ele exerce uma influência acentuada dos anos 1950 aos dias hoje. Ela atingiu o ápice nos anos 1970-1980, declinando em seguida, mas continua não desprezível. Considerando a influência considerável que o estruturalismo exerceu – sobretudo na França, mas também nos meios intelectuais anglófonos –, é importante dedicar-lhe um pouco de atenção. Sua história é ainda mais fascinante por se basear numa enxurrada de mal-entendidos.

Na origem, as razões do sucesso do estruturalismo são, sobretudo, intelectuais. Sua história começa na linguística, mais precisamente na fonologia, quando Roman Jakobson e Nicolau Troubetzkoy fundam, em 1920, o círculo linguístico de Praga. Eles criam um método de análise fonológica inédito que denominam método estrutural. Este se propõe a tratar os fonemas das línguas como sistemas de sons elementares que comportam um número de elementos o mais restrito possível e possibilita uma transmissão confiável de qualquer mensagem falada bem articulada. Desse modo, o russo não conhece o "h" aspirado do alemão porque, embora esse fonema tenha uma função de diferenciação no sistema de fonemas do alemão, ele seria supérfluo no sistema fonético russo.

Portanto, a fonologia estrutural propunha tratar um fenômeno extremamente humano, a linguagem, como um objeto natural: estudar os sistemas de fonemas do mesmo modo que a cristalografia trata os cristais. A fonologia, contudo, não tem outra opção: por falta de traços, ela não pode, salvo de maneira muito parcial, como faz a filologia, reconstruir a história da formação dos sistemas fonéticos característicos desta ou daquela língua.

É fácil compreender por que a fonologia estrutural foi acolhida com entusiasmo pela totalidade dos linguistas e também pelos antropólogos. Na falta de traços, estes últimos também não conseguem explicar, por meio da história, os sistemas normativos ou os mitos das sociedades sem escrita. Por isso, eles viram uma saída promissora na abordagem inaugurada pela fonologia estrutural. Resumindo: os êxitos iniciais do estruturalismo explicam-se pelo fato de ele ter suscitado grandes esperanças intelectuais.

As esperanças da antropologia estrutural concretizaram-se na obra de Claude Lévi-Strauss, cujas pesquisas sobre as regras de parentesco e, mais tarde, sobre os mitos das sociedades sem escrita, propõem uma explicação estrutural de fenômenos inacessíveis à explicação histórica.

Em seguida, as ideias do estruturalismo dariam lugar a tentativas de aplicação em outras disciplinas, especialmente na história das ideias, na crítica literária e na sociologia, dando, assim, a impressão de que ele havia provocado uma espécie de revolução copernicana no conjunto das ciências humanas.

Porém, como essas disciplinas não se caracterizam, de maneira nenhuma, pelo déficit de informação com que a fonologia e a antropologia deparam, a perspectiva estruturalista instalou-se nelas por meio de um golpe de prestidigitação. No caso da sociologia estruturalista, este golpe consistiu em emprestar discretamente da vulgata marxista o conceito de "falsa consciência", ou seja, a ideia de que os motivos que os indivíduos dão para os seus atos seriam sempre ilusórios e de que a única fonte dos comportamentos e das crenças dos seres humanos deveria ser buscada nas estruturas sociais. Em especial, tais estruturas fariam com que todos contribuíssem, sem o saber, para a reprodução da fratura entre classe dominante e classe dominada. No entanto, como as estruturas que deveriam explicar o comportamento humano têm a característica de causas ocultas aos olhos do sociólogo estruturalista, seus supostos efeitos pertencem ao âmbito da fé.

René Pommier (2010) foi feliz ao ironizar o fato de semiólogos e críticos literários de influência estruturalista terem tentado se esquivar, como os médicos do século XVII, dessa crítica com a ajuda de um método atemporal alfinetado por Molière: "Toda a excelência de sua arte consiste num pomposo palavreado e em argumentos especiosos em que se dão palavras em lugar de razões" (*O doente imaginário*).

No entanto, a história das ideias, a crítica literária e a sociologia estruturalistas alcançaram um sucesso considerável. Em parte porque tinham conseguido se apropriar do prestígio que valera ao estruturalismo seu lado autenticamente inovador, mas, sobretudo, porque respondiam à demanda social de determinados grupos de pressão.

Para mencionar apenas a sociologia, sua variante estruturalista deve parte de seu interesse ao fato de ter legitimado a cultura da justificação e da compaixão. Ao declarar que os indivíduos entram na criminalidade como resultado das estruturas sociais, ela abalou a noção de responsabilidade pessoal. Ao declarar que as diferenças de aptidão ou de sucesso dos alunos são resultado das estruturas sociais, ela cobriu com a autoridade da ciência a ideia de que é preciso evitar avaliá-los e até mesmo lhes transmitir conhecimentos supostamente portadores dos efeitos da reprodução social. Os sociólogos estruturalistas fizeram uma petição contra a implantação dos Institutos Universitários de Tecnologia que, segundo eles, tinham a missão oculta de "relegar" as crianças das classes desfavorecidas às carreiras técnicas. Com isso, eles contribuíram para que as políticas educacionais desprezassem o ensino técnico durante muito tempo na França e que o desemprego dos jovens seja cronicamente mais elevado do que na Alemanha. Eles inspiraram o que ficou conhecido como "pedagogismo", a doutrina segundo a qual o professor é chamado a neutralizar o determinismo de origem social procurando fazer com que o aluno compreenda que, como o Emílio de Rousseau, ele é capaz de encontrar em si mesmo os recursos que lhe permitem não apenas formar uma opinião, mas descobrir a verdade sobre um tema qualquer. Pobre do professor que tiver a péssima ideia de explicar, por exemplo, por que em alemão "a moça" não pertence ao gênero feminino, e sim ao neutro, pois se espera que Emílio possa explicar sozinho essa curiosidade gramatical graças à imersão em um "banho linguístico". O professor mal orientado que explicasse a Emílio que essa esquisitice resulta de uma regra gramatical de alcance geral, própria do alemão, sobre os diminutivos, correria o risco de ser duramente punido pelo inspetor de ensino em nome do dogma "pedagógico" reinante. O historiador do futuro explicará, sem dúvida, como o analfabetismo e o iletrismo foram implantados em nome de uma "ciência" inspirada mais numa preocupação conformista do que no espírito crítico.

Em suma, a sociologia estruturalista contribuiu, nos casos da criminalidade e da educação, para conceder o aval da ciência às ideologias. As políticas educacionais inspiradas na cultura da compaixão levaram, sobretudo, a uma profunda degradação do sistema de ensino francês. Ela está tão avançada que se torna difícil contratar novos professores. Os efeitos paralisantes produzidos por qualquer política certamente dificultam um retorno aos métodos que asseguraram, durante décadas, que as crianças de origem modesta dispusessem da bagagem, em matéria de competências básicas indispensáveis, para todas as formas de inserção social e profissional. Só resta esperar que as medidas inspiradas pelos "especialistas" em "ciências da educação" não se mostrem de natureza puramente simbólica.

As políticas de combate à criminalidade inspiradas pela cultura da justificação não puseram fim à exceção francesa do incêndio regular de centenas de carros na periferia das grandes cidades – "ritual", sublinha a mídia, que confere, assim, a essa prática o estatuto de dado cultural. A prática implantou-se em Estrasburgo, mas não em Kehl, na margem oposta do Reno. Quanto às pesquisas que não dizem respeito à dita cultura, como a do eminente criminologista quebequense Maurice Cusson (2006), elas são solenemente ignoradas em razão do politicamente correto. Ousar dar o título de *La Délinquance, une vie choisie* (Criminalidade, uma escolha de vida) a um livro não significa uma provocação? Pouco importa que a influência da Faculdade de Criminologia da Universidade de Montreal tenha contribuído, na parte que lhe toca, a transformar essa metrópole numa das mais seguras do continente americano.

A influência do estruturalismo explica-se, primeiramente, pelo sucesso parcial que ele obteve no campo da antropologia – de fato, um sucesso parcial, como mostra de forma brilhante François Héran (2009).

A síntese proposta por Deliège (2011) a respeito da questão da proibição do incesto mostra, por exemplo, que o estruturalismo não conseguiu se decidir entre as inúmeras hipóteses apresentadas havia muito tempo sobre o assunto. Pois ele não é capaz, nessa e em outras questões, de completar a informação que permitiria encontrar as razões pelas quais determinados interditos foram estabelecidos em determinada sociedade. Em seguida, a influência do estruturalismo explica-se pelo fato de que sentimos mais facilmente as restrições sociais às quais somos submetidos que a autonomia de que dispomos. Reclamamos de um machucado no polegar, mas raramente pensamos em nos alegrar por nos beneficiarmos de um polegar opositor que, no entanto, é bastante prático. Contudo, ela também se explica porque o estruturalismo conseguiu colonizar os espaços intelectuais estratégicos ao tempo do seu esplendor, como *Le Nouvel Observateur* ou "o Collège e os colégios da França",[1] evocados por Edgar Morin numa crítica bem-humorada. De fato, as pesquisas revelam que foram categorias muito determinadas de professores secundários que, por razões que puderam ser identificadas e documentadas, serviram de plataforma de lançamento para o foguete estruturalista. Se desconhecermos esse dado, não conseguiremos explicar as tiragens alcançadas na época por textos geralmente incompreensíveis dos estruturalistas (Dumaître, 2009). Por fim, o estruturalismo dava a impressão de conferir o aval da ciência a temas presentes na atualidade e, mais precisamente, de responder à demanda de diversos *lobbies* e redes de convivência.

Quanto à importância que os *lobbies* e as redes de convivência desempenharam na França, ela é, em grande parte, uma consequência da centralização do poder político (Boudon, 2010b). Por exemplo, pode-se medir sua importância pelo fato de elas terem a capacidade de reduzir à semi-impotência qualquer ministro da Educação francês. A melhor adaptabilidade do sistema escolar norte-americano ou do sistema alemão explica-se, em parte, pelo fato de que a autoridade central intervém

---

1 "Le Collège et les collèges de France", no original. Referência ao "Collège de France", estabelecimento de ensino superior francês de grande prestígio fundado em Paris em 1530, e aos "collèges de France", as escolas secundárias francesas. (N. T.)

neles de maneira mais leve e de que eles se aproximam das exigências do princípio de subsidiariedade, dando uma grande autonomia aos agentes que atuam na linha de frente. Contudo, o poder dos grupos de pressão não é inevitável, mesmo num país em que predomine uma forte tradição centralizadora. Que a importância do princípio de autonomia, no caso das universidades francesas, tenha sido finalmente reconhecida nos últimos anos explica os sinais de renovação observados pela primeira vez depois de tanto tempo.

No que se refere ao universo da pesquisa francesa em ciências sociais, o estruturalismo não se encontra hoje em sua melhor forma. Contudo, os temas que ele lançou no mercado continuam presentes em sua periferia. Pois as ideias coletivas são dotadas de uma forte inércia, tendendo a se renovar profundamente somente com a passagem das gerações. Além da transmissão familiar, escolar e profissional, que ajuda a transferir as ideias de uma geração para outra, duas outras causas explicam essa inércia. Em primeiro lugar, abandonar uma teoria ou uma postura intelectual na qual se investiu durante anos implica custos que o pesquisador nem sempre está disposto a assumir. É mais fácil ele ser tentado pela estratégia da fuga para frente. Isso explica o fato de as ideias colocadas no mercado pelo estruturalismo continuarem presentes, em nível residual, no mundo universitário.

Quanto ao fato de elas continuarem nitidamente mais influentes na sociedade, isso se explica porque as ideias desaparecem primeiro no centro e só depois na periferia. A crítica literária estruturalista nem sempre inspirou favoravelmente a arte da encenação dramática. Ao sugerir ao diretor que os autores dramáticos não obedecem a intenções, mas a forças inconscientes, ela o autoriza a dar a qualquer texto o sentido que ele próprio lhe atribui ou que julga eficaz – por exemplo, a interpretar Molière, Shakespeare ou Goethe à luz da luta de classes ou dos horrores do século XX. A sociologia da justificação influenciou os círculos do judiciário para os quais o criminoso é, antes de mais nada, uma vítima da sociedade. Ela restringiu o debate sobre a política de combate à criminalidade às alternativas prevenção-repressão, embora se saiba, desde Hobbes, que seu elemento central é a dissuasão. A sociologia compassiva desempenhou um papel decisivo nas políticas educacionais ao garantir o sucesso do pedagogismo às custas da transmissão do conhecimento e ao frear a expansão do ensino técnico. Ela inspirou uma série de decisões contraproducentes que alimentaram o desemprego dos jovens e, além disso, aumentaram a desigualdade de oportunidades escolares e sociais que ela procurava diminuir, pela simples razão de que se torna mais difícil para uma família de nível social modesto se orientar num sistema escolar cada vez mais incompreensível (Boudon, 2010a).

Embora hoje os sociólogos tenham se afastado, em grande medida, da sociologia estruturalista-marxista, ela ainda inspira alguns blogueiros oriundos da periferia da sociologia. Jovens historiadores descobrem, mesmo com atraso, que ela os estimula a conferir à história, como à sociologia, uma função "libertadora". Eles se referem a Durkheim, ignorando que, para ele, a única maneira de a sociologia servir à Cidade consiste em produzir um saber objetivamente válido sobre os fenômenos sociais. Ele demonstrou até certa rigidez quanto a esse aspecto, já que, embora se considerasse um "emigrado do interior", por ocasião do caso Dreyfus recuou diante da ideia de se "lançar na confusão" (Birnbaum, 2011). A influência insidiosa do estruturalismo sobre os usuários periféricos de suas ideias explica a presença marcante delas no mundo intelectual, midiático e político. Ela ajudou a substituir o debate democrático e a discussão científica pela ditadura do politicamente correto.

A função crítica da sociologia como ciência

Atualmente, boa parte da sociologia francesa renunciou às visões globais propostas pelo marxismo e pelo estruturalismo. Ela demonstra, sobretudo, uma diversidade benéfica.

De fato, o que caracteriza o conjunto da produção sociológica francesa contemporânea são, sobretudo, as pesquisas de natureza descritiva. Às vezes elas são instrutivas, mas sua escala continua em geral modesta, tanto que, na maioria dos casos, elas não se diferenciam das executadas espontaneamente pelos jornalistas.

A dimensão mais interessante, embora não a mais visível, da sociologia francesa contemporânea, aquela que representa uma contribuição própria à sociologia e a diferencia claramente da história ou do jornalismo, está representada, a meu ver, pelas pesquisas quantitativas sobre as quais me estendi. Elas têm um interesse descritivo, mas, acima de tudo, um interesse crítico e, em certa medida, um interesse preventivo. Elas permitem revelar tendências sociais complexas e, em geral, dados pouco visíveis sem o seu auxílio. Sem elas, ignoraríamos, por exemplo, a desconfiança profunda da população em relação às "elites" políticas, midiáticas e culturais francesas.

Elas estimulam, principalmente, a correção dos estereótipos postos no mercado pela sociologia de natureza holística, que atrai prioritariamente a mídia por assegurar uma leitura agradável. A pesquisa sobre os sentimentos de desigualdade patrocinada pela Academia de Ciências Morais e Políticas mostra, por exemplo, que o clichê segundo o qual a população francesa teria uma paixão exagerada pela igualdade merece ser profundamente matizado (Forsé; Galland, 2011). Na verdade, quando consultamos os resultados dessa pesquisa constatamos que, longe de demonstrar um igualitarismo irresistível, a população francesa não confunde, mais que seus vizinhos, igualdade com equidade. Assim como eles, ela só considera iníquas as desigualdades que tem motivo de considerar como tais.

Portanto, o preconceito segundo o qual a justiça social se confundiria, na cabeça da população, com o igualitarismo e seria um traço dominante da sociedade francesa não corresponde a nenhuma realidade: trata-se de um verdadeiro mito. Mas de um mito que exerce uma influência profunda na vida política francesa, pois ele é prontamente alimentado por grupos de pressão cujos representantes políticos tendem a confundir opinião com opinião pública.

Sintetizando, em poucas palavras, meu ponto de vista, a "sociologia como ciência", a "sociologia explicativa" ou, se preferirmos, a "sociologia analítica" baseia-se nos três princípios: da singularidade metodológica, da neutralidade da observação e do individualismo metodológico. Em termos simples: ela deve se preocupar em explicar fatos definidos com precisão; assegurar-se na medida do possível de que as explicações que ela propõe evitem as opiniões e as crenças do observador; e reconhecer que as únicas causas dos fenômenos sociais são as ações e as crenças dos indivíduos.

Por mais estranho que possa parecer, esses princípios de bom senso foram amplamente contestados num passado não muito distante: por aqueles que pretendem atribuir à sociologia uma função militante; por aqueles que consideram suas próprias convicções como a única fonte da verdade; por todos aqueles que exploram os fenômenos sociais sem bússola; e, *last but not least*, por aqueles que veem nas estruturas forças concretas que moldariam o indivíduo. Estes últimos são os mais perigosos, pois falam em nome da ciência, muito embora continuem na segunda das três etapas do pensamento descritas por Augusto Comte: a etapa "metafísica". Eles fazem parte do bando de adversários de Max Weber que acreditavam poder explicar os fenômenos concretos com a ajuda de conceitos coletivos fantasmagóricos. Weber considerava que a sociologia era uma arma poderosa contra eles: "se me tornei sociólogo [...], foi para pôr fim a essa indústria baseada em conceitos coletivos, cujo fantasma continua vagando entre nós" (*Wenn ich Soziologe geworden bin [...], das ist wesentlich deshalb, um dem immer noch spukenden Betrieb, der mit Kollektivbegriffen arbeitet, ein Ende zu machen*) (citado por Mommsen, 1965). Não há dúvida de que "conceitos coletivos" como "a alma russa", "o gênio francês" ou a "mentalidade primitiva", que floresciam no século XIX de Weber, hoje estão desacreditados e foram reduzidos à condição de tiques linguísticos; porém, eles deixaram filhos, como "a cultura" e "as estruturas". Segundo Weber, e empregando a linguagem de Augusto Comte, a vocação da sociologia é passar a explicação dos fenômenos sociais da etapa metafísica para a etapa positiva. Em nossa linguagem: submeter a explicação dos fenômenos sociais aos princípios do espírito científico, atribuindo-os às causas concretas, que são as razões pessoais e impessoais que conduzem os agentes sociais, e não a causas fantasmagóricas.

Como todas as ciências, a sociologia demonstrou a capacidade de modificar nossas concepções no sentido de um realismo maior em grande número de obras presentes e passadas, assumindo, com isso, uma função crítica importante em qualquer sociedade democrática. É por essa razão que a sociologia como ciência jamais se desenvolveu nas sociedades não democráticas, pelo contrário.

A história turbulenta da sociologia jamais se esquivou inteiramente de uma questão crucial: como produzir um saber objetivamente válido sobre os fenômenos sociais – e, particularmente, sobre os fenômenos políticos, morais e religiosos – e, com isso, ser portadora de uma promessa de progresso, não somente do ponto de vista do conhecimento, mas do ponto de vista da política, sem deixar de respeitar rigorosamente as regras do espírito científico? O terceiro terço do século XX considerou essa ambição ilusória, como vemos, por exemplo, no importante sociólogo alemão Wolfgang Lepenies (1985). O século XXI entrou com um recurso contra essa decisão, que as novas gerações parecem seguir com interesse. O movimento conhecido como "sociologia analítica" é uma demonstração de confiança da parte do universo sociológico contemporâneo na ideia de que a sociologia também tem como função – e talvez como vocação – explicar fenômenos sociais obscuros obedecendo aos princípios do espírito científico. Ele afirma, ou melhor, reafirma a existência de uma "sociologia como ciência".

A história da sociologia no período que vai de 1945 aos nossos dias ainda espera um historiador que domine o tema. O presente livro procura lhe dar algumas pistas de pesquisa.

AS RUPTURAS DA SOCIOLOGIA

As sociologias clássicas do final do século XIX e início do século XX e, acima de tudo, Durkheim e Weber encarnam um momento privilegiado do ponto de vista da análise dos fenômenos políticos, morais e religiosos. Eles criaram as ferramentas indispensáveis para a compreensão desses fenômenos hoje.

A ruptura com a filosofia iluminista

A universalidade da filosofia iluminista traduz-se, em primeiro lugar, pela fé na capacidade do ser humano de alcançar verdades no que diz respeito à representação dos fenômenos naturais. Voltaire aprova tudo que Newton diz. Rousseau e Condorcet pensam que não existe nenhum motivo para que o espírito científico não possa ser aplicado aos fenômenos morais e políticos. Kant sugere basear a moral – e Rousseau, a organização política – na razão. Kant declara ver em Rousseau o Newton daquilo que, em passado recente, era conhecido como ciências morais e políticas e hoje como ciências sociais. Na época em que a primeira expressão era utilizada regularmente, a palavra "ciência" era tomada ao pé da letra. Hoje ela é considerada muitas vezes abusiva na segunda expressão, não somente pelos especialistas das ciências exatas, mas por muitos especialistas das ciências sociais.

Kant, Rousseau e Condorcet acreditam que o espírito científico pode ser aplicado à política e à moral. Mas eles deparam com uma questão difícil: como explicar que o Iluminismo tenha esperado o século XVIII para se manifestar e que tenha surgido sobretudo no mundo ocidental? Augusto Comte percebeu muito bem essa dificuldade, mas não a resolveu: embora sustente que a história das ideias obedece à "lei dos três estados", segundo a qual os estados teológico e metafísico do pensamento humano estão destinados a dar lugar ao estado positivo, ele se declara, ao mesmo tempo, o sucessor dos grandes nomes da Idade Média, pois, segundo ele, a fase teológica também demonstra a vontade do ser humano de compreender o mundo. Ele não ignora que o momento "teológico" do pensamento humano nunca foi exclusivo de uma crítica radical de natureza materialista, a de Lucrécio, por exemplo. Contudo, ele jamais pretendeu reduzir o positivismo ao materialismo. Ele considerava, sem dúvida nenhuma, essa crítica materialista como uma prefiguração da fase metafísica do pensamento humano, segundo ele, uma fase de transição entre as duas outras fases. A principal fragilidade do pensamento de Comte é que, tendo recusado, em nome do positivismo, o conceito de "causa" e não admitindo o conceito de "lei", ele enunciou uma lei cujas causas se recusou a buscar. Ele se recusava, assim, a explicar os progressos do conhecimento, condenando-se a constatá-los.

Os sociólogos clássicos e seus sucessores superam essa dificuldade cultivando uma teoria do conhecimento que antecipa os resultados da reflexão contemporânea sobre as ciências. Eles percebem muito bem que o conhecimento não se reduz a uma adequação entre o intelecto e o real, já que a explicação de qualquer fenômeno, natural ou humano, assume a forma de um sistema de argumentos, ou seja, de um conjunto de proposições aceitáveis, seja porque elas estão de acordo com o que se pode observar, seja porque elas são, de uma maneira ou de outra, incontestáveis, como as leis psicológicas introduzidas pela sociologia "analítica".

Ora, por sua própria natureza, um sistema de argumentação não pode ser apresentado integralmente, já que ele introduz obrigatoriamente proposições primeiras, que só podem ser discutidas evocando outros princípios ou baseando-se em suas consequências. Montaigne já observava que essa dependência de qualquer sistema de argumentação com relação aos princípios nos deixa "desconcertados". Essa verdade lógica, contudo, não leva ao ceticismo, pois os princípios são desigualmente fecundos e alguns não conduzem a nada de muito sólido. Isso não impede de serem aceitos nos contextos em que não se conhece nada de melhor. Outros princípios constituem a base de teorias que explicam uma grande quantidade de fenômenos. O darwinismo ilustra de forma precisa essa ideia. Embora não demonstráveis, seus princípios permitem explicar inúmeros fenômenos que não poderíamos explicar de outra maneira. Essas reflexões sobre o fenômeno do conhecimento aplicam-se tanto aos fenômenos humanos – e, particularmente, sociais – quanto aos fenômenos naturais.

Durkheim, Weber e seus sucessores conseguem eliminar as dificuldades da filosofia iluminista e do positivismo a partir da sua reflexão sobre o conhecimento. Weber dizia que o ser humano pode se impor o objetivo de elaborar explicações que busquem uma validade universal, de propor teorias que possam ser aceitas pelos chineses: uma forma que ele tinha de evocar verdades que seriam tão inabaláveis que estariam destinadas a serem aceitas nos mais diferentes contextos culturais. Ao mesmo tempo, o ser humano não pode aceitar todo tipo de ideias parametrizadas pelo contexto histórico e social no qual está inserido. No contexto em que as leis de transformação da energia são desconhecidas, costuma-se considerar as práticas do fazedor de fogo e do fazedor de chuva como igualmente mágicas. No contexto em que elas são conhecidas, costuma-se considerar que a prática do fazedor de fogo tem fundamento, e a do fazedor de chuva pertence ao âmbito da superstição. Temos a tendência, então, de atribuir a crença do "primitivo" na eficácia dos rituais de chuva a uma deficiência do seu dispositivo cerebral, a uma consequência da socialização, a uma suposta "mentalidade primitiva", até mesmo à confusão mental. Outro exemplo do efeito contextual: num contexto como o da França, em que o Estado tem um peso considerável, os funcionários públicos e parte da população tendem a considerá-lo portador do interesse geral e a desconfiar que as empresas privadas são guiadas apenas por seu próprio interesse.

Em outras palavras, Durkheim, Weber e seus seguidores conseguiram eliminar as descontinuidades abruptas postuladas pelos filósofos iluministas e positivistas entre o universal e o contextual, assim como entre o passado e o presente. O sociólogo weberiano ou durkheimiano parte do princípio de que, desde que ele esteja suficientemente informado sobre as particularidades do contexto que caracteriza um grupo de indivíduos cujo comportamento lhe parece surpreendente, ele deve buscar a causa desse comportamento no sentido que ele tem para esses indivíduos. Ele rejeita, como decorrente de preconceitos, toda explicação que considere que o comportamento em questão é uma consequência de ilusões ou de forças biológicas, sociais ou culturais ocultas. Weber chega até a confiar uma missão à sociologia: erradicar esse tipo de explicação, que lhe parece desprovida de qualquer valor, mas portadora de perigo para a vida da Cidade, por instalar e justificar a incompreensão entre os seres humanos daqui e de agora e os de outros lugares e de um passado recente.

A sociologia, os mestres da suspeita e a tentação naturalista

Sem dúvida por essa razão de fundo, Weber sempre mantém certa distância com relação a Marx e Nietzsche nos comentários ocasionais que lhes dedica esporadicamente (Sukale, 2002). Sem deixar de reconhecer a importância da obra de ambos, ele considera que os dois se distanciam do espírito científico, já que privilegiam indevidamente determinados fatores ou certos mecanismos explicativos. Sua opinião a respeito de Freud é ainda mais reticente (Baumgarten, 1964). Podemos supor que os deslizes dessas três grandes figuras tinham, na mente de Weber, uma origem comum, a saber, que todos os três consideram as ideias dos homens resultado de forças que escapam à sua mente; em outras palavras, que eles se distanciam do paradigma da "sociologia compreensiva" no sentido que ele atribui a ela – a que enxerga na ação individual seu "átomo" e na compreensão das ações individuais, isto é, na determinação pelo sociólogo do sentido que o indivíduo atribui à sua ação, um momento indispensável da explicação dos fenômenos sociais. O próprio conceito de compreensão é, sem dúvida nenhuma, incompatível com a suspeita compartilhada pelos três gurus diante do sentido que o indivíduo atribui a suas ações: ele seria ilusório e resultaria de forças que atuariam sem que ele se desse conta.

Se a ruptura que marcou o início da sociologia clássica, se sua reflexão inovadora a respeito da natureza do conhecimento em geral e do conhecimento dos fenômenos políticos, morais e religiosos em particular tivesse sido mais bem compreendida, isso teria evitado todos os desvios das ciências sociais influenciados pela ideia de que as únicas causas que mereciam ser chamadas de explicativas seriam as causas de natureza "material", excluindo qualquer intervenção da mente humana.

Para muitos, a ideia de que a sociologia possa ser uma ciência no sentido pleno da palavra, ao mesmo tempo que reconhece a existência do livre-arbítrio do ser humano, é uma contradição em termos. Daí a obstinação naturalista que atravessa a história das ciências sociais. Há um certo tempo, o sensualismo de Condillac postulou que as ideias são um resultado automático das sensações. Ele foi levado bastante a sério por sábios tão eminentes como Lamarck e Lavoisier. No passado recente, o estruturalismo, a psicanálise, o culturalismo e o marxismo pretenderam, em suas formas vulgares, reduzir os fenômenos psicológicos e sociais a causas materiais, pois os defensores desses movimentos de ideias acreditavam que isso era indispensável para conferir às ciências humanas e sociais o estatuto de ciências. Seu fracasso assinala a natureza equivocada de seus princípios. Hoje, as neurociências, de cuja natureza verdadeiramente científica ninguém duvida, deram origem a um novo desvio que já tem nome: a neuromania. Ela já assumiu tamanha dimensão que a respeitabilíssima Academia Britânica resolveu submetê-la a seu bisturi.

O sensualismo de ontem, o marxismo, a psicanálise ou o estruturalismo de um passado recente e as neurociências hoje devem sua notoriedade a bons e maus motivos. Bons motivos, porque todos esses movimentos deram mostras de criatividade do ponto de vista do conhecimento. Maus motivos, porque eles alimentaram pretensões ilegítimas. Essas pretensões, por sua vez, foram alimentadas pela suposta utilidade social e política dessas teorias. O marxismo forneceu uma arma eficaz para os empreendedores políticos que se manifestaram publicamente em defesa dos oprimidos. A psicanálise cultivou a promessa da felicidade pessoal. O estruturalismo, sobretudo em sua versão mesclada de marxismo, alimentou a cultura da justificação, da compaixão e da assistência. Hoje esses movimentos são estrelas mortas, mas sua luz continua iluminando certos meios políticos, intelectuais e midiáticos – pelo menos é o que eles acreditam.

Emocionalismo e relativismo

Essas estrelas mortas tendem a ser substituídas por doutrinas muito menos articuladas. Elas são compostas por dois elementos que se apresentam misturados em proporções variáveis: um ingrediente relativista, segundo o qual o justo e o verdadeiro só poderiam ser definidos de forma objetiva, e um ingrediente emocionalista, segundo o qual eles se revelariam por meio da emoção e da convicção pessoal.

Durkheim, Weber e seus sucessores jamais negaram a existência nem a importância da emoção. Mas eles também ressaltaram o fato de que ela tinha, acima de tudo, um papel de alerta, e que ela é a auxiliar da racionalidade, mais que sua concorrente. Os sentimentos de indignação que os comportamentos criminosos despertam não são desprovidos de razão. As cerimônias religiosas só provocam entusiasmo se forem portadoras de uma "teoria" (Durkheim) aceita pelos participantes. Isso é perceptível na emoção coletiva que toma conta dos comícios políticos: as ideias e os valores que o orador encarna é que são aplaudidas por meio dele, constituindo a base do seu "carisma". Acima de tudo, as ciências que, como a economia ou a sociologia, têm a missão de explicar os fenômenos coletivos devem atribuir-se como núcleo não a ação humana pura e simples, mas a ação social, ou seja, as ações de indivíduos comuns, de indivíduos "tipos ideais" despojados, por definição, das idiossincrasias de que os indivíduos concretos são portadores. Pois, é preciso repetir, o conhecimento não é uma adequação entre o intelecto e o real, mas o resultado da aplicação de paradigmas, ou seja, de sistemas de princípios que podem ser mais ou menos eficazes. Ora, cada disciplina tem seus paradigmas.

Para além do kantismo e do utilitarismo: o cognitivismo

A tradição filosófica produziu, sobre a questão dos fenômenos morais, duas doutrinas poderosas e opostas: o kantismo e o utilitarismo. Do ponto de vista filosófico, elas parecem pouco conciliáveis. O diálogo entre Kant e Benjamin Constant prefigura o avanço da sociologia clássica sobre os fenômenos morais. O utilitarismo observa ao kantismo que a concepção das regras morais deve ser parametrizada pelo contexto. Mentir ao torturador e mentir na justiça sob juramento são duas coisas diferentes. Ao generalizar essa observação, a tradição sociológica conseguiu reconciliar as duas grandes tradições filosóficas. A dupla conceitual formada pelos conceitos da "racionalidade instrumental" e da "racionalidade axiológica" surge doravante como indispensável para a explicação dos fenômenos morais. Ela rompe a suposta contradição entre universalidade e contextualidade no âmbito normativo. Enquanto estávamos convencidos de que a agricultura não podia abrir mão da força de trabalho dos escravos acreditamos na legitimidade da escravidão. Quando acreditamos que ela podia abrir mão daquela força de trabalho, a escravidão foi condenada de forma irreversível, mesmo que persista ainda hoje. Enquanto acreditamos na eficácia dissuasiva da pena de morte nós a aceitamos, mesmo que ela tornasse o erro judicial irreparável. Assim que essa razão instrumental foi posta em dúvida, as razões axiológicas tenderam a prevalecer e a desacreditar essa prática. Isso explica a tendência à abolição da pena de morte que se observa há algumas décadas.

A sociologia rompeu radicalmente com a filosofia iluminista em outro aspecto: longe de tratar as crenças religiosas como superstições, ela vê nelas a captura de uma realidade complexa demais para ser facilmente tratada de maneira discursiva. Para Durkheim, o conceito de alma exprime a dualidade de todo ser humano, ao mesmo tempo ser biológico, com suas pulsões e paixões, e ser moral. Ele não hesita em declarar que a filosofia nunca fez outra coisa senão procurar tornar analítica essa verdade que as religiões exprimem de modo simbólico. Em certa medida, ela se mostrou à altura dessa missão, e é isso que lhe dá todo o seu sentido, acrescenta ele, sem dúvida pensando, em primeiro lugar, em Kant. Relativamente a isso, porém, a filosofia não pode alcançar o rigor da ciência. Por outro lado, percebe-se uma continuidade, não apenas entre religião e filosofia, mas entre filosofia e ciência. A filosofia esboçou paradigmas que, mais tarde, inspiraram teorias científicas. Assim, Leibniz, que não foi apenas um filósofo muito importante, mas um gênio da ciência, como Descartes e Pascal e diferentemente de Espinosa, menciona claramente que é ilusório pensar em explicar um comportamento social, mesmo banal, a partir de mecanismos explorados por aquilo que é conhecido hoje como neurociência. Ao fazê-lo, ele antecipa a ideia de que a explicação dos atos e das crenças humanas pertence a outro paradigma.

A sociologia clássica e seus sucessores introduziram outra ruptura, desta vez dos fenômenos políticos, ao defender e documentar a ideia de que a história da organização da Cidade é guiada por um processo de racionalização. Contra a visão comum que reduz a aplicação dos conceitos de racionalização e de progresso às ciências exatas e às técnicas, eles sugerem que se considere o modelo de racionalização como um modelo que também se aplica às ideias normativas, jurídicas, políticas e religiosas. Essa racionalização, porém, não tem nada de automático. A sociologia clássica e seus seguidores romperam sem a mínima ambiguidade com o evolucionismo idiota que teve seus momentos de glória mais ou menos espetaculares e duradouros de Hegel a Francis Fukuyama, passando por Spencer e Alexandre Kojève. Diferentemente, porém, dos pensadores pós-modernos, eles não sugeriram que se substituísse o pessimismo pelo otimismo. Os horrores do século XX não obrigam, como creem os pós-modernos, a jogar o bebê junto com a água do banho e a tratar o modelo da racionalização como ultrapassado.

Em suma, a tradição de pensamento inaugurada pela sociologia clássica está dotada de uma identidade real definida pelo conjunto de rupturas de que ela pode dar conta. Quando escreve a obra *O Antigo Regime e a Revolução*, Tocqueville tem consciência de que não está fazendo um trabalho de historiador e defende sua originalidade. Constatamos de imediato que não é apenas seu estilo que não tem nenhuma relação com o de Guizot ou de Michelet, mas seu modo de pensar. A diferença é que ele segue os princípios da singularidade metodológica. Segundo esse princípio, o pesquisador deve explicar fenômenos bem definidos, desvendar seu mistério analisando-os como o resultado de um conjunto de proposições compatíveis entre si, cada uma das quais desprovida de mistério. Tocqueville e a totalidade da tradição de pensamento inaugurada pela sociologia clássica aplicaram outro princípio: ele exige que o pesquisador analise os fenômenos sociais como consequência de comportamentos compreensíveis da parte de agentes sociais "tipos ideais", para usar uma expressão que se imporia depois de Weber. Caso contrário, sucumbimos inevitavelmente aos efeitos da lei dos três estado de Augusto Comte. De fato, nesse caso será preciso aceitar que os fenômenos sociais resultam da vontade de espíritos ou de deuses, como no estado teológico do pensamento humano, ou de entidades abstratas – a cultura ou as estruturas sociais, por exemplo –, como em seu estado metafísico.

Assim definida, a sociologia pode aspirar à objetividade, no sentido de que nada se opõe a que a explicação de um fenômeno social possa ser incontestavelmente superior a todas aquelas que possamos imaginar. A explicação das crenças nos rituais de chuva proposta por Durkheim é incontestavelmente superior às de Lévy-Bruhl, Wittgenstein e seus sucessores (Boudon, 2007). Por outro lado, em geral o historiador não pode aspirar à objetividade, como Simmel (1907) demonstrou de maneira definitiva, já que seu objetivo é a interpretação, não a explicação, pois toda interpretação depende da sensibilidade do historiador e da sensibilidade do seu tempo. Isso explica o fato de os historiadores voltarem regularmente aos mesmos temas, mesmo na ausência de fatos novos, ou de os escritores poderem dar a impressão de tornar uma realidade histórica mais verídica do que os historiador profissional, como atestam as reações veladas de historiadores contemporâneos ao livro *As benevolentes*, de Jonathan Littell (*Le Débat*, 2011). Porém, como toda ciência humana, a história é diversa. Sua dimensão interpretativa é acentuada nos períodos ideológicos – como fica claro com o exemplo da história da Revolução Francesa –, pois as conjunturas de pouca profundidade ideológica são mais propícias à sua dimensão historiográfica.

A sociologia como ciência e a vida da cidade

Infelizmente, as conquistas da tradição inaugurada pela sociologia clássica não caíram em domínio público. Elas teriam permitido controlar a "miríade de opiniões" de que fala Tocqueville e que domina o pensamento contemporâneo, mais ainda, sem dúvida, que o pensamento da sua época.

De fato, o pensamento da nossa época continua oscilando entre o otimismo de um Fukuyama e o pessimismo dos conservadores e dos pós-modernos. Alguns dos primeiros criticam a ideia de que a moral possa abrir mão da transcendência, suscitando a ira provocadora do filósofo italiano Norberto Bobbio, para quem não é a possibilidade de Deus não existir que torna tudo permitido; pelo contrário, é a possibilidade de ele existir. De fato, basta ver as fogueiras cristãs do passado e os atentados de 11 de setembro em 2001 ou a destruição dos budas de Bamian. Outros defendem a ideia de uma religião civil por meio do conceito de "república", ao qual atribuem um significado moral confuso. Os pós-modernos declaram que a diferenciação entre a moral e os costumes, que eles supõem ilusória, está ultrapassada. O pensamento contemporâneo busca desesperadamente formas de democracia superiores à democracia representativa, oscilando entre o cientificismo e o ceticismo em relação às próprias ciências exatas entre uma concepção absolutista e uma concepção cética do justo e do verdadeiro.

A confusão e as opções binárias abusivas não se instalaram somente nas esferas intelectuais, mas também na vida política. Pretende-se lutar contra as discriminações multiplicando as leis, sem perceber que uma nova lei, decidida sob a influência de um fato específico ou de grupos de conivência ou de pressão, pode se revelar desastrosa a longo prazo, em razão do efeito regressivo que ela provoca. Desse modo, multiplicaram-se na França as exceções à liberdade de expressão. E embora percebamos muito bem hoje os efeitos perversos disso, é muito difícil voltar atrás. Embora a Lei Gayssot[1] atente contra uma liberdade fundamental, sua revogação é extremamente difícil. Esses efeitos regressivos são uma das consequências desastrosas da inflação legislativa, que resulta de uma preferência pelo simbólico e pelo curto prazo em detrimento do real e do longo prazo.

Uma formação inspirada pelos princípios da "sociologia como ciência" praticada pela sociologia clássica e seus sucessores traria efeitos benéficos à democracia. Pretende-se restaurar o vínculo social por meio de grandiosos golpes de mágica: restaurar a "solicitude", implantar o *care* (cuidado, atenção), combater o individualismo e o utilitarismo. Mas como? A sociologia ensina que, para o político, a melhor maneira de conservar o vínculo social é propondo medidas que procurem obter a aprovação do cidadão tipicamente ideal, que reage sob a influência do bom senso, isto é, de razões que, parece-lhe, o outro também partilharia desde que pudesse desconsiderar suas paixões e seus interesses. Ela ensina que a separação de poderes é uma condição necessária para a coprodução, pelo político e pela população, de medidas que favoreçam o vínculo social. Uma das origens das dificuldades e dos atritos que afligem a sociedade francesa é que, em razão de seu passado centralizador, as decisões políticas ali tomadas resultam, em grande medida, do enfrentamento entre o poder político, de um lado, os *lobbies* e os diferentes grupos de pressão e de conivência, do outro. Estes últimos impõem com uma facilidade ainda maior as ideias compatíveis com a cultura da compaixão, da justificação e da assistência pelo fato de elas atraírem facilmente o apoio de personalidades da telinha e da telona, de jornalistas do rádio e da televisão e de artistas de teatro. O resultado desse estado de coisas é uma circulação pouco fluida das ideias e uma

---

1 Lei francesa de iniciativa do deputado comunista Jean-Claude Gayssot, aprovada em julho de 1990, que transforma em delito a negação de crimes contra a humanidade. (N. T.)

ameaça latente de ruptura entre o político e a população. Infelizmente, as elites políticas, culturais e midiáticas francesas aceitam facilmente a ideia fatalista de que essas exceções francesas resultam de particularidades culturais justificadas pela história.

A sociologia, certamente, não passa de uma disciplina entre outras. No entanto, a desinência do seu nome, a enorme autoridade científica de seus fundadores e seus aspectos inovadores a transformaram numa fonte de inspiração fundamental para os mediadores, os políticos e os agentes sociais na linha de frente. Porém, como toda disciplina científica – e mais que as outras, em razão de sua inserção direta na vida política –, ela está exposta constantemente à tentação de confundir o justo e o verdadeiro com o útil. Não há dúvida de que as mil e uma confusões que constatamos hoje na vida política das democracias entre o justo e o verdadeiro, de um lado, e o útil, de outro, não têm a influência nem a gravidade das confusões que as teorias marxistas, nacionalistas ou racistas ajudaram a implantar em sua época. Isso, porém, não exclui o fato de que elas envenenam a vida democrática.

Nas formas que evitam essa confusão, a sociologia renovou profundamente a explicação de um grande número de fenômenos políticos, religiosos ou morais como, hoje em dia, os atentados suicidas – e, ao fazê-lo, ela reduziu o perigo que eles representam.

REFERÊNCIAS

ALBERT, H. *La sociologie critique en question.* Trad. J. Amsler; L. Deroche. Paris: PUF, 1987.

_____. Le rationalisme critique, la controverse positiviste et le problème de l'unité des sciences sociales. In: BOUVERESSE, R.; BARREAU, H. (Eds.). *Karl Popper, science et philosophie.* Paris: Lib. J. Vrin, 1991, p.283-301.

ADORNO, T. W.; HORKHEIMER, M. *Dialektik der Aufklärung*: Philosophische Fragmente. Amsterdam: Querido, 1947.

_____. *La dialectique de la raison*: Fragments philosophiques. Trad. E. Kaufholz. Paris: Gallimard, 1974.

ARENDT, H. *La crise de la culture.* Paris: Gallimard, 1972.

ARON, R. [1955]. *L'opium des intellectuels.* Paris: Hachette, 2002.

_____. *Les étapes de la pensée sociologique.* Paris: Gallimard, 1967.

_____. *Le marxisme de Marx.* Paris: Éditions de Falloirs, 2001.

ATLAN, H. [1979]. *Entre le cristal et la fumée.* Paris: Seuil, 1986.

_____. *Le vivant post-génomique ou qu'est-ce que l'auto-organisation.* Paris: Odile Jacob, 2011.

AXELROD, R. [1984]. *The evolution of cooperation.* New York: Basic Books.

_____. *Comment réussir dans un monde d'égoïstes.* Paris: Odile Jacob, 1992.

BAECHLER, J. *Les origines du capitalisme.* Paris: Gallimard, 1971.

_____. [1975]. *Les suicides.* Paris: Calman-Lévy, 2009.

BAUMAN, Z. *Does ethics have a chance in a world of consumers?* Cambridge: Harvard University Press, 2008.

BAUMGARTEN, E. *Max Weber:* Werk und Person. Tübingen: Nohr, 1964.

BECHTEL, G. *La sorcière et l'Occident*. Paris: Plon, 1997.

BECKER, G. *Accounting for tastes*. Cambridge: Harvard University Press, 1996.

BENDA, J. *La trahison des clercs*. Paris: Éditions Grasset, 1927. (Collection Les Cahiers Verts)

BERMAN, H. *Law and revolution*: the formation of the western legal tradition. Cambridge, MA: Harvard University Press, 1983.

_____. *Droit et révolution*. Aix-en-Provence: Librairie de l'Université d'Aix-en-Provence, 2002.

BERNARDIN DE SAINT-PIERRE, J. *La vie de J.-J. Rousseau*. In: ROUSSEAU, J.-J. *Œuvres complètes. Tome I : Œuvres autobiographiques*. Paris: Seuil, 1967, p.23-39.

BILGER, Ph. Dans le tribunal d'Amsterdam, il y a des magistrats qui jugent... *Justice au singulier*, 25 jun. 2011. Disponível em: <http:// http://www.philippebilger.com/blog/2011/06/dans-le-tribunal-damsterdam.html>. Acesso em: 20 jul. 2017.

BIRNBAUM, P. Durkheim, la communion républicaine et ses ennemis. In: BOUDON, R. (Dir.). *Durkheim fut-il durkheimien?* Paris: Armand Colin, 2011, p.205-23.

BLOOM, A. *The closing of the American mind*. New York: Simon & Schuster, 1987.

_____. *L'Âme désarmée*. Paris: Julliard, 1987.

BLOOR, D. [1976]. *Sociologie de la logique*. Paris: Pandore, 1982.

BOHANNON, J. The theory? Diet causes violence. The lab? Prison. *Science*, v.325, n.5948, p.1614-6, 25 set. 2009.

BOUDON, R. [1986]. *L'idéologie ou l'origine des idées reçues*. Paris: Fayard; Seuil, 2011. (Col. Points)

_____. [1995]. *Le juste et le vrai*: études sur l'objectivité des valeurs et de la connaissance. Paris: Fayard ; Hachette, 2009. (Col. Pluriel)

_____. Beyond rational choice theory. *Annual Review of Sociology*, v.29, p.1-21, 2003.

_____. *Renouveler la démocratie*: éloge du sens commun. Paris: Odile Jacob, 2006.

_____. *Renouveler la démocratie*: mode d'emploi. Paris: Fondation pour l'Innovation Politique, 2007.

_____. *Essais sur la théorie générale de la rationalité*. Paris: PUF, 2007.

_____. [2009]. *La rationalité*. Paris: PUF, 2012. (Col. Quadrige)

_____. *La sociologie comme science*. Paris: La Découverte, 2010a. (Col. Repères)

_____. *La compétence morale du peuple*. Paris: Fondation pour l'Innovation Politique, 2010b.

_____. Ordinary rationality: the core of analytical sociology. In: DEMEULENAERE, P. (Dir.). *Analytical sociology and social mechanisms*. Cambridge: Cambridge University Press, 2011, p.33-49.

BRONNER, G. (Dir.). [2007]. *Raymond Boudon, Jean-Pierre Changeux et Vincent Descombes. La pensée humaine en débat*. [inédito]

_____. Cerveau et socialisation, quelques éléments de discussion. *Revue Française de Sociologie*, v.51, n.4, p.645-66, 2010.

BRYM, R.; HAMLIN, C. Suicide bombers: beyond cultural dopes and rational fools. In: CHERKAOUI, M.; HAMILTON, P. (Eds.). *Raymond Boudon:* a life in sociology – Essays in honour of Raymond Boudon, v.II, 2009, p.83-96.

BUNGE, M. A critical examination of the new sociology of science – Part 1. *Philosophy of the Social Sciences*, v.21, n.4, p.524-60, 1991.

_____. A critical examination of the new sociology of science – Part 2. *Philosophy of the Social Sciences*, v.22, n.1, p.46-76, 1992.

CHAZEL, F. *Aux fondements de la sociologie*. Paris: PUF, 2000.

CHERKAOUI, M. *Le paradoxe des conséquences*: essai sur une théorie wébérienne des effets inattendus et non voulus des actions. Paris; Genebra: Doz, 2006.

CHERKAOUI, M.; HAMILTON, P. (Eds.). *Raymond Boudon:* a life in sociology – Essays in honour of Raymond Boudon. Oxford: Bardwell, 2009, 4 v.

CHOI, J.-K.; BOWLES, S. The coevolution of parochial altruism and war. *Science*, v.318, n.5860, p.636-40, 26 out. 2007.

CLAVELIN, M. Des nouveautés célestes aux textes sacrés. In: BUCCIANTINI, M et al. *Il caso Galilei*. Florença: Leo S. Olschki, 2011, p.17-32.

COHEN, D. *Le Droit à... mélanges offerts à F. Terré*. Dalloz: PUF; Éditions du JurisClasseur, 1999, p.393-400.

CONSTANT, B. [1797]. *Des réactions politiques*. Paris, Flammarion, 1988. (Col. Champs)

COSER, L. *Refugee scholars in America:* their impact and their experiences. New Haven; London: Yale University Press, 1984.

CUSSON, M. *Le contrôle social du crime*. Paris: PUF, 1983.

_____. *La délinquance – Une vie choisie:* entre plaisir et crime. Quebeque: Hurtebise, 2005.

DAMASIO, A. *Descartes' error*: emotion, reason and the human brain. London: Vintage Books, 1994.

_____. *Spinoza avait raison*: joie et tristesse, le cerveau des émotions. Paris: Odile Jacob, 2003.

DARCOS, X. *L'État et les Églises:* la question laïque. Paris: Odile Jacob, 2006.

DAWKINS, R. [1976]. *Le gène égoïste*. Paris: Odile Jacob, 1996.

DÉCHAUX, J.-H. Agir en situation: effets de disposition et effets de cadrage. *Revue Française de Sociologie*, v.51, n.4, p.721-47, 2010.

DELIÈGE, R. *Anthropologie de la famille et de la parenté*. Paris: Armand Colin, 2011.

DEMEULENAERE, P. (Dir.). *Analytical sociology and social mechanisms*. Cambridge: Cambridge University Press, 2011.

DUHEM, P.[1908]. *Sauver les phénomènes:* essai sur la notion de théorie physique de Platon à Galilée. Paris: Vrin, 2005.

DUMAÎTRE, E. *Les raisons d'un engouement:* le structuralisme littéraire et la crise de la culture scolaire. Paris: Hermann, 2009.

DURAN, P. Max Weber et la fabrique des hommes politiques. In: BRUHNS, H.; DURAN, P. (Dir.). *Max Weber et le politique.* Paris: LGDG, 2009, p.73-105.

DEWEY, J. Theory of valuation. In: BOYDSTON, J. A. (Dir.). *The later works, 1925-1953.* Carbondale: Southern Illinois University Press, 1981.

_____. *La formation des valeurs.* Paris: Les Empêcheurs de Penser en Rond; La Découverte, 2011.

DURKHEIM, E. [1893]. *De la division du travail social.* Paris: PUF, 1967.

_____. [1912]. *Les formes élémentaires de la vie religieuse.* Paris: PUF, 1979.

EDLING, C.; HEDSTRÖM, P. Tocqueville and analytical sociology. In: CHERKAOUI, M.; HAMILTON, P. (Eds.). *Raymond Boudon:* a life in sociology – Essays in honour of Raymond Boudon. v.1. Oxford: Bardwell, 2009, p.153-72.

EINSTEIN, A. [1936]. Physics and reality. In: _____. *Ideas and opinions.* New York: Bonanza Books, 1988.

EISENSTADT, S. N. The construction of collective identities and the continual construction of primordiality. In: MALEŠEVIC, S.; HAUGAARD, M. (Eds.). *Making sense of collectivity*: ethnicity, nationalism and globalization. London; Sterling: Pluto, 2002.

EVANS-PRITCHARD, E. [1937]. *Witchcraft, oracles and magic among the azande.* Oxford: Oxford University Press, 1976.

_____. *Theories of primitive religions.* Oxford: Oxford University Press, 1965.

FESTINGER, L. *A theory of cognitive dissonance.* Stanford: Stanford University Press, 1957.

FESTINGER, L. et al. *L'échec d'une prophétie.* Paris: PUF, 1993.

FEYERABEND, P.[1975]. *Contre la méthode*: esquisse d'une théorie anarchiste de la connaissance. Paris: Seuil, 1979.

FORSÉ, M.; GALLAND, O. (Dir.). *Les Français face aux inégalités et à la justice sociale.* Paris: Armand Colin, 2011.

FUKUYAMA, F. *La fin de l'histoire et le dernier homme.* Paris: Flammarion, 1992.

GALLAND, O. *Les jeunes.* Paris: La Découverte, 2002.

GAMBETTA, D. (Ed.). *Making sense of suicide missions.* Oxford: Oxford University Press, 2005.

GEERTZ, C. Ideology as a cultural system. In: APTER, D. (Ed.). *Ideology and discontent.* Glencoe: The Free Press, 1964, p.47-76.

GIDDENS, A. *Runaway world.* London: Profile Books, 1999.

GOLDHAGEN, D. *Les bourreaux volontaires de Hitler:* les Allemands ordinaires et l'Holocauste. Paris: Seuil, 1997. (Col. Points)

GUILLO, D. *La culture, le gène et le virus*: la mémétique en question. Paris: Hermann, 2009.

CRER E SABER

GUSFIELD, J. *The culture of public problems*: drinking-driving and the symbolic order. Chicago: University of Chicago Press, 1981.

_____. *La Culture des problèmes publics*: l'alcool au volant – la production d'un ordre symbolique. Paris: Économica, 2009. (Col. Études Sociologiques)

HAACK, S. *Defending science within reason*: between scientism and cynicism. Amherst, NY: Prometheus Books, 2003.

HABERMAS, J. *Theorie des kommunikativen Handelns*. Frankfurt: Suhrkamp, 1981.

_____. *Théorie de l'agir communicationnel*. Paris: Fayard, 1987.

HARSANYI, J. C. Cardinal welfare, individualistic ethics, and interpersonal comparisons of utility. *The Journal of Political Economy*, v.63, n.4, p.309-21, ago. 1955.

HAYEK, F. [1973-1979]. *Droit, législation et liberté*. Paris: PUF, 2007. (Col. Quadrige)

HEDSTRÖM, P. *Dissecting the social*: on the principles of analytical sociology. Cambridge: Cambridge University Press, 2005.

HÉRAN, F. *Figures de la parenté*. Paris: PUF, 2009.

HERVIEU-LÉGER, D. *La religion pour mémoire*. Paris: Le Cerf, 1993.

_____. *La religion en miettes et la question des sectes*. Paris: Calmann-Lévy, 2001.

HIRSCHMAN, A. *Exit, voice, and loyalty*: responses to decline in firms, organizations, and states. Cambridge: Harvard University Press, 1970.

_____. *Défection et prise de parole*. Paris: Fayard, 1995.

_____. *Shifting involvement, Private Interest and Public Action*. Princeton: Princeton University Press, 1982.

_____. *Bonheur privé et action publique*. Paris: Hachette, 2006.

HOBBES, T. [1651]. *Léviathan. Traité de la matière, de la forme et du pouvoir de république ecclésiastique et civile*. Paris: Dalloz, 1999.

HORTON, R. *Patterns of thought in Africa and the West*. Cambridge: Cambridge University Press, 1993.

HUBERT, H.; MAUSS, M. [1902-1903]. Esquisse d'une théorie générale de la magie. In: MAUSS, M. *Sociologie et anthropologie*. Paris: PUF, 1950, p.1-141.

HUME, D. [1741]. *Essais politiques*. Paris: Vrin, 1972.

HUNTINGTON, D. *The clash of civilizations and the remaking of world order*. New York: Simon & Schuster, 1996.

_____. *Le choc des civilisations*. Paris: Odile Jacob, 1997.

HÜLSMANN, G. *Mises, the last knight of liberalism*. Auburn: Ala., Mises Institute, 2007.

IANNACONE, L. The consequences of religious market structure: Adam Smith and the economics of religion. *Rationality and Society*, v.3, n.2, p.156-77, 1991.

INGLEHART, R. et al. *Human values and beliefs – A cross-cultural sourcebook:* political, religious, sexual, and economic norms in 43 societies. Findings from the 1990-1993 *World Values Survey*. Ann Arbor: The University of Michigan Press, 1998.

JAMES, W. *The varieties of religious experience*: a study in human nature, being the Gifford lectures on natural religion delivered at Edinburgh 1901-1902. London: Longman & Greens, 1902.

KATZ, E; LAZARSFELD, P. *Personal influence*. Glencoe, Ill.: The Free Press, 1955.

KEUCHEYAN, R. *Hémisphère gauche:* une cartographie des nouvelles pensées critiques. Paris: La Découverte, 2010. (Col. Zones)

KOJÈVE, A. *Introduction à la lecture de Hegel.* Paris: Gallimard, 1947.

KUHN, T. [1962]. *La structure des révolutions scientifiques.* Paris: Flammarion, 1970.

LAKATOS, I. Falsification and the methodology of scientific research programs. In: LAKATOS, I.; MUSGRAVE, A. (Dir.). *Criticism and the growth of knowledge.* London: Cambridge University Press, 1979, p.91-196.

LANKFORD, A.; HAKIM, N. From Columbine to Palestine: a comparative analysis of rampage shooters in the United States and volunteer suicide bombers in the Middle East. *Aggression and Violent Behavior*, v.16, n.2, p.87-176, 2011.

LATOUR, B.; WOOLGAR, S. *Laboratory life*: the social construction of scientific facts. Beverly Hills: Sage, 1979.

LAZARSFELD, P. [1935]. The art of asking why? In: FLECK, C.; STEHR, N. (Dir.). *Paul F. Lazarsfeld*: an empirical theory of social action. Collected writings. Oxford: Bardwell, 2011, p.293-311.

LAZARSFELD, P. et al. *Voting.* Glencoe, Ill.: The Free Press, 1954.

LE DÉBAT. *L'Histoire Saisie par la Fiction*, n.165, maio-ago. 2011.

LEFRANC, J. *La philosophie en France au XIXe siècle.* Paris: PUF, 1998. (Col. Que sais-je?)

LEIBNIZ, G. W. [1714]. *La monadologie.* Paris: Delagrave, 1881.

LEPENIES, W. *La troisième culture*: la sociologie entre la science et la littérature. Paris: Éditions de la Maison des Sciences de l'Homme, 1990.

_____. [1985]. *Les trois cultures:* entre science et littérature, l'avènement de la sociologie. Paris: Éditions de la Maison des Sciences de l'Homme, 1990.

LE PLAY, F. *Les ouvriers européens*: études sur les travaux, la vie domestique et la condition morale des populations ouvrières de l'Europe, précédée d'un exposé de la méthode d'observation. Paris: Imprimerie Nationale, 1855.

LEROUX, R. *Ludwig von Mises, vie, œuvres, concepts.* Paris: Ellipses, 2009.

LÉVY-BRUHL, L. [1922]. *La mentalité primitive.* Paris: PUF, 1960.

LUCKMANN, T. *The invisible religion*: the problem of religion in modern society. New York: Macmillan, 1967.

_____. *Die unsichtbare Religion.* Frankfurt: Suhrkamp, 1991.

MANNHEIM, K. [1929]. *Ideology and utopia*: an introduction to the sociology of knowledge. London: Routledge, 1954.

MANZO, G. Analytical sociology and its critics. *European Journal of Sociology/Archives européennes de sociologie*, v.51, n.1, p.129-70, 2010.

MARSHALL, T. H. *Class, citizenship and social development*. Garden City, NY: Doubleday, 1964.

MEAD, G. *Mind, self, and society*. Chicago: University of Chicago Press, 1934.

_____. *L'Esprit, le soi, la société*. Paris: PUF, 2006.

MÉLONIO, F. *La démocratie en Amérique et en France*. Conferência proferida na Academia de Ciências Morais e Políticas em 10 de maio de 2010, divulgada no site do Canal-Académie.

MICHELS, R. [1911]. *Les Partis politiques*: essai sur les tendances oligarchiques des démocraties. Bruxelas: Éditions de l'Université de Bruxelles, 2009.

MOMMSEN, W. Max Weber's political sociology and his philosophy of world history. *International Social Science Journal*, v.17, n.1, 1965, p.23-45 [cita a carta de 9 de março de 1920 de Max Weber a Robert Liefmann]

MONTAIGNE, M. de [1595]. *Essais*. Paris: Gallimard, 2007. (Col. Pléiade)

MOORE, G. E. *Principia ethica*. Cambridge: Cambridge University Press, 1903.

NEEDHAM, R. *Belief, language and experience*. Oxford: Blackwell, 1972.

NICOLET, C. *L'idée républicaine en France (1789-1924)*. Paris: Gallimard, 1982.

NIETZSCHE, F. [1886]. *Jenseits von Gut und Böse*. Munique: Goldmann, s.d.

NOLTE, E. *Les mouvements fascistes*: l'Europe de 1919 à 1945. Paris: Calman-Lévy, 1969.

OLSON, M. *The logic of collective action*. Cambridge: Harvard University Press, 1965.

_____. *La logique de l'action collective*. Prefácio de R. Boudon. Paris: PUF, 1978.

PARETO, V. [1916]. *Traité de sociologie générale*. Paris: Droz, 1968.

PARSONS, T. [1937]. *The structure of social action*: a study in social theory with special reference to a group of recent European writers. Glencoe, Ill.: The Free Press, 1949.

PARSONS, T. et al. *Theories of society*: foundations of modern sociological theory. 2 v. Glencoe, Ill.: The Free Press, 1961.

PAWSON, R. On the shoulders of Merton: Boudon as the modern guardian of Middle-Range Theory. In: CHERKAOUI, M.; HAMILTON, P. (Eds.). *Raymond Boudon*: a life in sociology – Essays in honour of Raymond Boudon. v.4. Oxford: Bardwell, 2009, p.317-34.

PELLICANI, L. *Dalla città sacra alla città secolare*. Messina: Rubbetino, 2011.

PIAGET, J. [1932]. *Le jugement moral chez l'enfant*. 6.ed. Paris: PUF, 1985.

POMEAU, R. [1985-1994]. *Voltaire en son temps*. Paris: Fayard, 1995.

POMMIER, R. *Sanglades*. Paris: Eurédit, 2010.

QUILLET, B. *L'acharnement théologique*: histoire de la grâce en Occident, IIIe-XXIe siècle. Paris: Fayard, 2007.

RAWLS, J. *A theory of justice*. Cambridge: Harvard University Press, 1971.

_____. *Théorie de la justice*. Paris: Le Seuil, 1987.

RENARD, J.-B. *Les merveilleux*. Paris: CNRS Éditions, 2011.

REYNAUD, J.-D. Pierre Bourdieu (1930-2002), "Restituer aux hommes le sens de leurs actes". *Revue Française de Sociologie*, v.43, n.1, p.I-IV, 2002.

RINGEN, S. *What democracy is for*. Princeton: Princeton University Press, 2007.

ROBERT, J. *Droits de l'homme et libertés fondamentales*. Paris: Montchrestien, 1993, p.508-32.

ROSANVALLON, P. *La contre-démocratie:* la politique à l'âge de la défiance. Paris: Le Seuil, 2008. (Col. Points-Essais)

ROUGIER, L. *La scolastique et le thomisme*. Paris: Gauthier-Villars, 1925.

ROUSSEAU, J.-J. [1772]. Émile ou de l'éducation. In : _____. *Œuvres complètes III*. Paris: Seuil, 1967.

RUNCIMAN, G. *The social animal*. Ann Arbor: The University of Michigan Press, 2000.

_____. *The theory of social and cultural selection*. Cambridge: Cambridge University Press, 2009.

RUSE, M. Une défense de l'éthique évolutionniste. In: CHANGEUX, J.-P. (Dir.). *Fondements naturels de l'éthique*. Paris: Odile Jacob, 1993, p.35-64.

SAHLINS, M. *Au cœur des sociétés:* raison utilitaire et raison culturelle. Paris: Gallimard, 1980.

SANCHEZ, P. *La rationalité des croyances magiques*. Paris; Genebra: Droz, 2007.

SAUVAYRE, R. *Croire à l'incroyable*: anciens et nouveaux adeptes. Paris: PUF, 2012.

SCHELER, M. [1916]. *Der Formalismus in der Ethik und die Materiale Wertethik*. In: _____. *Gesammelte Werke*, Band 2. Berna; Munique: Francke, 1966.

SCHUMPETER, J. *Capitalism, socialism and democracy*. New York: Harper & Row, 1942.

_____. *Capitalisme, socialisme et démocratie*. Paris: Payot, 1990.

SEN, A. *Rationality and freedom*. Cambridge: Harvard University Press, 2002.

_____. *Rationalité et liberté en économie*. Paris: Odile Jacob, 2005.

SIMMEL, G. *Die Probleme der Geschichtsphilosophie*. Leipzig: Duncker & Humblot, 1907.

_____. *Les problèmes de la philosophie de l'histoire*. Introd. e trad. de Raymond Boudon. Paris: PUF, 1984.

_____. *Philosophie des Geldes*. Berlim: Duncker & Humblot, 1900.

_____. *Philosophie de l'argent*. Paris: PUF, 1987.

SIMON, H. *Reason in human affairs*. Stanford: Stanford University Press, 1983.

SMITH, A. [1758]. *Théorie des sentiments moraux*. Paris: PUF, 1999.

_____. [1793]. *An inquiry into the nature and causes of the wealth of nations*. 7.ed. London: Strahan & Cadell, 1976.

SPERBER, D. *La contagion des idées*. Paris: Odile Jacob, 1996.

STRAUSS, L. *Natural right and history*. Chicago: The University of Chicago Press, 1953.

_____. *Droit natures et histoire*. Paris: Flammarion 1986.

SUKALE, M. *Max Weber, Schriften zur Soziologie*. Stuttgart: Reclam, 1995.

_____. *Max Weber*: Leidenschaft und Disziplin. Tübingen: Mohr, 2002.

TALMON, J. *The origins of totalitarian democracy*. London: Secker & Warburg, 1952.

_____. *Les origines de la démocratie totalitaire*. Paris: Calmann-Lévy, 1966.

TAYLOR, Ch. *Sources of the self*: the making of modern identity. Cambridge: Harvard University Press, 1989.

THIBAUT, P. *La fraternité*. Paris: Fondation pour l'Innovation Politique, 2011.

THOMAS, K. *Religion and the decline of magic*. Harmondsworth: Penguin Books, 1973.

TOCQUEVILLE, A. de [1840]. *La démocratie en Amérique II*. Paris: R. Laffont, 1986. (Col. Bouquins)

_____. [1857]. L'Ancien Régime et la révolution. In : _____. *Œuvres*. v.III. Paris : Gallimard, 2004.

VALADE, B. Durkheim: les idées directrices d'une sociologie scientifique. In: VALADE, B. (Dir.). *Durkheim:* l'institution de la sociologie. Paris: PUF, 2008, p.45-77.

VERSINI, L. Variations sur le relativisme de Montesquieu. In: VV.AA. *Séries et variations*: études littéraires offertes à Sylvain Menant. Paris: Presses de l'Université de Paris-Sorbonne, 2010, p.149-59.

VILLERMÉ, L. [1840]. *Tableaux de l'état physique et moral des salariés en France*. Paris: La Découverte, 1986.

VOEGELIN, E. *The new science of politics*. Chicago: The University of Chicago Press, 1952.

_____. *La nouvelle science du politique*. Paris: Le Seuil, 2000.

WALLISER, B. *L'économie cognitive*. Paris: Odile Jacob, 2000.

WALZER, M. *Sphères de justice*. Paris: Seuil, 1997.

WEBER, M. [1920a]. *Gesammelte Aufsätze zur Religionssoziologie*. Munique: Mohr, 1986.

_____. [1920b]. *Wissenschaft als Beruf*. Stuttgart: Reclam, 1995.

_____. [1922a] *Économie et société*. Paris: Plon, 1971.

_____. *Gesammelte Aufsätze zur Wissenschaftslehre*. Tübingen: Mohr, 1922b.

_____. *Essais sur la théorie de la science*. Paris: Plon, 1965.

WIGGERSHAUS, R. *L'École de Francfort*. Paris: PUF, 1993.

WILSON, J. Q. *The moral sense*. New York: Macmillan; The Free Press, 1993.

_____. *Le sens moral*. Paris: Plon, 1993.

YAMASHITA, M. La sociologie française entre Auguste Comte et Émile Durkheim: Émile Littré et ses collaborateurs. *L'Année sociologique*, v.45, n.1, p.83-115, 1995.

HISTÓRICO DOS TEXTOS

Será que escolhemos nossas crenças? é uma síntese inédita elaborada a partir de temas da apresentação "Rationality: a Sociological Breakthrough" feita no grupo de trabalho Critiques of Rationality, na Universidade Georg-August, em Göttingen, Alemanha, nos dias 15-16 de abril de 2011; de "La Rationalité ordinaire: colonne vertébrale des sciences sociales", *L'Année sociologique*, 2010, 60, n.1, p.19-49, da conferência inaugural da XVIIᵉ Journées de microéconomie d'Angers, nos dias 3-4 de junho de 2010; e da contribuição ao grupo de trabalho Unintended Consequences – the 75th Jubilee of a Sociological Idea, Instituto de Filosofia, Sociologia e Jornalismo da Universidade de Gdansk, Polônia, nos dias 9-10 de maio de 2011. *A explicação das crenças comuns* é uma versão modificada de uma conferência inédita sobre "A explicação das crenças" proferida na Maison de la Recherche da Universidade de Paris-Sorbonne, no dia 13 de outubro de 2011. *O senso moral* é uma versão modificada e ampliada de uma contribuição a um livro em homenagem a François Chazel publicado com o título de *Le Travail sociologique* (Paris: Presses de l'Université de Paris-Sorbonne, 2011). *Existe progresso moral?* é uma tradução livre e ampliada do artigo "Modernization, Rationalization and Globalization", publicado na revista alemã de língua inglesa *Protosociology*, v.27, p.21-37, 2011, artigo este que se baseia em *Déclin de la morale? Déclin des valeurs?* (Paris: PUF, 2002). *Fé e razão: as duas visões francesas* é uma versão modificada e ampliada do discurso pronunciado na presença do ministro da Justiça no dia 5 de dezembro de 2005, na sessão da Academia de Ciências Morais e Políticas que comemorava o bicentenário da lei de 1905. Essa nova versão baseia-se no artigo *"Les Formes élémentaires de la vie religieuse*: une théorie toujours vivante", *L'Année sociologique*, 1999, v.49, n.1, p.149-98. *O que significa dar o poder ao povo?* é uma síntese inédita resultante de uma apresentação feita na Academia de Ciências Morais e Políticas no dia 27 de setembro de 2010 sobre o mesmo tema; do folheto *La Compétence morale du peuple* (Paris: Fondapol, 2010), republicado em Dominique Reynié (Org.), *Les Valeurs partagés*: face au bouleversement des valeurs, la recherche d'un nouveau consensus (Paris: PUF, 2012, p.1-33); e do artigo "Modernity and the Classical Theory of Democracy", *Revue Tocqueville/Tocqueville Review*, XXVIII, n.1, 2007, p.9-38. *A insubmersível teoria do homem-máquina* é a versão ampliada de uma apresentação sobre "Les Sciences humaines peuvent-elles échapper au naturalisme?", apresentada no colóquio sobre Le Naturalisme dans les sciences sociales, na Universidade de Estrasburgo, entre os dias 4 e 6 de maio de 2010, e publicada com o mesmo título em G. Bronner e R. Sauvayre (red.), *Le Naturalisme dans les sciences sociales* (Paris: Hermann, 2011, p.23-50). *A sociologia como ciência* é uma versão modificada e ampliada da apresentação "Réflexions sur la sociologie" feita na Academia de Ciências Morais e Políticas no dia 26 de setembro de 2011 e do artigo "La Sociologie comme science", *Commentaire*, outono de 2011, p.731-42.

ÍNDICE REMISSIVO

SOBRE O LIVRO

Formato
14 X 21 CM

Mancha
23,7 X 41,6 PAICAS

Tipologia
ARNO PRO 11/14

Papel
OFF-WHITE 80 G/M² (MIOLO)
CARTÃO SUPREMO 250 G/M² (CAPA)

1ª Edição
EDITORA UNESP 2017

EQUIPE DE REALIZAÇÃO

COORDENAÇÃO GERAL
Marcos Keith Takahashi

EDIÇÃO DE TEXTO
Gabriela Garcia

PROJETO GRÁFICO E CAPA
Grão Editorial

EDITORAÇÃO ELETRÔNICA
Sergio Gzeschnik

Impressão e Acabamento

assahi
gráfica e editora ltda.